적정한 삶

적정한 삶

1판 1쇄 발행 2021. 3. 30.
1판 13쇄 발행 2024. 10. 30.

지은이 김경일
발행인 박상진
편집 김제형 디자인 Misoso
발행처 진성북스
등록 2011년 9월 23일
주소 서울시 강남구 삼성동 143-23, 어반포레스트삼성 1301호
전화 02)3452-7762 팩스 02)3452-7751

값은 뒤표지에 있습니다.
ISBN 978-89-97743-52-0 03180

홈페이지 www.jinsungbooks.com
네이버 포스트 post.naver.com/jinsungbooks
이메일 jinsungbooks@naver.com

인스타그램 바로가기

진성북스는 여러분들의 원고 투고를 환영합니다.
간단한 개요와 취지 등을 이메일로 보내주세요.
당사의 출판 컨셉에 적합한 원고는 적극적으로 책으로 만들어 드리겠습니다.

적정한

Appropriate life

삶

김경일

진성북스
JINSUNGBOOKS

'적정한 삶'을 향한 여정

기계를 오래 쓰려면 두 가지를 잘해야 한다. 주기적으로 움직이기와 주기적으로 움직이지 않기다. 운전하는 사람은 자동차를 너무 오래 세워 두면 망가진다는 사실을 잘 알고 있다. 적당한 시기에 오일을 치고 조금씩이라도 굴려 줘야 오래 탄다. 또 너무 많이 움직인 날엔 무리가 가지 않게 몇 시간이라도 쉬어 주어야 한다. 어떤 기계든 너무 오래 방치하면 작동하지 않고, 또 끊임없이 일을 시키면 망가지게 마련이다. 인간도 일정한 메커니즘으로 돌아가는 기계라고 본다면, 적당한 움직임과 쉼이 필요한 것은 당연한 이치가 아닐까?

다행히 정지 상태인 인간을 움직이게 하는 심리 요소는 무궁무진하다. 흥미나 호기심은 사람을 긍정적으로 자극하는 심리 요소이며, 지루함은 사람을 막연하게나마 움직이게 하는 감정이다. 나쁜 것을 피하고 싶은 불안 역시 사람을 가만있지 못하게 만든다. 아무리 편한 자세를 취하고 있어도 10분 이상 꼼짝도 못 한다면 지옥이 따로 없지 않은가. 덕분에 게으른 사람이라도 아주 힘든 상태가 아닌 이상 웬만하면 움직인다.

물론 작동하는 인간을 쉬게 만드는 심리기제 역시 존재한다. 하루 종일 걸은 날에는 근육이 터질 것 같은 고통이 밀려온다. 육체노동을 많이 한 뒤엔 정서적으로도 피로하다. 지쳤다는 느낌 또한 인간이라는 기계를 쉴 수 있게 만드는 경고등이다.

신체 활동이 아닌 경우에는 어떨까? 많은 사람들이 돈, 지위, 명예, 성공 따위를 향해 쉼 없이 달려간다. 무한한 욕망 추구를 멈출 수 있게 만드는 심리 요소도 필요하지 않을까? 심리학자들은 그것을 '만족'이라고 부른다. 스스로 만족스러울 때 인간은 비로소 하던 일을 멈춘다. 만족이야말로 인간을 쉬거나 다른 행동을 할 수 있게 만들어 주는 꽤 효율적인 제동 장치인 셈이다.

그러나 안타깝게도 인간의 만족감은 다른 정서에 비해 지극히 덜 발달되었다. 30만 년간 인류가 진화하는 동안 제대로 만족할 만한 상황이 없었던 탓이다. 그동안의 역사에서 대부분의 인간은 늘 기아 상태였다. 언제나 배고팠으니 포만감을 느끼는 중추가 제대로 발달했을 리 있겠는가. 그러다 보니 상대적으로 배고픔은 확실하게 느끼고 다양한 언어로 그 상태를 묘사한다. "살짝 출출한데?" "갑자기 배고파졌어." "뱃가죽이랑 등가죽이 달라붙겠어." "허기져서 죽을 것 같아." "철근이라도 씹어 먹을 수 있을 것 같아." "배가 고프긴 한데 뭐가 딱히 당기진 않아." "생각만 해도 침이 흐를 것 같아." 이런 언어 표현이야말로 인간이 결핍이라는 상태를 얼마나 미세하고 예민하게 감지하는지 알려 주는 증거다.

반대로 배부름은 어떤가? 솔직히 배부름만큼 둔한 느낌도 없는 것 같다. 매번 밥을 먹지만 미세하게 위장이 찬다는 느낌 따위는 느껴 본 적이 없다. 배부르다는 느낌은 언제나 느닷없이 찾아온다. 계속 먹다가 어느 순간 참을 수 없는 포만감이 느껴지지 않았던가. 그다음은 어김없이 고통이 뒤따른다. 적절하게 분절된 배부름을 느낄 수 있다면, '지금 딱 좋다. 여기서 그만 먹어야지.'라는 생각이 강력하게 뇌를 지배했다면, 우리가 매번 다이어트 때문에 고생할 일도없다. 언제나 소화불량과 비만에 시달리는 인류여, 자신을 너무 탓하지 말라. 우리의 뇌가 그만큼 덜 진화한 탓이니까.

물리적 배부름만이 문제가 아니다. 인간은 만족이라는 심리에 대체로 둔감하다. 잘 연마된 도구처럼 섬세하고 재빠르게 다가오는 불안 심리와는 대조적이다. 싸한 느낌, 께름칙한 기분, 찝찝한 감정, 뭔가 좋지 않은 기운 등. 불안한 각종 상황에 맞춰 우리의 모든 감각은 정밀한 안테나처럼 작동한다. 그에 비해 만족은 표현할 단어조차 몇 개 안 된다. 스스로 만든 결과물을 보며 "됐어, 완벽해! 정말 환상적이야!"라는 느낌을 강하게 받은 때가 얼마나 되는가. 늘 부족한 느낌에 조금 더 손보다가 더 안 좋아질 때도 많다.

만족을 모르는 인간은 끊임없이 탐한다. 할 수 있는 데까지 이윤을 추구하고, 권력의 정점까지 올라가려 한다. 드라마나 뉴스에서 피비린내 나는 왕위 쟁탈전이나 재벌가 후계 자리를 두고 다투는 인물들을 볼 때 가끔 이해가 안 갈 때도 있다. 아니, 변방에서 작은 권력만 누려도 사는 데 문제없을 텐데, 수십조가 오가는 기업에서 몇 백 억만 챙겨도 신나게 잘 살 텐데 왜 저렇게 불구덩이에 뛰어들려고 할까? 그러나 그 상황에 처한 인물은 '그만'이란 것을 모르는 것 같다. 그러다 보니 결론은 늘 파국으로 치닫는다.

만족을 모르는 건 평범한 사람들도 마찬가지다. 전 세계에서 가장 적게 자고 가장 열심히 일하는 한국인들은 특히 더 그렇다. 죽어라 돈을 벌고 죽어라 일하는 게 몸에 배어 있다. 놀 때도 마찬가지다. 취미 생활을 즐기다 과로로 쓰러지기까지 하지 않는가. 사이클 동호회에서, 골프장에서, 등산 모임에서 세계에서 가장 비싼 장비와 기능성 의류를 갖추고 선수 못지않게 열심이다. 남의 시선을 의식하는 문화도 한몫하겠지만 만족을 모르는 극대화된 삶이 익숙해진 탓도 클 것이다. 적당한 데서 멈출 줄 모르는 한국인의 문화는 기형적인 교육열을 낳기도 했다. 자녀들의 대학 입시도 아이의 성적으로 갈 수 있는 가장 높은 수준의 학교를 당연한 듯 목표로 삼는 것이다.

무작정 부자가 되고 싶어 노력하다 보니 마지막 순간까지 돈만 벌다 죽고, 무조건 성공을 향해 달려가다 보니 감옥행을 피하지 못한다. 남들만큼 살고 싶어서 타인과 비교하고 남의 눈을 의식한다. 다른 사람을 쫓아가는 인생으로는 절대 만족을 배울 수 없을 것이다.

만족을 모르는 삶이 생존에 유리할 때도 있었다. 인간의 수명이 짧았을 때다. 일찍 사망하던 시절엔 평생 하나의 목표를 향해 달려가는 것이 맞았다. 꽤 긴 시간 동안 인간의 평균 수명은 50세 정도에 머물러 있었다. 그런데 인류는 한 번도 경험해 본 적이 없는 장수 시대를 맞이하고 말았다. 우리 세대는 평균 수명 100세를 내다보고, 우리 아이들은 150년 이상은 너끈하게 살 것이다. 만족을 모르고 한 우물을 파기에 너무 긴 시간이다. 살아가야 할 시간이 길어지다 보니 '멀티 페르소나'나 '부캐' 같은 개념도 필요조건이 되어 버렸다. 앞으로 우리는 지금보다 더 다양한 종류의 일을 경험하도록 요구받을 것이다.

나 역시 어쩌다 보니 이 일도 하고 저 일도 하며 살고 있다.

연구실에서 열심히 논문을 쓰다가 어느 날 갑자기 강연을 한다. 방송 프로그램을 진행하기도 하고 기업에서 프로젝트를 맡기도 한다. 하나의 직업에 몰두해야 하는 장인정신과는 거리가 있는 삶이다. 그러다 보니 조금씩 만족감이 발달되는 기회가 만들어지기도 했다. 모든 걸 혼자 처리할 수 없으니 권한 위임이 자연스럽게 이루어지고 조금 더 손보면 더 나은 결과가 나올 거라는 함정에서 빠져나올 수 있다. 종류가 완전히 다른 여러 일을 통해 노력과 책임 절제 등을 학습하기도 했다. 다양한 경험이 만족감을 발달시키고 발달된 만족감은 하던 일을 마무리하고 다른 것을 시작할 수 있는 계기가 된다. 예민하고 내성적이던 내가 낙천적이고 낙관적인 태도로 살 수 있는 가장 큰 이유 중 하나도 이것이라고 생각한다.

기술은 발달되었고 상상으로만 존재하던 것들이 이루어졌다. 삶은 길어지고 더욱 다양화될 것이다. 여러 직업이 요구되고 개인의 개성이 중요해진다. 이제 이전과 전혀 다른 시대를 살고 있다는 사실을 받아들여야 한다. 하지만 경험한 적 없으니 당연히 전과 같은 인생을 가정하며 삶을 꾸리게 마련이다. 하지만 기존의 극대화된 삶은 더 이상 개인과 공동체, 그리고 생태계에 안전과 행복을 가져다주지 못한다. 만족감을 모르는 인간은 긴 인생에서 길 잃은 삶을 살게 될 수도 있다.

쉽게 만족하라는 얘기가 아니다. 실제로 전쟁과 기아로 시달리는 극빈층 국가의 국민들도 잘 웃고 자주 행복하다고 말한다. 그처럼 약간의 자극과 적은 물질에도 만족하며 마냥 웃으라는 이야기를 하려는 게 아니다. 만족감을 발달시키는 것은 다른 차원의 이야기다. 그간 잠들어 있던 감정을 깨워서 가장 적당한 수준으로 연마해야 한다. 나의 불안과 결핍을 제대로 감지하고 정확히 이해하듯, 만족감 또한 다른 감정처럼 섬세하게 다듬어서 가장 친근한 심리로 만들어 내야 한다. 이 기술이 바로 앞으로의 행복한 삶을 쟁취하는 무기가 될 것이다. 그러기 위해서 만족하면 곧 안주한다는 어리석은 통념부터 버리는 게 좋다. 맥주는 얼마나 먹어야 충분한지, 여행은 1년에 몇 번을 가야 행복한지, 돈은 어느 정도 벌어야 살 만한지, 내 삶의 과목별 만족의 지점을 조심스럽게 알아차리는 것이 지금부터 우리의 과제가 될 것이다. 이제 내 인생의 답을 스스로가 알아야 하는 시대가 열리고 있다.

코로나 팬데믹 이후에 인간의 삶이 어떻게 바뀌어 갈지, 인지심리학의 관점에서 예측해 달라는 질문을 수없이 받아 왔다. 그러나 아무리 고민을 해 보고 동료 학자들과 대화를 나누어도 결론은 한결같았다. 팬데믹이 전에 없던 변화를 가져온 것이 아니다. 변화는 이미 이루어지고 있었다. 팬데믹 사태는 그저 시점을 앞당기고 극대화했을 뿐이다.

인류는 언제나 이전 세대보다 조금 더 복잡하고 정교한 방식으로 변화되었다. 수백만 명이 목숨을 잃는 시행착오도 겪었지만 결국은 과거에 비해 더 좋은 방식의 삶을 찾아냈다. 그때마다 변화의 촉매제가 되어 주는 역사적 사건들 또한 존재했다. 오늘날 세계는 팬데믹이라는 거대한 사건을 공통적으로 경험하였고 다시는 이전과 동일한 삶의 형태로 돌아가지 않을 수 있다. 다른 삶에 대한 호기심과 기대가 피부로 와 닿는 지금이야말로 '적정한 삶'에 대해 치열하게 고민하고 구체적인 계획을 세울 때다. 때로는 과거의 통념을 흔들어야 하고 새로운 지식을 지혜로 흡수해야 한다. 작게는 자기 내면의 감정을 인식하는 것부터 크게는 사회와 공동체에 이로운 판단을 내리는 데까지 '적정한' 변화와 '적정한' 지혜가 필요한 시점이다.

인지심리학자들은 오랜 시간 동안 인간의 생각이 어떤 방식으로 작동하는지 연구해 왔다. 이제 변화의 소용돌이를 살아가는 우리에게 꼭 필요한 지식을 꺼내어 풀어내려 한다. 이 책을 위해 그동안 '적정한 삶'이라는 주제와 관련하여 기고한 글과 강연들을 모아 정리하였다. 독자들이 쉽게 이해할 수 있도록 여러 차례 수정을 거치고, 보충이 필요한 부분에 대해서는 추가로 서술하였다. 거대한 문명의 변화를 앞둔 시점에 오래 간직해 온 이야기를 한 권의 책으로 엮을 수 있음을 영광스럽게 생각한다.

또한 이 책이 세상에 태어날 수 있게 도움을 주신 많은 분들에게 깊은 감사의 마음을 전하고자 한다.

공부를 하면 할수록 심리학은 평범하고 착한 보통 사람들을 위한 학문이라는 생각이 든다. 이 글 또한 소박한 행복을 소중하게 여기는 주변의 보통 사람들을 생각하며 썼다. 연구를 거듭할수록 인간이란 존재는 오묘하며 신비롭게 다가온다. 난관에 부딪힐 때마다 허우적거리고 쉽게 환멸과 절망에 빠지지만 결국 가장 좋은 선택을 해내고, 과거보다 나아지려 애쓴다. 정직, 감사, 겸손은 인간이 투철하게 지켜 온 미덕인 동시에 가장 높은 수준의 역량이다. 착하게, 열심히, 하루하루를 꾸준하게 사는 여러분의 애씀이 틀리지 않았다는 것을 세계적인 석학들의 연구 결과가 증명해 줄 것이다.

모두가 힘든 시기이다. 그러나 인류는 절망적인 상황 속에서도 다시 희망을 노래하는 평범한 사람들에 의해 지금에 이르렀다. 이 순간에도 한 사람 한 사람의 뇌 속에서 우주의 창조와 같은 경이로운 세계가 펼쳐지고 있음을 느낀다. '적정한 삶'을 배워 나가는 이 시간이 자신과 타인의 존재를 애정 어린 시선으로 살피는 따뜻한 시간이 되길, 간절히 희망해 본다.

2021년 1월 김경일

차례

프롤로그
'적정한 삶'을 향한 여정 4

1장
**감정에
집중하다**

결정의 순간, 감정에게 묻다 19

교통사고를 당한 뇌의 고통 29

우울에서 헤엄쳐 나오는 법 35

불편함과 상실감을 구별하라 40

분노의 시제 44

인간이 가장 기피하는 심리 상태, 불안 50

불안이라는 바이러스는 어떻게 전염되는가 56

불안은 불확실을 먹고 자란다 62

불안의 두 얼굴, 비관과 낙관 69

이순신 장군이 일기를 쓴 이유 77

제어할 수 없는 분노에서 헤어 나오는 법 83

자아고갈과 나쁜 습관 95

불안의 역이용 102

2장
**비대면이 우리에게
가르쳐 준 것들**

예고되었던 미래, 비대면 115

얼굴을 마주한다는 것의 의미 119

한 사람이 사귈 수 있는 친구의 수는 150명? 122

나는 편의점에 간다 127

비대면 커뮤니케이션과 게임 요소의 만남 131

내가 진짜로 원하는 게 뭐야 140

딸아이가 놀이공원에서 울음을 터뜨린 이유 147

인정투쟁에서 벗어나는 삶 152

대박 말고 완판 157

자율성이 우리를 구원하리라 163

원격수업과 원격근무에서 효율성을 높이려면? 171

코로나 팬데믹, 실패를 축하하라 179

3장
**팬데믹 이후의
공동체**

마스크를 써야 할 때와 벗어야 할 때 193

우리 곁의 소시오패스 204

성격이 아니라 인격이다 211

어떤 사람을 곁에 둘 것인가 220

차별과 배타성의 사회 229

비대면의 온도감 237

살아남은 이들의 윤리와 이타성 245

맹수들의 생존 윤리 254

이타성, 역량이 되다 260

이타성의 전파 270

4장

**불안의 시대에서
행복을 말하다**

역사의 변곡점에서 행복을 생각하다 281

하버드 그랜트 스터디 288

혼자라는 슬픔과 고독의 달콤함 295

Good relationship 298

목적 없는 대화의 힘 303

행복과 돈의 상관관계 310

인생에서 가장 중요한 숫자 324

낙관도 습관이다 333

감사의 힘 339

지혜로운 만족감의 시대 348

에필로그
우리를 계속 나아가게 하는 힘 356

감정에
집중하다

1장

emotion _____

untact _____

community _____

happiness _____

결정의 순간, 감정에게 묻다

코로나 사태가 본격적인 국면으로 접어들자 사회 구성원들의 감정 상태는 거대한 변화의 파도를 타고 있다. 그것도 최대한 마주치기 꺼려졌던 부정적인 감정으로 말이다. 바이러스 발생 초기에는 미지의 질병에 대한 불안, 나도 감염될지 모른다는 공포가 세계를 휘감았다.

이는 곧 방역수칙을 제대로 지키지 않아 집단 감염의 원인이 된 사람이나 단체를 향한 분노로 번지며 신천지 교인들이나 이태원 클럽 이용자들에 대한 수위 높은 비난과 혐오 언론으로 번졌다. 정부와 의료진의 노력에도 사태가 진정될 기미를 보이지 않자 전반적인 우울감이 감돌았다. 사람을 만나지 못하는 데서 오는 상실감, 나쁜 뉴스를 반복적으로 접할 때마다 느껴지는 슬픔, 안정되지 않은 경제생활과 앞날에 대한 걱정. 자포자기 상태와 무기력이 미세먼지처럼 자욱하게 우리를 감싼 것이다.

불안, 공포, 분노, 무기력, 우울. 앞서 나열한 감정들은 한 인간이 평생 동안 몇 번에 걸쳐 조금씩 느껴도 굉장히 힘든 정서들이다. 그러나 지금 우리는 짧은 기간 안에 강력한 부정적 감정 덩어리에 제대로 얻어맞은 것이다. 이러한 감정의 타격은 생각보다 인간에게 큰 영향을 끼친다. 그러기에 인지심리학자의 한 사람으로서 우리가 느끼는 감정의 종류와 강도에 대해 먼저 면밀하게 짚고 가야겠다는 생각이 들었다.

사실 독자들 중에는 감정에 대한 이야기를 크게 중요하지 않게 생각하는 분들도 있을 것이다. 감정이란 갑자기 생겨났다가 어느덧 흘러가 버리는 것이고, 작금의 상황에선 감정보다 더 시급하게 논의해야 할 것이 수두룩하니 말이다. 특별히 인지심리학에 대해 어느 정도 알고 있는 분이라면 기대하고 있는 것과 다르게 이야기가 흘러간다고 느끼실 수도 있다.

인지심리학은 심리학 중에서도 이공계열이라 불리는 학문이다. 나의 다른 저서인《지혜의 심리학》이나《이끌지 말고 따르게 하라》등에서도 간단히 언급했지만 인지심리학에 대해 정의하자면 '생각이 어떻게 작동하는지 밝히는 학문' 정도로 요약할 수 있다. 생각의 작동 원인을 밝혀내서 꾀하고자 하는 것은 사람의 역량을 높이는 것이다. 인간이 더 좋은 판단, 더 탁월한 의

사결정을 할 수 있도록 돕고, 문제해결 능력을 높이며, 창의성을 발휘하게 하는 것이 인지심리학을 연구하는 학자들의 목표 중 하나다.

상담심리학이나 임상심리학 등 우리가 생활에서 접할 수 있는 다른 심리학들은 우울, 불안, 강박, 다중인격, 공황장애 등 인간이 지니고 있는 어두운 측면들을 보살피고 제자리로 돌려놓는 일들을 한다. 그에 비하면 인지심리학은 다분히 역량 지향적인 학문인 셈이다.

그런데 지금 이 시점에서, 인지심리학자라는 작자가 스쳐 지나가면 그만인 감정을 본격적으로 풀어 보겠다고 하니, 이 책 생각보다 너무 말랑말랑한 게 아닌가! 그러나 인간의 판단과 결정 능력에 대한 연구를 해 온 많은 학자들이 감정이 생각보다 많은 부분에서 우리의 일상과 인생을 지배한다는 것에 놀라곤 한다. 말하자면 이성과 논리만이 역량이 아니라 감정도 엄연한 역량이라는 것이다.

감정이 왜 중요한가. 결론부터 말하자면, 인간이 내리는 모든 결정은 감정 없이는 불가능하기 때문이다. 아무리 이성적이고 합리적인 과정을 통해 내린 결정이라 하더라도 그것은 결국 보이지 않게 감정이 개입한 결과다.

감정이 엉망진창으로 망가져 본 적이 있는가? 극심한 슬픔에 빠졌을 때 밥도 제대로 못 먹은 경험쯤은 한 번씩 해 봤을 것이다. 신체적인 소화의 어려움을 말하는 게 아니라, 뇌의 판단 능력에 대한 이야기다. 음식을 떠서 먹기 이전에 뭘 먹을지부터 정해야 할 것 아닌가. 그러나 비정상적인 감정 상태의 뇌는 중요한 결정뿐 아니라 내가 뭘 먹어야 하는지와 같은 쉬운 문제조차 제대로 결정하지 못한다. 실제로 심리학에서는 결정장애와 정서장애를 동의어로 취급하기도 한다.

이는 fMRI를 보아도 알 수 있다. 하버드 대학의 제니퍼 러너Jenifer Lerner 교수 연구진에 의하면 판단과 결정이 일어나는 순간, 우리 뇌에서는 감정을 다루는 영역인 변연계와 전두엽에 불이 켜진다.[1] 한편 술김에, 홧김에 엉뚱한 결정을 할 때는 전두엽과 변연계가 제 기능을 하지 못한 것이다.

그래서일까. 요즘엔 최소한 나에 비해 감수성이 발달한 아내의 결정력에 감탄할 때가 많다. 크고 작은 집안일에 대해 같이 머리 싸매고 고민하다가도 "그래, 그럼 그렇게 하자."라고 시원하게 말해 주거나 "이건 아닌 거 같아."라고 딱 잘라 결정 내려 주니 말이다. 저녁 반찬 같은 사소한 문제부터 아이 교육에 대

---

1   P. Litvak, J. S. Lerner, L. Z. Tiedens & K. Shonk (2010). "Fuel in the fire: How anger impacts judgment and decision making." In M. Potegal, G. Stemmler, & C. Spielberger (Ed.), *International Handbook of Anger*, pp. 287-311, New York, Springer.

한 중대한 문제까지 결정은 번번이 아내의 몫이었다. 요즘 난 그냥 아내가 선택한 걸 얌전히 따르는 편이다.

비단 우리 집에만 해당되는 이야기는 아닐 것이다. 전통적인 한국의 가정에서 상당 부분 여성이 최종 결정을 내리는 경우가 많다. 게다가 나이가 들수록 아버지의 결정권이 어머니에게로 넘어가는 현상 또한 자주 볼 수 있다. 감정이 발달해야 결정도 잘 된다고 하니, 상대적으로 남성에 비해 감수성이 발달한 여성이 결정을 잘 하는 것도 이해가 된다.

오해의 소지가 있어서 짚고 넘어가자면, 남녀의 선천적인 뇌의 차이점을 논하는 것이 아니다. 남녀의 뇌는 분명히 다르지만 특별한 결과를 이끌어 내기에 미미한 수준이다. 당연히 여성보다 감수성이 발달한 남성도 있고, 결정을 어려워하는 여성도 얼마든지 있다. 여기서 말하고 싶은 것은 감정이나 결정력에도 후천적인 영향이 존재하며 다른 역량들과 마찬가지로 갈고 닦고 개발해야 하는 영역이란 것이다.

전통적인 한국 사회에서 남자아이들의 감정은 여자아이에 비해 상대적으로 억압받아 왔다. 초등학교 고학년만 되어도 기쁜 일이 있을 때 교실 안에서 좋다고 팔짝팔짝 뛰며 박수를 치는 건 여자아이들이고 남자아이들은 애써 심드렁한 척한다. 가슴 아픈 순간에도 여자아이들은 소리 내어 울지만 남자아이들은 슬픔을 표현하지 않으려 애쓰지 않는가. 안타깝게도 나이가 먹을수록 그 경향은 강해진다. 근거를 들어 설득하려고 애쓰다 보면 논리력이 향상되듯, 감정 또한 폭넓게 이해하고 정교하게 표현하다 보면 개발되고 다듬어진다. 살면서 감정 연습을 멀리한 한국 남성들이 나이가 먹을수록 중요한 결정 앞에서 하염없이 주저하거나 판단을 미루는 모습을 보이는 것은 어쩌면 자연스러운 결과일지도 모른다.

그렇다고 남성 독자들이 한국 여성들을 덮어놓고 부러워할 건 아니다. 감정의 억압으로 인해 생겨난 세계 유일의 정신 질환이 우리나라에는 있으니, '화병'이라고 들어보셨는가. 미국정신의학회의 정신질환 진단 및 통계 편람인 DSM-IV에는 이 질환의 명칭을 'Hwa-Byung'이라는 한국식 표기 그대로 등재해 놓았다.[2] 이만하면 한국 여성 고유의 증상이라고 표현할 만하다. 한국 사회는 여성의 감정 표현에 대해 관대한 것처럼 보이지만 부정적이고 격한 감정 표현만큼은 엄격하게 통제해 왔음을 부정하기 어렵다. 특별히 표출해야 해결되는 '화'라는 감정이 오랜 시간 속박되다 보니 많은 여성들이 가슴통증, 속쓰림, 이명, 근육통 등의 여러 신체적 질병 증상을 호소하곤 한다. 사회가 인간의 감정을 있는 그대로 인정해 주지 않으면 결국 병

---

2   현재 사용되는 DSM-V에서는 삭제되었다.

이 된다는 것을 보여 주는 증거다.

감정을 정확하게 알고 다스리는 것은 불쾌감을 피하고 건강을 증진시키는 효과가 있다. 그러나 이것만이 다가 아니다. 우리가 감정을 알아야 하는 진짜 이유는 한 사람이 결정할 수 있는 판단의 질을 향상시켜 탁월하고 유능한 인재가 되기 위함이다. 같이 일하기 정말 힘든 상사는 못된 상사, 게으른 상사가 아니라 결정을 내려 주지 않는 상사다. 직장인을 대상으로 강의를 하면서 방금 저 문장을 언급하면 자리에 앉은 80% 이상의 청중들이 목이 뽑혀라 격하게 고개를 끄덕인다. 일이 진전되지 않아 고통스러웠던 경험, 목적과 방향이 결정되지 않아 헤맸던 경험이 뼈에 사무쳤단 소리다.

좋은 결정은 그만큼 중요하다. 기업의 높은 직책에서 인정받는 사람 중에는 소위 말하는 좋은 '촉'을 뽐내는 분들이 있다. 촉이 좋다는 것은 감수성이 좋다는 뜻인데 이를 있어 보이는 말로 바꾸자면 '멘탈 시뮬레이션'이다. 이들은 느낌이 좋으면 온 힘을 다해 진행하고 뭔가 께름칙하면 잠시 멈추어 살핀다. 얼핏 보면 비과학적이고 이성적이지 않은 것처럼 보인다. 그러나 사실 우리가 느끼는 감정은 그동안 축적된 경험적 데이터의 결과인 경우가 많다. 사실 '싸하다'는 기분은 예전에 비슷한 일을 겪고 기분이 몹시 나빴던 경험적 판단이 발동한 결과니 말이다. 이처럼 정보가 들어온 찰나에도 뇌 안에서는 인지, 해석, 판단, 결정 등 오만 가지 일들이 상호작용하여 벌어진다.

'오늘 점심은 뭘 먹을까?'와 같은 단순한 결정을 할 때에도 머릿속은 바쁘다. 과거의 경험적 데이터를 기반으로 위험 요소를 피하고 미래를 예측하며 상대와 공동체의 분위기를 읽어 내야 한다. 두 시간 반 뒤에 돈가스를 먹어야 기분이 좋아질지, 설렁탕을 먹어야 흡족한 오후가 될지 순간적으로 가까운 미래를 예측해야 한다. 그것을 해내는 것은 놀라운 능력이며 이때 바탕이 되는 것은 감정이다. 정서가 발달해야 예측력 또한 좋아지는 것은 당연한 일이다. 사람의 일 중에 예측과 결정만큼 중요한 것이 또 어디 있겠는가. 그렇다 보니 정서에 기반을 두어 일관적이면서도 확실한 결정을 내려 주는 상사가 있다면, 그 조직은 여타의 평범한 조직과는 다른 면모를 보일 수밖에 없다.

애플의 스티브 잡스Steve Jobs는 금세기 최고의 혁신적인 기업가로 손꼽힌다. 그가 살아생전 내놓았던 많은 제품들은 세계인을 매료시키고 마니아층을 형성하였으며 IT뿐 아니라 인류의 새 역사를 썼다고 평가받는다. 그 대단한 스티브 잡스가 제품 개발에 있어 가장 중요하게 여긴 요인이 다름 아닌 감수성이었음은 이미 잘 알려진 사실이다. 그 제품이 얼마나 기술적으로 탁월하고 시장 경쟁력이 있는지는 크게 중요하지 않았다. 소비자들은 어떤 생각의 작동을 통해 제품을 구입하는가. 디바이스에 대한 분석이나 경제적 평가가 아니다. 순간적으로 마음을 움직여 지갑을 열게 하는 것은 강력한 감정이다. 기술을 내세우기보다는 고객을 감탄하게 만들고 애착을 불러일으키는 감성을 공략하라. 이러한 철학을 기반으로 감수성을 건드리는 제품을 요구했으니, 기능을 중시하던 엔지니어들은 CEO의 확인을 받을 때마다 참으로 난감했을 것이다. 실제로 2007년에 아이폰 개발 시기엔 파워 버튼이나 홈 화면 같은 사소한 디자인들 때문에 번번이 퇴짜를 놓기 일쑤였다고 한다.

하지만 이렇게 고집스러운 CEO의 팔에 소름을 돋게 할 정도로 아름다웠던 제품은 이제 인류의 생활사를 바꿔 놓은 중요한 상징으로 불리게 되었다. 감정의 중요성에 대해 제대로 인지하고 있는 기업가가 이끈 변화가 아닐까.

나의 뇌 안에서 벌어지는 감정의 활동을 명확히 인지하고, 조절하고, 풍요롭게 표현하는 것. 더 나은 일상과 인생을 열어 주는 작지만 위대한 비밀이다. 이제, 억눌리고 속박당해 왔던, 망가지고 다쳐도 무심하게 내버려졌던 인간의 감정에 현미경을 들이대고 살펴볼 시간이다. 역사적인 바이러스의 공격으로 인해 처절하게 혹사당하고 있는 나와 주변인들의 감정을 조심스럽게 실험 테이블 위에 올려 보자. 괜찮은지 물어보며 하나씩 하나씩 공부해야 한다. 나의 감정을 잘 알아야 감정의 노예가 아닌 주인이 될 수 있으니 말이다.

교통사고를 당한
뇌의 고통

우리 집 구급상자에는 언제나 몇 종류의 진통제가 상비되어 있다. 타이레놀 계열과 아스피린 계열. 이따금 만성적인 허리 통증이나 두통에 시달릴 때, 식구들이 한 알씩 복용하는 용도다. 진통제의 부작용도 있지만 통증 자체가 지속될 때의 부작용이 더 크다 보니, 전문가들도 성분을 잘 따져서 지혜롭게 복용하라고 권유하곤 한다. 그렇다면 허리가 아플 때마다 먹었던 타이레놀의 약효는 어디로 흘러들어 갈까? 아픈 허리 근육으로 향하는 것일까? 그렇지 않다. 허리에는 고통을 느끼는 센서가 없으니까. 진통제가 작용하는 부위는 다름 아닌 뇌다.

최근 연구에 의하면 뇌중에서도 아주 일부 지역에서만 통증을 담당한다는 것이 밝혀졌다. 머리 양쪽 관자놀이를 손가락으로 세게 눌러 보자. 당신의 두 손가락이 피부를 뚫고 들어갔다고 치자. 실제로 그런 일이 일어나서는 안 되지만 뇌 깊숙한 곳에 작은 영역이 만져질 것이다. 전두엽 한가운데에 있는 '엔테리어싱글레이트Anterior Cingulate' 이곳이 바로 고통의 중추라고 불리는 곳이다. 우리말로 번역하면 '전측대상회'라고 하는데 얼핏 들으면 가게 상호 같기도 한 복잡한 명칭이다. 매번 말하기에도 복잡해서 심리학자들은 간단하게 'ACC'라고 부른다.

아무튼 허리가 아프거나 손가락이 아프거나, 머리가 지끈거리거나 이가 아플 때, 내가 참다 참다 꺼내 먹은 진통제는 통증이 있는 신체 부위로 가지 않는다. 체내에서 분해되어 뇌로 흘러가 엔테리어싱글레이트에 위치한 세포들을 진정시키는 것이다.

마음이 아플 때는 어떨까? 살다 보면 크고 작은 일로 상처를 받는 순간이 온다. 사랑이 끝났을 때, 가족 중 누군가 세상을 떠났을 때, 이유 없이 모함을 당하거나 친했던 사람들과 갈등이 빚어질 때, 험담의 대상이 되거나 언어적 폭력을 당할 때, 주변에 마음을 나눌 친구도 없이 홀로 남겨질 때. 우리는 '상처 받았다'고 말하고, 실제로도 가슴이 찢어지는 고통을 받는다. 고통을 견딜 수 없는 경우 삶을 포기하는 극단적인 선택을 하기도 한다.

코로나 상황에서 우리가 느끼는 심리적 고통은 이제 너무 익숙한 것이 되었다. 물리적으로 바이러스에 감염되지 않았지만 많은 사람들이 아파하고 있다. 공포, 불안, 혐오, 분노, 우울과 상실감이 커져 간다. 사회적 만남을 박탈당하고, 외로움이 쌓인다. 소속감에 대한 두려움과 비대면 소통으로 인한 오해와 따돌림이 만연한다. 그러다 보니 사회 전반적으로 마음에 상처를 호소하는 이들이 많다.

이렇게 사람 간의 관계에서 생겨난 아픔을 처리하는 뇌 영역은 어디일까? 바로 엔테리어싱글레이트. 허리 통증을 처리하는 영역과 같은 곳이다. 우리 뇌가 이렇다. 허리가 부러진 고통과 상실감으로 인한 고통을 하드웨어적으로 구분 못한다는 얘기다.

심지어는 마음의 고통을 겪을 때 진통제를 먹으면 효과가 있다는 연구 결과도 있다. UCLA 심리학과 나오미 아이젠버그 Naomi Eisenberger 교수 팀의 연구를 보면 사회적 왕따를 당한 피실험자에게 3주 동안 타이레놀을 복용시켰더니 그렇지 않은 상태보다 상실감이 훨씬 완화되었다는 결과가 나왔다.[3] 비교적 최근 결과이기 때문에 학계에서는 당연히 고개를 갸웃하는 이들이 많았다. 일부 학자들은 이 연구의 오류를 밝혀내기 위해

---

3   N. I. Eisenberger (2012). "The pain of social disconnection: examining the shared neural underpinnings of physical and social pain". *Nature Reviews Neuroscience*, 13, pp. 421-434.

다양한 경로로 유사 연구를 하기도 했다. 하지만 결과는 동일했다. 오히려 더 강력하게 뇌가 신체적 고통과 정신적 고통을 같은 고통으로 받아들인다는 결과가 뒷받침되기도 했다.

그동안 정신적인 것과 신체적인 것은 분리해서 생각해 왔던 통념들, 정신과 신체를 뭉뚱그려 이야기하는 것을 마치 비과학적인 것처럼 대했던 사회 분위기를 뒤집은 연구였다. 이처럼 현대 과학은 연구하면 할수록 정신과 신체를 이분법적으로 뗄 수 없다고 주장하고 있다.

인지심리학자들은 이제 나오미의 연구를 중요한 가르침으로 받아들인다. 잘못 생각하면 '마음이 아플 때 진통제를 먹어라.'라는 가르침으로 착각할 수도 있겠다. 하지만 이 연구는 약 처방에 대한 내용이 절대 아니다. 심리적 고통을 어떤 태도로 대할지에 관한 가이드로 봐야 한다.

당신이 교통사고를 당했거나 누구한테 맞아서 어디 한군데라도 부러졌다 치자. 아마 빠른 속도로 보상을 받을 것이다. 법을 포함한 모든 제도가 다친 사람을 도울 수 있도록 설계된 덕분이다. 물론 주변 사람들의 태도 또한 각별하다. 가족이나 동료가 큰 수술을 하고 회복중이란 말을 들었을 때 우리의 반응을 생각해 보자. 일단 그를 건드리지 않는다. 아파 죽겠다는 사람을 피곤하게 할 필요가 있겠는가? 가능하면 편안하게 쉴 수 있도록 배려해 주고, 몸에 좋은 것을 먹으라고 권한다. 고민거리가 많거나 처리할 업무가 몰려 있다면 평소에 좀 얄미운 인간이더라도 이번만큼은 도와준다. 그뿐인가. 수시로 괜찮은지 물어보고 상처가 덧나거나 잘못되진 않을까 내내 노심초사다.

그런데 이별과 갈등을 경험한 뒤 힘들어하는 사람에게는 어떻게 대했던가. 키우던 고양이가 죽었거나, 애인과 헤어졌거나, 외부에서 심한 욕설을 듣고 와서 고통스러워하는 사람에게 어떤 배려를 해 주었는지 생각해 보자. "그깟 일 가지고 뭘 그리 유난이야." "상대방 입장에서 생각하면 틀린 말도 아니지 뭐." "한잔하고 그냥 잊어." 그 고통이 어떤 것이든 심리적인 것이라면 별거 아닌 것으로 대했을 가능성이 크다. 사실 상처에 소금이나 뿌리지 않았으면 다행이다.

인지심리학은 심리적, 사회적 고통 또한 신체적 고통 못지않게 다뤄져야 한다고 말한다. 내 눈앞에서 피를 철철 흘리는 사람을 모른 척 하지 않듯 타인이 겪고 있는 내면의 상처 또한 심각하고 아프게 바라봐야 한다.

이것은 자기 자신에게도 해당하는 말이다. 지금 혹시라도 마음이 아프다면 나 자신을 환자처럼 대해 주면 좋겠다. 편안한 자리를 깔아 주고, 영양가 있는 음식을 먹이자. 괜찮은지 물어보며 괜찮아질 때까지 좀 쉬라고 다독여 주자. 마음을 다친 사

람에게 줄 수 있는 가장 좋은 진통제는 사랑과 배려다. 내가 해
주는 만큼 마음도 금세 회복될 테니 말이다.

우울에서
헤엄쳐 나오는 법

코로나 사태에서 사람들이 가장 많이 경험한 심리는 '우울'일 것이다. 학교에 갈 수 없는 학생들, 장사를 할 수 없는 소상공인, 직장을 잃은 회사원, 24시간 아이와 집에 갇힌 주부들. 사태가 장기화되고 필수적인 사회적 네트워크가 단절되면서 많은 사람들이 우울할 수밖에 없는 상황에 처했고, 정신적 신체적인 무기력을 경험하고 있다. '코로나19'와 '우울감blue'이 합쳐져 '코로나 블루'라는 신조어가 나올 정도니, 이 시대의 우울은 누구보다 친숙하고 가까운 정서가 아닌가 싶다.

뇌의 안쪽 중앙의 측두엽엔 편도체라 불리는 기관이 있는데, 감정을 조절하는 곳이다. 우울에 빠진 사람의 경우 편도체의 크기가 커지고 활동량도 커진다. 편도체의 비정상적인 작용은 다른 기관에도 영향을 끼치는데, 수면 장애라든가 비정상적인 행동을 유발시키는 방식으로 발현된다. 엉뚱한 호르몬이 분비되어 건강에 문제를 일으키기도 한다.

그렇다면 우울이란 정확히 어떤 감정일까? 다른 부정적인 정서와 어떤 지점이 다를까? 우울의 원인은 백만 가지가 넘는다. 그러나 우울의 상태는 동일하다. 기본적으로 에너지가 없는 상태를 우울로 보기 때문이다. 자동차로 치면 기름이 없는 상태다. 우울한 사람은 활력이 없고 실제로도 많이 움직이지 않는다. 행동이 없을수록 우울의 깊이가 크다고 할 수 있다.

정신과 의사나 상담가들이 자주 겪는 당혹스러운 경험이 있다. 오랜 기간 정성을 다해 우울증 환자를 관찰하고 보살펴 치료에 성공한다. 그런데 기쁨도 잠시. 우울에서 빠져나온 직후 환자 스스로 목숨을 끊는 경우가 종종 발생한다. 깊은 우울 상태에서 에너지가 없어 실행하지 못했던 자기 파괴적인 행위가 우울에서 벗어나자마자 행동으로 이루어진 것이다. 그가 괜찮아졌다고 철석같이 믿었던 주변 사람들의 충격과 슬픔은 말로 헤아리기 어려울 정도다.

사람은 누구나 언제나 어떠한 이유로든 우울할 수 있다. 그 상태는 오래 갈 수도 있고 생각보다 자연스럽게 지나갈 수도 있다. 만약 당신이 우울에 처했다면 다음의 두 가지를 기억하자.

첫째는 물리적 에너지를 확보하는 것이다.

즉, 먹어야 한다. 흔히 힘든 상황에서 버티는 힘은 정신력에서 온다고들 한다. 그런데 그 정신력은 어디서 오는가? 체력이다. 너무 뻔한 얘기처럼 들릴 수도 있겠지만 엄연한 진실이다. 많은 심리학자들이 정신력과 체력에 대해 수년간 연구를 해 봐도 결론은 한 가지였다. 체력과 정신력은 같은 배터리를 사용한다는 것이다. 만약 나의 멘탈이 약해져 있다면 그땐 다른 무엇보다 피지컬을 회복해야 할 때다. 영양가 있는 음식을 먹고 가볍게 걸으며 몸의 근육을 만들어 보는 것이 중요하다.

두 번째, 우울에서 벗어났을 때 나쁜 행동을 실행할 것에 대비해야 한다.

앞에서도 얘기했듯이 우울할 때 부정적인 생각을 지속적으로 한 경우, 우울증이 치료 된 후 그것을 실천하는 사례가 상당히 많았다. 그렇다고 우울에 빠진 사람에게 긍정적인 생각을 하라고 요구하는 것도 말이 안 된다. 우울이라는 감정 자체가 문제 상황을 증폭시키고 반복적으로 떠올리게 하여 부정적인 자극만을 받아들이게 하기 때문이다.

이럴 땐 애써 긍정적인 생각을 하려 하지 말고, 긍정적인 행동을 해 버리는 것이 낫다. 그것도 아주 작고 만만한 놈으로 골라서 말이다. 운동하기, 일기 쓰기, 가계부 쓰기 등. 5분에서

10분짜리의 소소한 작업들이면 된다. 여기서 핵심은 그 일이 굉장히 쉬워야 한다는 것이다.

우울할 때는 무기력이 최악에 도달한 상태이다. 무기력은 우리의 귀에 대고 낮은 목소리로 계속 속삭인다. '넌 그 일을 할 수 없어.' '해도 소용없어.' '해 봐도 분명히 안 될 거야.' 이 목소리를 떨쳐 내는 것은 쉽지 않다. 무턱대고 큰일에 덤볐다간 부지불식간에 더 큰 우울을 맞이할 것이다. 이럴 때 이겨 내는 방법은 의외로 간단하다. 그냥 하는 것이다. 쉬운 걸로 딱 하나만.

평소에 할 수 있는 것보다 더 작게 양을 쪼개서 만만하게 만들자. 우울할 때 꽤나 효과 좋은 행동은 청소다. 대청소는 안 된다. 구역을 작게 나눠서 조금만 치워 보자. 책장 한 칸, 서랍 하나처럼 목표를 쉽게 쪼개는 것이다.

물리적인 집 청소뿐 아니라 심리적인 청소도 좋다. 내가 자주 쓰는 방법 중 하나는 하드 디스크 정리다. 어느덧 인간이 컴퓨터라는 도구를 사용하게 된 지도 길고 지난한 세월이 흘렀다. 얼마 전 내 하드디스크를 열어보니 무려 17만 개의 파일이 들어 있는 것이 아닌가. 무기력한 순간마다 하나씩 하나씩 정리했더니 7개월이 흘러 있었고 2만 개 정도가 정리되었다. 참 뿌듯하다. 마치 내 인생을 정리한 듯한 기분이다.

누구나 살다 보면 인생에서 우울한 순간을 마주한다. 감당하기 어려운 상황 앞에서 인간은 나약해지고 무기력해지며 가끔 존재 자체가 흐려지는 경험을 한다. 어쩌다 한 번 겪는 사건으로도 한동안 힘들게 마련인데 코로나 사태가 가져온 혼란은 마음에 가하는 폭격과도 같을 것이다. 그럼에도 불구하고 이 거대한 우울을 헤엄쳐 나가자고 호소하고 싶다. 만약 지금 우울 속에서 헤어 나오기 어렵다면 호르몬의 장난에 꺾이지 말고 조금씩 몸을 움직여 보시길. 두 다리의 근육을 이용해 조금씩 걷고, 손가락을 움직여 집에 쌓인 먼지를 닦아 보길 바란다. 오래되고 쓸모없는 파일을 과감히 삭제하면서 가벼워지고 자유로워지면 좋겠다. 뇌는 생각보다 단순하고 강하다. 사소한 행동이 지닌 큰 힘을 믿어 보길 당부 드린다.

불편함과 상실감을
구별하라

코로나 사태로 인해 그간 자유롭게 해 왔던 것을 못하게 되신 분들이 참 많다. "그거 못해서 불편해 죽겠다."고들 말하곤 한다. 그럴 때 까다로운 심리학자인 나는 "그건 불편함이 아니라 상실감인데…"라고 말하고 싶은 것을 꾹 눌러 참곤 한다. 안 그래도 지쳐 있는데 괴롭히고 싶지 않으니까. 하지만 내 안에서 일어나는 심리 상태를 정확한 언어로 표현하는 것은 생각보다 중요하다. 그간 말하지 못하고 참아 왔던 그 중요성에 대해 편하게 얘기해 보려고 한다.

불편함은 '일어나서는 안 되는 일이 벌어진 상황'에서 나타난다. 작은 돌이 신발 안에 들어 있는 상태를 떠올려 보자. 거기 있으면 안 되는데 있으니 심기가 좋지 않다. 그때 느끼는 감정이 바로 '불편함'이다.

상실감은 비슷하지만 반대 상황이다. '좋아하던 것을 할 수 없는 상황'에서 발생한다. 편의점 앞 테이블에서 동네 친구들과 오징어 땅콩을 안주 삼아 캔 맥주를 마시는 게 최고의 낙인 사람이 있었다. 그런데 사회적 거리두기를 하느라 몇 달 째 외부 출입을 못했다. 늘 기다리던 저녁 시간이 지루하고 활기가 없어졌다. 그 사람이 느낄 수 있는 감정이 바로 '상실감'이다.

불편함과 상실감을 잘 구별해야 하는 이유는 그것이 무엇이나에 따라 다른 해결책을 찾을 수 있기 때문이다. 불편함을 없애려면 나쁜 것을 제거해야 한다. 상실감을 없애려면 좋아하는 것을 얻어야 한다. 그런데 이게 헷갈려 버리면 엉뚱한 처방이 나오지 않겠는가?

하루 종일 마스크를 쓰느라 불편함을 호소하는 사람이 있다고 치자. 이 불편함을 완화시키기 위해 그동안 먹고 싶던 맛있는 음식을 사 먹었다. 기분이 좀 나아졌을까? 모르긴 몰라도 별효과는 없을 것이다. 불편함 때문에 힘들었다면 평소 안 좋은 것을 제거하는 쪽이 낫다. 친구들과 캔 맥주를 못 마셔서 슬픈 사람이 스마트폰 앱을 깔아 출근길 동선을 편리하게 바꿔 보았다. 과연 그의 상실감이 없어질 수 있을까? 그렇지 않다. 할 일 없이 늘어난 시간에 마음만 헛헛할지도 모른다.

지금 이 상황에서 편의점 마실을 가거나 마스크를 안 쓸 수 없는 노릇이다. 이럴 땐 다른 것을 고쳐 보는 것도 큰 도움이 된다. 차라리 집을 고치는 것이다. 집에서 머무는 시간이 길어지면서 살던 집을 조금씩 다듬는 사람들이 많아지고 있다. 근무도 집에서 하고, 수업도 집에서 한다. 운동도 하고 취미 생활도 집에서 해야 한다. 주변의 많은 분들이 가구의 위치를 바꾸거나 인테리어 소품을 들여놓는 등 크고 작은 변화를 꾸리곤 한다. 불편과 상실 등 뉴스를 접할 때마다 오는 부정적인 심리 상태 또한 집 안에서 치유하고자 한다면 긴 시간을 머물고 있는 집의 크고 작은 부분을 바꿔 보는 것도 방법이다. 주의할 점은 변화의 콘셉트를 정확하게 정해야 한다는 것이다.

불편함을 해소하려면 편리하게 고쳐야 한다. 며칠째 고장 나서 물이 똑똑 떨어지는 수도꼭지를 고쳐 버리거나 삐거덕거리는 문고리를 바꾸는 식이다. 아무 상관없을 것 같지만 그렇지 않다. 다른 불편함을 해소하는 것으로 의외로 마스크를 쓸 에너지가 생길 것이다. 그렇다면 상실감은 어떻게 해소해야 할까? 집 안에 좋아하는 다른 것을 설치한다. 편의점 캔 맥주가 그리울 때 집에 홈 바를 만들어 보거나 마음의 안정을 주는 화분을 들이는 것도 괜찮다.

반대로 불편함에 시달리는 사람이 집에 홈 바를 설치하면 더 심란하다. 물건이 늘어나면 동선만 꼬이고 짜증이 난다. 상실감이 큰 사람의 집이 편리해지면 오히려 공허해질 가능성이 크다. 매끄럽게 돌아가는 손잡이 앞에서 "아아, 문마저 그냥 열리는구나…" 하며 쓸쓸해지는 것이다.

힘든 시대에 마음이 두루 평온하기는 어렵다. 코로나 때문에 복잡하고 어려운 심경이 어찌 '상실'과 '불편'뿐이겠는가. 그러나 힘들다고 그냥 내버려 두면 병이 된다. 정말로 벗어나길 원한다면 그게 무엇이 됐든 정확하게 내 감정을 파악해 보려고 노력하면 좋겠다. 그게 행동의 중심축이 되어 줄 테니까. 나의 상황과 사람, 환경을 리모델링할 기회는 얼마든지 있다. 어디론가 떠날 수도 있고, 무언가를 새로 시작할 수도 있다. 그때 어디로 가고 무엇을 할 것인가? 상실감인지 불편함인지 또는 다른 마음인지에 따라 방향과 종류가 달라질 것이다.

'분노'는 다른 어떤 감정보다도 강하다. 크게 성이 난 상태이며 매우 극단적이고 파괴적이며 강한 에너지가 분출된다. 에너지가 사라지는 상태인 '우울'과는 정반대의 심리 상태다. 분노가 일어나는 상황은 다양하지만 주로 배신과 같은 충격적인 상황이 뒤따르는 경우가 많다. 무언가를 기대했으나 그것이 비참하게 꺾인 상태에 많은 사람들은 강력한 분노의 감정을 느낀다.

기대가 꺾일 때 분노한다니, 우리 이쯤해서 '기대하다'라는 말의 의미를 조금 더 세심하게 봐야 할 필요가 있겠다. 일단 영어로 바꿔 보면 어떨까? 학교 다닐 때 열심히 단어 좀 외워 보신 분들이라면 'expect(익스펙트)'라는 동사를 바로 떠올릴 것이다. "내일은 날씨가 좋을 것으로 기대된다."거나 "검사 결과가 좋을 것으로 기대된다."는 말을 하고 싶을 때 expect를 넣어서 그럴듯한 문장을 만들 수 있다.

그런데 "당신에게 거는 기대가 커." "이번 프로젝트, 기대해도 되지?" 같은 표현은 어떤가? 이런 데까지 expect를 넣기에는 조금 머뭇거려진다. 영어 좀 하시는 분들은 trust(트러스트)라든지 다른 그럴싸한 숙어가 입안에서 맴돌 것이다.

expect, trust, believe처럼 영어에서는 예측, 믿음, 신뢰 등으로 쪼개 놓은 말을 한국어에선 '기대'라는 말 한마디로 사용하다 보니 생기는 소통의 차이다. 전 세계 다양한 나라와 민족의 생각과 감정을 담은 그릇이 언어이니 만큼, 이런 경우들은 찾아보면 상당히 많다. 다른 나라에서는 한 단어로 일컫는 말을 어느 나라에서는 미세하게 분절하여 여러 단어로 표현하기도 하고, 대부분의 나라에서 사용하는 감정 표현이 어떤 국가에서는 존재하지 않아 비슷한 말로 번역하기도 한다.

재미있는 사실은 언어와 심리는 함께 간다는 것. 언어에서 의미가 구분되면 사람의 심리도 선을 긋는다. 그러나 언어가 혼용되면 심리적으로도 혼동이 일어난다.

그래서일까. 많은 한국인이 '예측'과 '신뢰'를 심리적으로 혼동한다. 예측은 이성의 측면이다. 머리로 생각한 예측이 빗나가거나 틀릴 수 있는 건 당연하지 않은가. 이때 굳이 배신감이라는 감정까지 끌고 올 필요는 없다. 그러나 '신뢰'와 혼동한 사람들은 배신감과 함께 격한 분노를 표출하곤 한다. 선거가 끝난 후의 대한민국 거리를 보자. 예측이 빗나갔을 때 사람들이 어떻게 분노하는지 잘 볼 수 있을 것이다.

예측과 현실이 빗나갔을 때 표출되는 분노라는 감정. 이 감정의 시제는 참 묘하다. 과거, 현재, 미래가 혼합되어 빚어진 심리이기 때문이다. 최초에 어떤 미래를 예측한다. 그리고 시간이 흘러 자신의 예측이 틀렸다는 것을 발견한다. 그 지점이 바로 분노가 시작되는 곳이다. 감정이 발현된 시점은 '현재'지만 예측의 시점은 '과거'다. 바로 이 시차가 분노를 통제하기 어렵게 만든다. 현재 시점의 정확한 사실로는 절대 분노를 다독일 수 없다. 대표적인 사례가 2008년에 벌어진 광우병 사태다. 30개월 이상 미국산 쇠고기의 수입을 둘러싸고 인간 광우병을 우려한 시민들이 분노에 휩싸여 거리로 나섰다. 사람들은 위험천만한 쇠고기 수입을 허가한 정부를 비난하고 결정을 무효화하길 주장했다. 그런데 그 병이 그렇게 위험했는가 하면 또 그렇지 않다. 병 자체만 놓고 보면 사실 100만 분의 1 정도의 리스크였다고 한다. 당시에도 많은 전문가들이 쇠고기의 안전성에 대한 다양한 학술 자료를 근거로 국민들의 분노를 잠재우려 했지만 소용없었다. 미국산 쇠고기가 위험하다는 예측은 이미 과거에 끝났기 때문이다. 아무리 정확한 사실을 들이대도 과거의 예측을 바꾸지 않는 것이 기본적인 분노의 심리기제인 것이다.

이 당시 사람들이 원하던 것은 사실이 아니라 진실이었다. '먹어도 괜찮다'는 사실이 아니라 '우리가 미국의 안전 기준에 따라야 했던 이유'라는 진실을 원했던 것이다.

다시 말하지만 상대의 분노를 컨트롤하고 싶다면 현재의 사실은 도움이 되지 않는다. 그럴 땐 타임머신을 타고 분노의 원인이 발생한 시점으로 돌아가야 한다. 과거에 해결의 열쇠가 숨어 있으니 말이다.

노사분규는 항상 극적 타결된다. 대체 왜 그럴까? 타결의 장소가 회의장이라면 전혀 극적이지 않았을 것이다. 회의장은 조건이나 대안과 같은 '현재의 사실'을 말하는 곳이다. 그곳에서 갈등이 해결되는 경우는 드물지만 회의실 밖, 전혀 다른 장소에서는 가능하다. 대체로 이 경우엔 양측 모두 신입사원 시절로 돌아가게 하는 극적인 상황이 발생하곤 한다. 노측과 사측이 10년 전 과거에서 문제의 원인을 발견하고 진실과 마주하면서 분노는 가라앉는다. 여기에 추억은 덤이다. 노사관계든 부부관계든 마찬가지다. 함께 추억할 과거가 있는 관계는 안전하고 단단하다. 아무리 큰 분노의 상황이 몰려와도 좋은 기억이 있다면 넘어설 수 있으니 말이다.

지금 불행하다고 해도, 행복한 과거를 가진 사람들은 이겨 낼 힘을 갖는다. 우리 주변의 소박하고 착한 사람들 대부분이 그렇다. 우리들은 모일 때마다 그렇게 시답잖은 옛날이야기를 하지 않는가.

"그때 참 좋았어."

"그때 정말 행복했어."

돈 없어도 행복하고 따뜻했던 기억, 좋아하는 친구들과 낄낄 대던 밤들, 아름다운 곳에서 맛있는 것을 먹고 재미있게 놀고 마음을 울린 대화들을 나누던 시간, 내가 응원하는 프로야구 팀이 3년 연속 우승을 해 버린 경이적인 사건 등. 별것도 아닌 옛날 일들을 두고두고 꺼내서 미소 짓는 사람들에겐 사실 큰 문제가 없다. 이들에겐 분노를 조절할 힘이 있기 때문이다. 지금 화가 나는 상황이 벌어져도 좋았던 과거를 통해 감정을 조절하고 결국 새로운 행복을 찾을 것이다.

문제는 반대의 경우다. 너무 쉽게 분노하는 사람, 불같은 화를 조절하지 못하는 사람, 끊임없이 다른 이를 해하려는 사람, 타인과 사회에 화풀이를 하며 언제고 다시 분노할 준비가 되어 있는 사람들이다. 많은 경우 이들은 추억이 없다. 아니, 어쩌면 행복했던 척은 할 수도 있겠다.

"그때 참 좋았지. 당시 돈을 엄청 벌었거든."이라고 말이다. 그런데 정말 이게 행복한 경험일까? 행복해 본 사람은 안다. 돈은 행복의 본질이 아니라는 것을.

행복한 지금은 훗날 괜찮은 과거가 된다. 그렇다면, 나는 지금 행복한가? 소소한 행복을 느끼지 못하거나 행복이 아닌 것을 행복이라 착각하고 있다면 한번 멈춰 서 보자. 미래의 어느 지점에서 분노 속에 고통 받게 될지도 모른다.

인간이 가장 기피하는
심리 상태, 불안

월요병은 정말 월요병일까?

한때 일요일 저녁마다 사람들을 TV 앞으로 잡아두던 프로그램
이 있었다. 숱한 유행어와 코미디 스타들을 탄생시키기도 했던
KBS 개그콘서트. 당시 '빰빰빠~' 하고 엔딩 시그널이 울리면,
으아악!! 하고 집집마다 비명을 질러 대곤 했다. 개그콘서트가
끝났다는 것은 곧 주말이 끝났다는 것이요, 끔찍한 월요일이 시
작된다는 뜻이니까. 프로그램이 폐지된 지도 꽤 시간이 흘렀으
니 일요일 밤의 풍경 또한 지나간 옛 이야기처럼 남아 있다. 하
지만 최근 들른 어느 카페에서 스티비 원더 Stevie Wonder의
〈part time lover〉가 흘러나왔을 때, 나는 똑똑히 보았다. 앉
아 있던 많은 손님들이 눈살을 찌푸리며 몸서리치는 모습

을…. 그 노래는 다름 아닌 개콘의 엔딩 시그널. 경쾌하고 신나는 명곡이 대한민국에서는 공교롭게도 월요병의 상징이 되어 버린 셈이다.

'월요병'이라는 단어가 1970년대 신문 기사에도 등장하는 걸 보니, 주중에 일하고 주말에 쉬는 것이 일반화된 산업화의 역사와 같이했으리라. 보통은 일요일 저녁 해가 뉘엿뉘엿 질 무렵부터 발병이 시작되는데, 머리가 지끈거리거나 속이 울렁거리기도 하고, 사람에 따라서는 화가 나거나 신경질이 나거나 무기력을 호소하기도 한다. 느닷없이 슬퍼지고 한숨도 나오는 것이 꽤나 심각한 질병인 듯싶다. 이 병은 참 묘하고 요사스러운 것이 이름은 월요병이지만 언제 쉬느냐에 따라 어김없이 동일 증상이 발현된다. 수요일에 쉬는 사람들에겐 목요병, 긴 방학을 즐긴 학생들에겐 개학병, 휴가가 끝나가는 직원에겐 복직병이된다.

그런데 월요병이란 이름과는 달리 막상 월요일이 되면 증상은 서서히 없어진다. 오전까지는 좀 기운이 없다가도 쏟아지는 업무를 처리하거나 상사 몰래 주식 창을 쳐다보거나, 오랜만에 만난 동료들과 가십거리로 정신없이 떠들다 보면 조금 전까지 어디가 아팠던가 싶을 것이다. 사실 월요병이 아니라 '일요일 저녁병'이라고 이름 붙이는 게 맞지 않을까?

일요일 저녁이 힘든 이유는 '불안 심리' 때문이다. 많은 사람들이 묻는다. "인간이 가장 싫어하는 심리 상태가 뭐예요?" 나를 포함한 많은 심리학자들은 '불안'을 손꼽는다. 심지어 저명한 심리학자 프로이트Sigmund Frrud도 인간이 느끼는 최악의 심리인 불안에 대해 연구하기도 했다.[4] 나의 저서 《지혜의 심리학》에서 밝혔듯이, 불안을 심리학적으로 정리하자면 '원하지 않는 생각이나 감정을 가질 때 생기는 불쾌한 감정'이라고 할수 있다. 인간이 기피하고 싶은 심리 상태가 어디 한두 가지겠는가? 슬픔, 분노, 고통, 우울, 상실감, 그리고 정확하게 이름 붙이는 것도 어려운 복잡하고 묘한 심리 상태들. 그중에서도 불안을 최악 중의 최악으로 손꼽는 이유는 불안이 이 모든 부정적 감정의 증폭제 역할을 하기 때문이다.

회초리를 기다리는 아이의 고통

불안할 때 슬프면 진짜 슬프다. 불안할 때 아프면 너무 고통스럽다. 불안할 때 화가 나면 걷잡을 수 없게 된다. 모든 부정적

---

4   프로이트는 현실, 도덕, 신경증과 같은 단어들을 불안에 덧붙였다. 그리고 이는 사람의 성격을 결정하는 핵심 요인이다. 아들러는 가족 내에서 출생 순위가 달라짐에 따라 겪는 각기 다른 불안에 관심을 가졌으며, 융은 성장의 출발점으로 보기도 했다. 한마디로, 심리학은 불안을 먹고 사는 학문이라고 표현할 정도로 거의 모든 심리학자들은 직간접적으로 불안의 어느 한 구석과 예외 없이 관련된 연구를 해 왔다고 봐도 무방하다.

심리를 두 배로 만들어 버리는 불안.

인간이 불안을 얼마나 싫어하는지, 우리 조상님들은 '매도 먼저 맞는 게 낫다'라는 위대한 말씀을 남겼겠는가? 요즘은 체벌이 없어졌지만 예전엔 잘못을 저지른 친구들이 칠판 앞에 나란히 서서 선생님의 매질을 기다리던 풍경은 매일 볼 수 있을 정도로 흔한 것이었다.

숙제를 안 해 온 다섯 명의 학생이 다섯 대씩 엉덩이를 맞는다고 생각해 보자. 체벌도 체력이다. 아무리 건장하신 선생님이라도 온 힘을 다해 매질을 하다 보면 기운이 빠지실 것이다. 그러니 물리학적으로 따진다면 마지막에 맞는 학생이 덜 아픈 것이 당연하다. 앞서 이미 20대나 몽둥이를 휘둘렀으니 선생님도 팔이 아프고 숨차지 않겠는가. 그런데 이상하다. 꼭 마지막에 맞는 아이가 가장 격한 비명을 지른다. 아니, 사색이 되어 바들바들 떨다가 맞기도 전에 털썩 주저앉기까지 한다. 가장 약한 매를 맞은 주제에 뭐가 그렇게 아프다는 걸까.

이때 아이의 고통을 증폭시킨 기제가 바로 불안이다. 앞서 맞은 네 명이 아프다고 비명을 지를 때마다 마지막 학생의 마음은 어땠을까? 얼마나 아플까, 나는 언제 맞을까, 어디가 부러지진 않을까, 이제 와서 피할 수 있는 방법은 없을까. 기다리는 동안 불안이 눈덩이처럼 불어났기 때문이다. 불안이 최고조에 이른 순간 엉덩이를 가격한 물리적 고통은 실제 통증보다 몇 배로 크게 다가왔을 것이다.

팬데믹 시대 우리를 사로잡은 가장 강력하고 부정적인 정서 또한 '불안'이었다. 중국 우한에 미지의 바이러스가 퍼졌을 때부터 뉴스에서 다른 국가의 사망자들이 실려 나가는 장면을 볼 때, 집 근처나 직장 근처에 확진자가 지나갔다는 휴대폰 알람을 받을 때마다 우리의 마음은 얼마나 초조하고 불안했던가.

목이 따끔거리거나 열이 조금 나는 미미한 증상만으로도 극한 공포를 느끼지 않았던가. 나와 내 가족이 역학적으로 확진자와 마주칠 일이 없었고, 코로나 바이러스에 감염될 확률이 수치적으로 낮아도 불안한 것은 매한가지다.

본래 인간에게는 '거래 가능한 가치'와 '불가능한 가치'가 존재한다. 자동차나 집, 돈 등은 거래가 가능한 가치에 속한다. 거래 불가능한 가치엔 종교, 생명, 신념 등이 해당할 것이다. 그런데 유독 '거래 불가능한 가치'는 잘못될 수 있다는 약간의 가능성만으로도 어마어마하게 큰 불안을 만들어 낸다.

여기서 큰 불안이란 강도가 큰 불안만을 말하는 게 아니라 범위가 큰 불안이다. 불안의 특징 중 하나가 다양한 측면으로 전염된다는 것이다. 바이러스로 시작한 작은 불안은 곧 생활 전반으로 확대된다. 미래에 대한 불안, 금전에 대한 불안, 다른 사고에 대한 불안, 심지어 원자력과 국가 경제, 세계 평화까지 염려하고 불안하게 만든다. 소비, 국가, 경제, 민심까지 강한 영향력을 끼치는 '범용적 불안' 탓에 팬데믹이 찾아오면 실제 사망자 수치보다 훨씬 더 큰 폭으로 사회는 혼란스러워지는 것이다.

불안이라는 바이러스는 어떻게 전염되는가

불안은 후회를 낳고

불안이 사람의 심리에 미치는 가장 큰 영향은 변화를 싫어하게 만드는 것이다. 인간은 원래 변화를 좋아하지 않는다.

어떤 사람이 살던 아파트를 팔고 이사를 했다. 그런데 안타깝게도 이사하자마자 새 아파트의 집값이 떨어졌다. 또 다른 사람은 여러 불편함을 감수하고 원래 살던 집에 계속 눌러앉아 살고 있었다. 그런데 그 살던 집 또한 값이 떨어졌다. 둘이 동일한 값의 경제적 피해를 입었다고 치자. 손해는 동일할지언정 첫 번째 사람이 훨씬 더 속상해한다. '그냥 가만히 있을걸. 내가 왜 이사를 했을까' 하는 후회의 감정이 적용되었기 때문이다. 후회의 사전적인 뜻은 '이전의 잘못을 깨닫고 뉘우치는 것'이라고 한다. 그런데 후회를 하다 보면 이전의 잘못만 뉘우치는 게 아니다. '그때 이랬으면 어땠을까?', '다음에는 어떻게 해야 하지' 등 벌어지지 않은 상황까지 생각이 꼬리에 꼬리를 물고 확장되게 마련이니까. 걷잡을 수 없이 번져가는 생각의 양이 평범한 사람들을 고통스럽게 만든다. 사람들이 후회를 어찌나 싫어하는지 그 어떤 좋은 대가를 들이댄다고 해도 '후회를 덜할 만한' 것을 선택하곤 한다.

2002년 노벨상 수상자인 인지심리학자 다니엘 카네만Daniel Kahneman 교수가 연구를 위해 땅에 천 원짜리 복권을 떨어뜨렸다.[5] 아직 추첨일이 지나지 않은 복권이다. 지나가던 사람은 그 복권을 줍는다. '어라? 추첨일이 남아 있네? 나중에 맞혀 봐야지.' 별 기대 없이 복권을 주머니에 넣을 즈음, 실험을 진행하던 그가 슬그머니 다가가서 제안한다.

"방금 주운 복권, 저에게 파시겠어요? 제가 복권 값 천 원 바로 드릴게요."

천 원짜리 복권이 당첨될 확률은 얼마나 될까? 당연히 적다. 수치적으로 복권 한 장에 주어진 기대가치는 백 원 이하라고

---

5   Daniel Kahneman, Jack L. Knetsch & Richard H. Thaler (1990). "Experimental Tests of the Endowment Effect and the Coase Theorem". *Journal of Political Economy*, 98(6), pp. 1325 – 1348. doi:10.1086/261737. JSTOR 2937761. S2CID 154889372.

한다. 게다가 내가 돈 주고 산 것도 아니고 공짜로 주운 것이니 되파는 순간 공돈 천 원이 생기는 셈이다. 여러 가지로 따져 보았을 때 분명히 이득이지만 많은 사람들이 되팔지 않는다. 솔직히 나였더라도 팔고 싶지 않았을 것이다.

심지어 복권의 값을 올려도 마찬가지다. 막 주운 공짜 복권에 만 원, 오만 원을 주겠다고 해도 되팔지 않는다. 이성적으로, 수학적으로, 논리적으로 되파는 것이 확실히 좋은 판단 아닐까? 그럼에도 불구하고 되팔지 않는 심리는 무엇일까? 후회하고 싶지 않아서다. 처음 제안이 들어온 순간, 만에 하나 내가 되판 복권이 당첨될 때 내가 느낄 후회를 상상하게 되는데 그것만으로도 꽤나 큰 고통이 느껴진다. 그러니 아무리 좋은 조건을 제시하더라도 후회를 덜하는 쪽을 선택할 수밖에.

문제는 이 '후회'라는 심리가 '불안'이라는 비료 속에서 점점 무럭무럭 커 간다는 것이다. 후회하고 싶지 않은 욕망은 변화를 기피하게 만든다. 변화를 선택할 때나, 그렇지 않을 때나 동일한 피해를 입는다고 해도, 사람들은 변화를 기피한다. 불안한 상태에서는 기업이든, 소비자든, 정부든, 국민이든 새로운 것을 추구하지 않게 된다. 변화 요소가 조금이라도 보이면 무조건 기피하는 상황이 벌어지는 것이다.

한번 잘 관찰해 보시길. '이거 예전에 한 거랑 큰 차이 없어요.' '기존에 하시던 대로 하시면 돼요.' '원래 하던 거랑 비슷해요.'라는 메시지가 지금의 우리를 얼마나 안심시키는지. 불안이 최고조에 이르는 팬데믹 시대, 사람들은 예전 그대로를 유지하는 것에 매력을 느끼고 긍정적으로 반응한다.

불안은 무기력을 낳고

감정 중에서 가장 전염 속도가 빠른 것은 무엇일까? '불안'이다. 불안이 퍼져 나가는 속도는 코로나 바이러스의 감염 속도를 능가한다. 옆 사람의 불안은 1초 이내에 나에게 느껴지지 않는가. 싸한 기분이 드는 순간, 나 또한 누군가에게 불안을 전염시키는 확산의 매개체가 될 수 있다.

"순간적으로 께름칙했다."

"갑자기 분위기가 싸늘해졌다."

우리가 일상 속에서 주로 쓰는 표현이다. 인간의 심리는 언어를 통해 그 본질을 여과 없이 보여 준다. 입에서 입으로 자주 오르내리는 말은 불안 심리가 얼마나 빠른 속도로 다수에게 퍼져 나가는지를 짐작하게 해 준다.

전염성이 강한 심리 1위가 불안이라면 그 다음은 무엇일까? 심리학 연구에 따르면 '무기력'의 전염 속도 또한 만만치 않다.

네널란드의 심리학자인 폰터스 린더Pontus Leander 교수 팀은 성실하게 과제를 수행하고 있는 피실험자에게 달력 이미지나 컴퓨터 화면 보호기에서 심드렁한 누군가의 얼굴을 보여 주었다. 여기에는 어떤 특별한 메시지도 없다. 그냥 무의식적으로 무기력한 분위기만 연출할 뿐이다. 그런데 놀랍게도, 그 이미지에 노출되는 것만으로도 피실험자의 작업 수행 수준이 떨어진다는 걸 확인할 수 있었다.[6] 무기력의 전염 속도가 이처럼 빠르다는 것이다.

조직 안에서 일해 본 사람이라면 무기력의 전염을 쉽게 체감할 수 있을 것이다. 단 한 명의 사람이라도 '하기 싫어.' '안 될 것 같아.'와 같은 말을 반복적으로 한다거나 업무에 관련해서 짜증을 내는 모습을 보이면, 마치 잔잔한 호수에 물결이 일듯 조직 전체에 무기력한 분위기가 확산된다. 결국 조직원 모두가 도전을 기피하고 성과와 멀어지는 쪽으로 변화된다.

그런데 여기서 또 주의할 점이 있다. 무기력은 일하기 싫은 사람만 퍼뜨리는 것이 아니다. 기민하고 통찰력이 높은 탓에 누구보다도 먼저 불안을 강하게 느끼는 사람들이 있다. 그들이 선

---

6   N. P. Leander, J. Y. Shah & S. Sanders (2014). "Indifferent reactions: regulatory responses to the apathy of others". *Journal of personality and social psychology*, 107(2), pp. 229 - 247. https://doi.org/10.1037/a0037073

택하게 되는 심리적 지향점이 바로 무기력이라는 것이다. 최초에 불안감을 느낀 사람들의 심리를 생각해 보자. 조직과 사회가 뒤늦게 불안을 감지하는 동안 그의 불안 또한 해소되지 않은 채 남아 있게 된다. 이처럼 불안한 상태로 긴 시간을 보내다 보면, 내가 무엇을 하더라도 이 상황을 변화시킬 수 없다는 사실을 눈앞에서 확인하게 된다. 그렇기 때문에 백 명이든 백만 명이든 어떤 사회에서 가장 처음 불안을 느꼈던 사람들이 2차적으로 강력한 무기력을 경험한다. 이처럼 불안을 느낀 사람들은 불안을 전염시키고, 2차적으로 무기력이 전염되는 악순환이 계속되는 것이다.

코로나 사태가 장기화되면서 사람들이 경험하게 되는 불안과 무기력은 이처럼 연결되어 있다. 건강 염려로 시작된 불안은 비난받거나 격리될 걱정, 주변인들에 대한 걱정과 공포로 번진다. 의료진들의 희생과 국민들의 노력에도 진정될 기미가 보이지 않자 많은 이들이 우울과 무기력을 경험했다. 나쁜 상황은 장기화될 것이다. 이때 발생하는 자연스러운 심리를 다스리지 않으면 개인과 공동체의 아픔이 고질적인 질병으로 고착화될 것이다. 어떻게 해야 불안과 무기력을 다독일 수 있을까?

불안은 불확실을
먹고 자란다

불확실의 공포

난데없이 고백하건대 난 예전이나 지금이나 공포영화가 싫다. 끔찍한 외형의 귀신이나 찢어지는 듯한 음향 효과도 싫지만 제일 싫은 것은 공포영화 특유의 연출이다. 주인공은 왜 항상 끝이 보이지 않는 복도를 혼자 뚜벅뚜벅 걸어가는가. 왜 늘 빈방의 문을 열 때마다 고요한 적막이 흐르는가. 왜 주인공의 등 뒤는 어두컴컴하게 가려져 무엇이 숨어 있는 것처럼 보이게 하는가. 공포영화 감독들은 하나같이 사람을 조마조마하게 하는 잔인한 연출법을 활용하는 재주가 있다. 덕분에 관객들은 언제 뭐가 튀어나올지 몰라 보는 내내 고통스럽다. 물론 공포영화를 좋아하는 분들은 그 긴장감을 즐길 수도 있겠다. 그런데 만약, 공포영화에서 이런 연출을 해 보면 어떨까? 스크린 한쪽에 작은 글씨로 카운트다운이 시작된다. 귀신 나오기 5초전, 4초전, 3초전, 2초전, 1초전, 자, 이제 귀신 나옵니다. 빠밤! 어떤가. 별로 무섭지도 않고 심지어 우습기까지 할 것이다. '언제 귀신이 나올까?'라는 불확실성이 없어졌기 때문이다.

불안을 다스리려면 불안이란 심리의 메커니즘을 먼저 파악하는 게 순서일 것이다. 불안은 언제 확장되는가? 바로 불확실하고 모호할 때이다. 불확실할수록 불안은 커진다. 반대로 확실하다는 느낌이 들면 불안은 감소한다.

심리학과 의학은 이를 이용하기도 했다. 심리학과 의학이 함께 연구한 자료를 보면 진통제의 사용 범위에 대한 정리도 나온다. 한 예시로 '모르핀 계열의 진통제는 불안한 상황에서만 효과를 발휘한다'는 내용이 있다.[7]

총성이 오가는 전쟁터에서 마약성 성분인 모르핀 계열의 진통제는 꽤 많이 쓰인다. 살점이 뜯겨 나가고 뼈가 부러지는 증상이니 웬만큼 강력한 약으로는 통증을 제어할 수 없기 때문이

---

7   H. K. Beecher (1972). "The placebo effect as a non-specific force surrounding disease and the treatment of disease". In R. Janzen, W. D. Keidel, A. Herz, C. Steichele, J. P. Payne, & R. A. P. Burt (Eds.), *Pain: Basic principles, pharmacology, therapy*. Stuttgart, West Germany: George Thieme.

다. 물론 모르핀을 주사한 후에도 환자들의 아우성은 계속된다. 대체 어떤 진통제가 그들의 고통을 다스릴 수 있단 말인가. 그런데 신기한 일이다. 앰뷸런스가 도착하고 다친 병사들을 태워 야전병원으로 옮기는 순간, 모르핀을 간절하게 애원하는 병사의 수는 반으로 줄어든다. 제대로 된 치료는 시작하지도 않았으니 나았을 리가 없다. 아니, 오히려 이동하는 동안 상처는 더욱 악화돼 통증이 깊어졌을 가능성이 높다. 하지만 차에 실려 안전한 곳으로 옮겨지는 순간, 환자가 느끼는 불확실성은 해소되었다. 다시 전장에 투입될 가능성도 없고 당분간 전투를 치르지 않아도 된다. 불확실한 상황이 정리되자 그의 공포와 불안도 누그러졌고 신체적 고통 또한 완화된 것이다.

엘스버그의 역설 Ellsberg Paradox

그러다 보니 사람들은 본능적으로 불확실한 것을 기피하게 마련이다. 엘스버그의 역설은 사람이 위험한 것 못지않게 모호한 것을 얼마나 싫어하는지 알려 준다. 미국의 전략 분석가 다니엘 엘스버그Daniel Ellsberg는 사람들을 모아놓고 다음과 같은 게임을 제안하였다.

"자, 이 항아리에 공 90개가 들어 있습니다. 빨간 공은 30개고, 나머지 60개는 노란 공 아니면 검은 공이죠. 정확히 몇 개가 노란색이고 몇 개가 검은색인지는 알 수 없습니다. 이제부터 제가 말하는 색깔과 일치하는 공을 꺼내면 100만 원을 드리겠습니다. 다음 중 어떤 게임을 할지 골라 주시기 바랍니다."

질문 1

게임A: 빨간색 공을 뽑고 100만 원을 받는 게임.

게임B: 검은색 공을 뽑고 100만 원을 받는 게임.

사람들은 어떤 게임을 골랐을까? 대부분의 사람들은 개수를 확실히 알고 있는 빨간색 공을 뽑길 원했다. 즉 게임1을 선택한 것이다. 엘스버그는 이번엔 다른 질문을 한다.

"자, 이번엔 두 색깔 중에 하나만 맞아도 돈을 드립니다. 둘 중 어떤 게임을 선택할지 골라 주세요."

질문 2

게임C: 빨간 공이나 노란 공을 뽑으면 100만 원을 받는 게임

게임D: 검은 공이나 노란 공을 뽑으면 100만 원을 받는 게임

대부분의 사람들은 게임D를 선택했다. 같은 사람에게 여러 번 질문을 해도 비슷한 결과가 나왔다고 한다. 그런데 참 이상

하다. 질문1에서 A를 고른 사람이라면 내심 검은 공의 개수는 30개보다 적다고 가정한 게 아닌가? 그의 계산에 따르면 노란 공은 30개보다 많다는 결론에 이른다. 그렇다면 질문2에서는 C를 선택하는 게 훨씬 더 유리하다. 그런데도 불구하고 많은 사람들이 D를 선택했으니 어찌된 일일까?

엘스버그는 이것을 불확실성을 기피하는 심리로 해석했다. 정확하지 않을 때 사람들은 불안과 불쾌함을 느낀다. 그러니 결과가 나빠지더라도 보다 확실한 쪽을 선호하는 것이다.

모호함을 제거하면 불안은 완화된다

눈치가 빠른 독자들이라면 불안을 조절하는 방법을 알아챘을 것이다. 그렇다. 상대를 불안하지 않게 만들고 싶으면 모호함과 불확실성을 제거하면 된다.

"내일 10시 조금 넘어서 올게."

흔히 하는 시간 약속이다. 불확실한 말이다. 만나는 시간은 생각하기에 따라 10시 1분이 될 수도 있고 11시가 될 수도 있다. 하지만 뭐 그게 대수인가? 웬만한 사람들은 그까짓 말로 크게 스트레스를 받지 않는다. 그러나 별거 아닌 일에도 짜증이 확 올라오는 때가 있다. 지금과 같은 팬데믹 상황에서다. 이미 불안한 상태이거나 전 세계적으로 불안이 점령하고 있는 상태에서는 이런 모호한 메시지에 민감하게 반발심이 솟아오른다.

당신이 한 조직의 리더라면, 아이를 키우는 부모라면, 뭐가 되었든 다른 사람들과 관계를 맺고 이끌어야 하는 상황이라면, 그리고 내 공동체 구성원이 불안해 보인다면 아주 사소한 것이라도 정확하게 말해 줄 필요가 있다. 너무 구체적이고 깨알 같고 쓸모없어 보이는 작은 정보라도 확실하게 공개하는 편이 낫다는 말이다.

코로나 초기, 대한민국의 우수한 방역 시스템은 전 세계의 각광을 받았다. 의료진의 헌신과 국민들의 참여도 큰 몫을 했지만 기본적으로 있는 그대로, 구체적으로 공개한 정보의 정확도가 큰 역할을 했다. 나쁜 소식을 들을 때마다 사람들은 슬퍼하고 불안해하지만 동시에 마음속으로 추이를 그릴 수 있게 된 것이다. 웬만한 사람들도 바이러스의 확산 상태를 구체적으로 전달받고 분석하고 예측하게 되었는데 이는 다른 일반적인 영역의 불안을 줄여 나가는 데 효과적이었다. 기억하자. 이런 상황일수록 "넌 몰라도 돼"라는 대화는 최악의 결과를 초래할지도 모른다.

이제 시간 약속을 할 때 이렇게 말해 보자.

"9시에 출발할 건데 중간에 차가 막힐 수도 있거든. 그래도 11시까지는 갈 수 있어. 도착 5분 전에 한 번 더 연락할게."

10시가 될지 11시가 될지 나조차도 확실치 않다면 가장 안전한 시간대인 11시를 제시하자. 이것만으로도 상대는 10시와 11시 사이, 한껏 예민한 상태에서 받을 수 있는 짜증과 스트레스에서 해방될 수 있을 것이다. 구체적인 약속과 지시는 상대에 대한 배려다. 팬데믹 시대, 당신의 입에서 나오는 정확한 커뮤니케이션은 공동체의 스트레스를 완화시킬 것이다.

불안의 두 얼굴,
비관과 낙관

불안이라는 심리는 참 오묘하다. 같은 불안이지만 저마다 여러 가지 모습으로 표출되곤 한다. 누군가에게는 권위에 복종하고 충성하는 모습으로, 누군가에게는 신경질적이고 예민한 모습으로, 또 음울하고 어두운 비관이나 무책임할 정도로 낙관적인 모습으로 표출되는 경우도 있다.

불안은 일상에서 크고 작은 순간에 수시로 느낄 수 있는 가까운 심리지만 사람마다 느끼는 불안의 정도는 천차만별이다. 같은 자극에도 어떤 사람은 눈치도 못 채고 지나가는 한편, 누군가의 머릿속에선 '삐용삐용, 위험 요소 발견! 위험 요소 발견!' 하고 요란한 사이렌이 울려 퍼진다. 심리학자들은 날 때부터 위험이나 불안 감정을 더 민감하게 느끼는 기질이 있다고 하며, 그러한 불안을 '속성 불안'이라고 부른다.

그런데 참 재미있는 것이 고등학교든 대학교든 학생들을 대상으로 성격 검사를 해 보면 속성 불안이 있는 아이들이 대체로 공부를 잘한다. 어찌 생각하면 당연한 결과다. 원래 공부든 일이든 불안해야 하게 되는 것이니까. 이런 면에서는 불안이 꼭 나쁜 건 아닌 것 같다. 불안이란 인간이 나태해지려는 찰나 무언가를 할 수 있게 만드는 힘이기도 하다.

깊은 비관 뒤의 불안

그런데 문제는 그 이후다. 적당한 불안은 생활의 에너지를 선사하지만 너무 큰 불안은 비관을 초래하기도 한다. 속성 불안을 타고난 아이가 지나치게 엄격한 부모를 만난 경우에 종종 이런 심리가 발현된다. 완벽주의에 사로잡힌 부모는 칭찬에 인색하다. 아무리 인정받으려 노력해도 부모로부터 끊임없이 잘못을 지적받을 때 아이의 마음속에는 '해도 안 될 거야'라는 생각이 깊게 자리 잡게 마련이다. 성장하는 과정에서도 마찬가지. 현재의 작은 불안을 완화시키기 위해 눈앞의 닥친 일들을 열심히 수행해 나가지만 그 아이의 가슴 속 깊은 곳에는 '그래도 결국 끝은 좋지 않을 거야'라는 신념이 물처럼 찰방찰방 차오른다.

비관이 친숙하고 가까운 사람들. 의외로 주변에서 쉽게 볼 수 있다. 특히 직장에서 일로 마주친 사이라면 더 눈에 띈다. 비관주의자라고 해서 늘 어둡고 음침한 얼굴만 하고 있는 건 아니다. 이런 종류의 사람들은 아등바등 애쓰는 후배들을 보며 예의 온화하고 친절한 미소를 띠며 이렇게 말한다.

"힘들지? 고생한다고 해서 다 잘되면 좋겠지만 안 그럴 때가 더 많아."

조직원들의 좋은 아이디어를 들어도 인자하게 웃으며 "아이고, 그게 되겠어?"라고 고개를 젓고, 실패를 만나면 반가워하며 "거봐, 내가 그럴 줄 알았어."라고 끄덕거린다. 성공의 순간 모두가 기뻐할 때 "그래도 변하는 건 아무것도 없어."라며 조용히 한 마디를 던지는 사람들. 부드러운 인품과 다정한 표정으로 조곤조곤 패배의 메시지를 퍼뜨리는 사람들. 나는 이러한 부류의 분들을 '어두운 천사'라고 부른다.

어두운 천사는 어디에나 있다. 그렇다고 해서 굳이 배척할 필요는 없다. 언제나 최악의 상황을 본능적으로 그릴 줄 아는 사람들은 대체로 실수 없이 일을 잘하니, 조직에 도움이 되는 편이다. 게다가 아무리 비관주의자라도 모든 일이 제대로 잘 돌아갈 때는 굳이 어두운 면모를 꺼내지 않는다. 그러나 상황이 조금이라도 틀어지거나 잘못될 때 비관이라는 녀석은 기다렸다는 듯 어김없이 튀어나온다. 사실 패배주의는 그 자체보다 강한 전염성 때문에 문제가 된다. 함께 일하는 사람들에게, 특히 다음 세대의 후배들에게 무기력한 분위기가 고스란히 전수된다는 것이 가장 주의해야 할 지점이다.

내 근처에 어두운 천사가 있다거나 혹은 나 자신이 이런 부류에 해당한다면 어떻게 해야 할까? 타고난 불안에서 헤어 나오려고 애쓰는 것은 무리다. 말했다시피 속성 불안은 사람의 기질이며 쉽게 바뀌지 않는 것이다. 그러나 점차 비관의 영향력을 줄여 나갈 수 있는 방법은 찾아야 한다. 심리학자들의 연구에 따르면 깊은 비관에 빠진 사람은 대체로 취미가 없다고 한다. 문화심리학에서는 레저, 취미, 예술 등의 활동이 심리적 긴장감을 낮추고 행복을 찾는 데 도움이 된다고 말한다. 깊은 비관에 빠진 사람에게 취미 생활을 하라니. 굉장히 쌩뚱맞은 결론 같은가? 이 책의 뒷부분에서도 자세히 이야기하겠지만 그냥 즐겁게 시간을 때우는 취미만을 말하는 것이 아니다. 타인의 평가에서 벗어나 다른 사람의 감탄을 나의 감탄으로 바꾸는 경험을 말한다. 남의 시선에서 자유로워질 때 병적인 불안 또한 다스려진다.

무책임한 낙관 뒤의 불안

그런가 하면 마치 불안 따위의 감정 같은 건 느껴본 적 없는 것처럼 행동하는 사람들도 있다. 모두가 조심해야 하는 시국에 당당히 마스크를 쓰지 않고 공공장소에 나타나는 사람들, 마스크를 써 달라고 권하는 사람들에게 나는 하나님이 보호하시니 괜찮다고 답하는 사람들. 수칙을 지키는 이들에게 소리를 지르며 음모가 있다고 가르치는 사람들. 얼핏 보면 긍정적인 정서가 발현된 것처럼 보인다. 그러나 이들의 행동 저변에 깔린 심리의 정체 또한 불안이다.

불안이 만든 낙관이라니, 일반적인 상식으로는 쉽게 이해되지 않는다. 그러나 우리는 이번 코로나 사태 때 뉴스를 통해 상식적으로 이해되지 않는 행위를 많이 보지 않았는가. 트럼프 미국 전 대통령이나 국내 집단감염 사태를 불러일으킨 종교 지도자층이 내세운 메시지를 기억해 보자. 감염자들과 사망자들이 속출하는 상황에서도 무책임할 정도로 낙관적이었다.

이러한 종류의 불안은 특히 권력층에서 많이 볼 수 있다. 부와 명예 권력 등 바라던 모든 것을 이미 손아귀에 쥐고 있는 이들은 변화를 싫어한다. 변화가 싫으니 그것으로 인한 위험 또한 거부하는 기제가 작동한다. 거대한 불안이 이성적인 판단을 무시해 버리는 것이다. 이들의 낙관은 주위 사람들을 위험에 빠뜨리는 죽음의 낙관이다. 일단 이런 부류의 사람들은 살면서 만나지 않기를 바라는 게 좋겠다.

그러나 안타깝게도 이는 꼭 뉴스에 나오는 거물들에게만 해당하는 얘기가 아니다. 내 주변의 누군가에게도 아직은 가려져 있지만 힘과 재력이 허락되는 순간, 이 심리기제가 발동될지도 모른다. 미리 눈치 채길 원한다면 그가 권력지향으로 움직이는지 성취지향으로 움직이는지 살펴볼 필요가 있다.

권력지향 성취지향

큰 조직이든 작은 조직이든 훌륭한 리더십을 가지고 사람들에게 일을 시키는 지도자들이 있다. 그들이 일하는 동기는 다양하지만 통상적으로는 성취지향과 권력지향이라는 동기가 크게 작용한다.

성취지향은 말 그대로 '무언가를 해내는 것' 그 자체에 대한 열망이다. 성취지향적인 사람은 맡은 일을 충실히 완료하고 싶어 하며 과정 자체를 즐긴다. 권력지향은 조금 다르다. 권력지향적인 사람은 본질적인 일 자체보다는 다른 사람보다 높은 지위에서 주도권을 잡는 것에 관심이 있다. 이들 중에는 인생의 목표가 자리 욕심인 사람들이 많고, 막판까지 잘 협조되고 조율되었던 일을 말 한마디로 바꾸는 것에 쾌감을 느끼는 경향을 보이기도 한다.

권력지향, 성취지향. 사실 겉모습만 봐서는 헷갈리기 일쑤다. 목표를 중요하게 생각하고, 주변 사람들을 독려하여 일을 해내는 모습은 동일하기 때문이다. 한 가지 다른 점이 있다면 성취지향적인 사람들은 변화를 크게 두려워하지 않는다는 것이다. 새로운 변화는 곧 또 다른 성취할 거리이기 때문에 불안해하지 않는다. 그러나 권력지향적인 사람들 중에서 잃을 것이 많은 사람일수록 변화를 두려워한다. 그 두려움과 불안이 어떤 식으로 표출되는지는 앞에서 얘기한 바와 같다. 비이성적인 낙관을 만들어내며 사회를 혼란에 빠뜨리는 것이다.

  문제는 성취지향적인 사람이 권력지향적인 사람에게 이용당하기 쉽다는 것이다. 특히 위계질서가 강력한 조직에서는 권력지향적인 상사가 성취지향적인 부하를 입맛에 맞게 이용하고 마지막에 자신의 과오까지 덮어씌우는 사례가 흔하게 벌어진다. 크고 작은 기업에서 꾸준히 커리어를 인정받으며 성장하던 인재가 엉뚱한 송사에 휘말리거나 비리의 주동세력으로 드러나 퇴출당하는 사례가 심심찮게 발생하는데 뒤늦게 살펴보면 대부분 총알받이인 경우가 많다. 권력지향적인 사람의 수하에 있으면서 능력이 소진되고 버려진 것이다. 심지어 정권이 바뀔 때마다 처벌받는 사람들 중에 보기보다 성취지향적인 사람이 많다. 사회를 안전하게 지키기 위해서는 권력지향적인 사람에게 소중한 인재를 잃어버리는 불상사가 생기지 않도록 눈여겨봐야 한다.

불안이라는 심리는 결코 단순하지 않다. 그저 조마조마하고 긴장되는 기분 그 이상의 정서다. 제대로 다듬어지지 않은 불안은 보이지 않는 바이러스처럼 나의 내면과 공동체를 멍들게 한다. 여러 모습의 가면을 쓰고 존재감을 드러내며 파괴를 지속한다. 그리고 기억해야 할 또 하나. 다른 사람의 인정에 목말라하고 타인의 성공과 자신을 비교하는 사회에서 불안이란 녀석은 메마른 땅의 들불처럼 더 크고 빠르게 번져 나간다는 것이다.

이순신 장군이
일기를 쓴 이유

"불안을 조금이라도 완화하려면 어떻게 해야 할까요?" 강연을 하다 보면 질문을 많이 받는다. 특히 기업의 임원들이나 정부의 고위 공직자와 같은 공동체의 리더들은 조직원들의 불안이 있는 그대로 느껴질 때마다 입술이 바싹바싹 마를 지경이라고 한다. 사실은 조직원의 불안을 있는 그대로가 아니라 실제보다 몇 배로 크게 느낄 것이다. 불안이란 감정 자체가 직선적으로 증가하는 게 아니라 지수적으로 증가하기 때문이다. 열 명의 조직원을 다스리는 리더는 한 사람이 갖는 불안의 10배 20배를 느끼고, 백 명의 사람을 이끌어야 하는 리더는 200배 300배의 불안을 느낀다.

초등학생 시절 반장 한번 해 본 독자들은 똑똑히 기억할 것이다. 소풍 전날 그 떨리던 마음을! '내일 어떻게 하면 우리 반 친구들이 재미있게 놀 수 있을까?' 이 고민과 걱정이 얼마나 컸는지 밤새 이리 뒤척 저리 뒤척, 힘들게 새벽을 맞이하지 않았던가. 어린아이도 밤잠을 설치게 할 정도로 리더의 자리란 외롭고 불안한 것이다.

리더가 불안한 것은 지극히 정상이다. 그러나 많은 리더들이 인정하지 않는다. 높은 자리에 오르신 많은 분들이 스스로 불안이란 감정을 외면해 버리는 경우가 많다. 그러나 감정이란 그리 단순한 것이 아니다. 제대로 직면하고 인정해 주지 않은 감정은 전혀 엉뚱한 상황에서 폭발하게 마련이다. 마치 풍선에 바람을 조금씩 빼내지 않으면 작은 바늘의 건드림에도 뻥 하고 터져 버리는 것처럼 말이다.

많은 심리학자들이 리더에게도 분명히 감정이 있으며 부정적인 감정을 자신의 팔로워에게 보이는 것이 나쁘지만은 않다고 말한다. 역사적 사례를 보더라도 지도자가 자신의 부정적인 감정을 솔직하게 표현할 때 생각보다 괜찮은 결과를 초래한 경우가 많았다. 그러나 주의해야 할 것이 있다. '표현해도 되는 부정적 감정'과 '표현해서는 안 되는 부정적 감정'을 구분하는 것이다.

아낌없이 표현해도 되는 부정적 감정은 '슬픔'이다. 때에 따라서 리더의 슬픔은 조직원들에게 매력적으로 다가온다. 많은 장수들이 전장에서 병사를 잃고 슬퍼 울며 통곡했다. 그가 진심으로 속상해하는 모습을 지켜본 병사들은 마음이 움직여 끝까지 성실하게 싸움에 임하곤 했다. 오히려 아무리 잔혹한 일을 당해도 슬퍼하지 않았던 지도자들은 강한 비난과 함께 민중들의 공격을 받기도 했다. 리더도 나와 같은 사람이며 공동체가 느끼는 고통에 함께하고 있다는 경험, 즉 동질성을 느끼는 경험은 생각보다 큰 효과를 발휘한다.

그러나 모든 감정을 드러내는 것은 옳지 않다. 리더가 절대 표현해서는 안 되는 부정적 감정은 바로 '불안'이다. 사람들은 기본적으로 자신의 리더를 함께 타고 있는 배의 선장이라고 생각한다. 신기하게도 다섯 살배기 아이들도 이 사실을 직감적으로 느낀다. 5세 정도의 아이들에게 국회의원 선거에 출마한 후보자의 사진을 보여 주고 누가 당선될 것인지 물어보는 심리 실험이 있었다.[8] 세계 여러 나라의 아이들이 여론조사 결과보다 더 정확한 확률로 당선인을 지목했다. 물론 질문을 어린아이의 수준에 맞게 바꿔야 한다. 아이들은 국회의원이나 선거, 당선 같은 개념을 모를 테니 말이다. 실험을 진행하는 학자는 이런 말로 바꿔 물었다.

---

8   J. Antonakis & O. Dalgas (2009). "Predicting elections: child's play!". *Science* (New York, N. Y.), 323(5918), p. 1183. https://doi.org/10.1126/science.116774
https://bigthink.com/neurobonkers/why-children-can-predict-the-outcomes-of-elections-simply-by-looking-at-candidates-faces

"누가 선장으로 있는 배에 타고 싶니?"

아이들이 뽑은 사람은 유능하거나 잘생긴 인상의 후보자가 아니었다. 조금이라도 불안감을 만들어 내는 얼굴은 빠르게 제외하고, 편안하고 신뢰감 있는 인상의 후보자를 골랐던 것이다. 사람의 심리가 이렇다. 불안한 리더가 이끄는 공동체는 본능적으로 피하고 싶어진다.

불안한 선장이 모는 배는 위험하다. 리더의 작은 불안은 모두에게 급속도로 전염되어 엄청난 혼란을 야기하기 때문이다. 구성원들은 심리적 무기력을 선택하거나 자포자기하기 십상이며, 다 죽어도 나는 살아야겠다는 생각으로 이기적인 길을 택하기도 한다.

그렇다면 어떻게 하란 말인가. 이 거대한 불안을 대놓고 표현하지도 못한 채 어떻게 컨트롤해야 한단 말인가. 작든 크든 공동체의 리더들이 외로움과 힘듦을 호소할 때, 나는 종종 역사속의 한 인물을 소환하곤 한다. 바로 이순신 장군이다. 제아무리 큰 위기를 앞둔 외로운 리더라고 할지언정 감히 이분에게 비할 수 있을까. 지난 천 년간 인간으로서 가장 고독하고 큰 불안을 온몸으로 받아 온 위인일 것이다.

인간이 감당하기 어려운 순간순간마다 이순신 장군은 글을 썼다. 우리에게도 잘 알려져 있듯, 그의 저서 《난중일기》에는 임진왜란이 벌어진 7년간, 약 2539일의 기록이 담겨 있다. 현재 남아 있는 권수만 해도 일곱 권이고, 연구에 따르면 한 권이 누락되었을 것으로 추측된다고 한다. 한 사람이 남긴 기록치고는 꽤나 방대한 양이다. 게다가 담담하고 솔직하게 당시의 번민을 기술한 내용은 후세 사람들에게도 큰 울림을 준다. 고독한 장수가 남긴 일기는 우리가 거대한 불안을 어떻게 다스려야 하는지 알려 주는 것 같다.

심리학자들은 마음이 불안할 때 종이를 꺼내 글을 쓰라고 권하곤 한다. 말은 언제나 글보다 빠르다. 게다가 마음이 급할수록 말은 더 빨라진다. 불안이란 녀석은 스피드에 편승하는 속성이 있다는 것을 기억하자. 긴장하고 초조해하는 사람을 달랠 때 우리는 습관적으로 "천천히 천천히"라고 말하지 않는가. 무슨 일이든 천천히 하면 불안이 줄어든다는 것을 잘 알기 때문이다. 글은 말에 비해 속도감이 현저히 떨어지는 작업이다. 행동의 스피드가 줄어들면 생각의 속도도 조절이 된다. '어떻게 하지?' '그 다음엔 어쩌지?' '나 이제 뭘 해야 하지?' 일파만파 머릿속에서 확장되는 생각의 확장과 감정의 전염이 천천히, 아주 천천히 머릿속에서 제어가 될 것이다.

일상 속에서도 마찬가지. 미증유의 팬데믹 사태가 아니더라도 우린 늘 크고 작은 불안에 시달린다. 앞서 얘기했듯 현대인은 일주일에 한 번씩, 매주 일요일 저녁마다, 1년에 52주나 '월요병'이라는 질병에 고통받고 있지 않은가. 사원들만 출근을 싫어하는 게 아니고 학생들만 학교 가기 싫은 게 아니다. 윗사람들도 일요일 밤이 싫다. 나의 학생들은 모를 것이다. 교수들이 얼마나 개강을 싫어하는지. 심지어 내 동료 중 한 사람은 "교수가 강의만 안 하면 참 좋은 직업이야."라는 망언을 일삼기도 했다. 어쨌든 애나 어른이나 무엇을 앞두고 있을 때가 더 힘들다. 그리고 이제 우리는 불안하고 아픈 이유가 확실하고 구체적인 것이 없기 때문이라는 것을 이해하게 되었다.

이 심리적인 고통을 멈추고 싶다면 방법은 간단하다. 종이와 펜을 꺼내 내가 해야 할 행동을 적는 것이다. 아주 작고 구체적일수록 도움이 된다. 인간이 만들어 낸 가장 구체적인 시스템은 숫자다. 1번, 2번, 3번, 4번 번호를 붙여 보자. 그것을 나열하는 것만으로도 월요일 아침은 아주 구체적으로 변화할 테니 말이다.

지금과 같은 상황에서 불안은 당연하다. 그러나 피하고 싶은 부정적인 감정에 빠져 허우적댈 수도 있고, 이것을 이용하여 긍정적인 결과를 만들어 낼 수도 있다. 뇌는 생각보다 단순하고 인간의 심리는 다루기 쉽다. 어떻게 하느냐는 결국 나의 몫이다.

제어할 수 없는 분노에서
헤어 나오는 법

참 신기한 일이다. 내가 만나는 사람들 중에 80%는 자기가 '욱' 하는 성격이라며 고민한다. 보는 사람마다 자기가 문득문득 솟아오르는 화 때문에 힘들다고 하니, 이제 특별한 고민처럼 느껴지지도 않는다. 사실 누구나 화를 낸다. 분노라는 감정은 당연하고 자연스러운 것이니까.

문제는 '홧김에' 저지른 일들이다. 인간이란 동물이 얼마나 연약한지 홧김에 해 버리는 게 너무 많다. 홧김에 싸우고, 홧김에 물건을 던지고, 홧김에 해서는 안 될 말을 해 버린다. 더 심각한 건 홧김에 질렀다는 것. 화가 난 상태에서 쇼핑들을 그렇게 많이 하는 모양인데, 오죽 많이 했으면 '시발비용'이라는 거친 신조어까지 생겼겠는가. 화가 나서 택시 타고, 화가 나서 불닭 시켜 먹고, 화가 나서 명품을 사 버렸단다. 이 정도면 화만

다스려도 충동구매로 낭비되는 비용이 줄어들 테니, 감정 조절이 마음의 건강뿐 아니라 가정 경제에도 도움이 될 법하다.

그런데 도대체 왜 화가 나면 이런 일들이 벌어지는 걸까? 화가 난 사람은 자기 자신을 제어하지 못한다. 제어 능력이 현저히 떨어지기 때문이다. 감정 중에서도 가장 강력한 게 '화'이니 제어가 어려운 게 어쩌면 당연할지도 모른다. 화를 비롯한 모든 감정은 '총량의 법칙'을 따르지 않으니 말이다.

의지력 총량의 법칙

총량의 법칙이라. 낯설면서도 친숙한 용어일 것이다. 학창시절 과학 시간에 배웠던 '질량 보존의 법칙'은 물질이 상태 변화에 관계없이 같은 값을 유지한다는 뜻이다. 자매품으로 '지랄 총량의 법칙'이 있다. 한 사람이 일생 동안 쓰고 죽어야 하는 지랄이 정해져 있다는 뜻으로 변호사로도 활동 중인 김두식 교수의 명언이다. 나는 이제 인간 심리의 양적 변화에 대해 새로운 총량 법칙을 말해 보고자 한다. 사람의 심리기제 중에는 정해진 총량의 법칙을 따르는 것이 있고, 그렇지 않은 게 있다.

일단, 총량의 법칙을 따르는 것에 대해 얘기해 보자. 어느 날 아침, 나는 지갑에 10만 원어치 현금을 들고 집에서 나왔다. 오전에 약속 장소로 가는 길에 서점에 들러 책 두 권을 구입하면서 3만 원을 썼다. 점심때는 동료에게 밥을 살 일이 있어 점심을 먹고 2만 원을 계산했다. 하루 일과를 마친 저녁, 지갑에는 5만 원이란 돈이 남아 있었다. 그때 오랜만에 동창 녀석이 시간되면 잠깐 한잔하자고 한다. 동네 호프집에 들러 치킨과 맥주를 신나게 먹고 5만 원을 썼다. 이제 내 지갑에 남은 돈은 0원이다. 10만 원에서 3만 원, 2만 원, 5만 원을 차례대로 빼 썼으니 말이다. 10만 원이란 돈은 더 넘치거나 없어지지도 않고, 내가 쓴 만큼 사라지고 말았다. 이게 바로 총량의 법칙이다. 이처럼 현금과 같이 철저하게 총량의 법칙을 따르는 심리기제가 있으니, 바로 인간의 의지다.

어느 날, 나는 마음의 지갑에 10만 원어치 의지력을 담아 집에서 나왔다. 교수 연구실에 출근하여 커피 한잔 하려는데 학생 하나가 들어와 논문을 봐 달라고 한다. 어디 보자… 한 장 한 장 읽어 내리는데 세상에, 이런 엉망진창 논문이 없다. "이 호랑말코 같은 녀석아, 이까짓 거 쓰느라 그 귀한 시간과 학비를 낭비하고 앉았느냐!" 당장이라도 가슴속에 끓어오르는 진심을 내뱉고 싶지만 학생들에게 존경받는 인자한 교수가 어찌 그럴 수 있겠는가. 욕지거리를 꾹 눌러 담고 사람 좋게 웃는다. "허허허, 조금 부족하군. 하지만 괜찮아. 이러면서 발전하는 거니까." 품

안에 넣어 두었던 10만 원어치 의지력 중에서 3만 원을 꺼내 쓰는 순간이다.

점심시간, 교직원 식당에서 평소 얄미웠던 동료 교수가 멀리서 다가오더니 식당이 떠나가라 큰 소리로 외친다. "어머나, 김 교수! 이번에도 프로젝트 떨어졌다며? 그것 참 안됐구먼, 껄껄껄!" '이 인간아! 사람 많은 데서 해 보자는 거냐?' 당장이라도 멱살을 부여잡고 싶지만 사회적 지위와 품위가 있기에 미소로 응답한다. "그러게 말이야. 박 교수야 워낙 훌륭해서 이런 일 없겠지만 나야 뭐, 능력이 부족한 탓이지, 허허허." 가증스러운 겸손의 말을 하는 순간, 4만 원 가량의 의지력이 소비되었다. 이제 남은 건 겨우 3만 원의 의지력뿐이다.

오후 2시, 잠시 산책 겸 걷고 있는데 막내 딸 채원이에게 전화가 온다. 어울리지도 않게 귀여운 목소리다. "아빠, 나 어쩜 좋아요! 지난번 시험 결과 나왔는데 수학 40점이래······. 힝." 뒷골이 당기면서 분노가 치밀어 오른다. '너 이놈의 자식, 공부 안 하고 유튜브만 볼 때 알아봤다. 이따 저녁 때 죽을 줄 알아!' 라고 말하면 사춘기의 정점을 달리고 있는 아이의 뒷감당을 어찌 할 것인가. 마지막 의지력을 박박 긁어 웃으며 말한다. "괜찮아, 우리 딸. 고생 많았어! 다음엔 더 잘하자~."

모든 의지력을 쓴 순간, 나도 모르게 입에 담배가 물려 있는 것을 확인하게 된다. 갖고 있던 의지력이 바닥났기에 금연할 의지력이 남아 있지 않은 탓이다. 이처럼 의지력은 지갑 속 현금처럼 쓰는 만큼 없어진다. 이유 없이 사라지지도 않고 기적처럼 불어나지도 않는다. 이게 바로 의지력 총량의 법칙이다.

총량의 법칙을 따르지 않는 감정

그런데 총량의 법칙을 따르지 않는 게 있으니, 바로 인간의 감정이다. 기쁨, 슬픔, 분노, 우울 등 인간이 느끼는 감정은 총량이란 게 없다. 써도 써도 마르지 않고 처음 그 양이 유지가 된다. 아니, 유지가 아니라 전이되거나 확산될 정도다. 직장생활 하다 보면 이런 경험 한 번쯤 해 보지 않았을까?

이른 아침, 결재를 받으려는데 부장님 얼굴이 붉으락푸르락 엄청 화가 나 있다. 사실 부장님은 아침 내내 기분이 좋지 않았다. 그 집 막내아들 입시에 온 가족이 사활을 걸었는데 시험 결과는 형편없었기 때문이다. 출근 직전 본인과 똑 닮은 아이에게 "넌 누구 닮아서 이 모양이야!"라며 이미 한바탕 해 버렸다. 감정이 총량의 법칙을 따른다면 화 낸 만큼 소모되어야 할 텐데, 안타깝게도 그렇지가 않다. 고래고래 소리를 지르고 문을 쾅 닫아봤자 분노의 감정은 여전히 가득 차 아예 넘쳐흐르기 직전이다.

그런데 하필 그 순간, 출근하자마자 처음 결재 서류를 들이미는 직원은 지지리 운도 없는 사람이다. "경력이 몇 년인데 이 따위 걸 기안이라고 써 왔어?! 대체 정신이 있는 기야, 없는 거야! 꼴도 보기 싫으니까 당장 나가!!"

뒤돌아 억울해했던 기억, 한 번쯤은 있었을 것이다. 이처럼 특별한 이유도 모른 채 온갖 수모를 겪었던 직장인의 비애에는 총량의 법칙을 따르지 않은 감정의 비밀이 숨어 있었다.

물론, 반대의 경우도 존재한다. 막내아들이 어디서 큰 상 하나를 받으면 부장님의 기분은 아침 내내 좋다. 귀여운 아이를 보며 느꼈던 기쁨이 출근길에도 지속된다. 옆에서 아무리 끼어들어도 '예~, 예. 먼저 가세요.' 하고 평소답지 않게 양보도 척척이다. 회사에 도착해서도 기쁨이 마르지 않는다. 출근 직후 결재할 서류가 조금 엉망이어도 미소 가득한 얼굴로 "자네, 열심히 하는 게 보기 좋구먼!" 하고 급작스럽게 칭찬을 하질 않는가. 분명 기쁨의 원인은 따로 있는데 감정이 선을 넘어 부하직원에게까지 넘친 경우다. 물론 좋은 감정의 영향을 받으면 나쁠 일이 없다. 그러나 종로에서 뺨 맞고 한강에서 화풀이 한다고 불합리하게 당하는 일이 생기니 문제다. 원인 모를 타인의 감정에 당하지 않으려면 분명한 경계선을 그어 줄 필요가 있다.

감정의 선 긋기

프랑스의 심리학자들은 낭만의 나라답게 로맨틱한 연구를 참 많이 한다. 프랑스에서 시작된 연애와 관련된 심리학 실험 하나를 소개하려 한다. 여러 사람들이 모이는 탁 트인 광장에 중간 정도 되는 외모의 남성을 실험맨으로 준비시킨다. 그의 임무는 그곳을 지나는 젊은 여성들에게 다가가 소위 작업을 거는 것. 실험에 참가한 여성 중 몇 퍼센트 정도가 그에게 흔쾌히 전화번호를 줄까? 결과는 날씨에 따라 달랐다.[9]

햇빛이 반짝이고 바람은 살랑이고 파란 하늘에 조각구름이 떠 있는 화창한 날씨엔 40% 정도의 여성들이 전화번호를 알려 주었다. 똑같은 장소에서 같은 외모의 남자가 접근했지만 흐리고 꾸물꾸물한 날씨엔 15% 정도만이 번호를 알려 준다. 역시 감정은 총량의 법칙을 따르지 않았다. 맑은 하늘을 보고 좋아진 기분은 나에게 다가오는 남자를 볼 때도 유지되었지만 흐린 날씨 때문에 생겨 버린 나쁜 기분은 낯선 남자에게도 그대로 전이된다. 전혀 별개의 상황에서도 감정이 연결된 셈이다.

더욱 재미있는 것은 다음 실험이다. 로맨틱한 감정이 샘솟는

---

9   N. Guéguen (2012). "'Say It . . . Near the Flower Shop': Further Evidence of the Effect of Flowers on Mating". *Journal of Social Psychology*, 152(5), pp. 529 - 532.

아름다운 날씨에도 작업을 실패로 만드는 방법이 있다. 실험맨이 이 말 한 마디를 덧붙임으로써 번호를 알려 주는 여성의 수가 절반 이하로 뚝 떨어졌다고 한다. 바로 "오늘 날씨 참 좋죠?"라는 인사말이다.

화창한 날씨 때문에 한껏 기분이 좋아진 여성에게 중간 수준의 외모를 가진 남성이 다가간다. 그리고 환하게 웃으며 "오늘 날씨 참 좋죠?"라고 말을 건넨다. 여성은 "네, 참 좋네요."라고 대답하는 동시에 지금 느끼는 좋은 감정의 원인이 날씨라는 것을 인지하게 된다. 그녀의 뇌 안에서 선을 넘나들며 전이되던 감정이 잠시 멈춰진다. 그리고 확실한 경계선 한 줄이 그어지는 것이다. '날씨는 좋고, 남자는 별로고.'

이로써 번호를 알려 달라는 요청에 당당히 거절할 수 있는 것이다.

그러니 결재를 받아야 되는데 부장님의 얼굴빛이 좋지 않다면? 물어보는 게 답이다. 타오르는 불처럼 제어가 되지 않는 그의 감정에 브레이크를 거는 한 마디는 간단하다. 자, 직장인이라면 그냥 외우자.

"부장님, 무슨 안 좋은 일 있으세요?"

물론 어떻게 대답하느냐는 부장님 마음이다. "어휴, 상무님한

테 된통 혼나고 왔잖아."라고 솔직하게 대답할 수도 있고, "아니? 아무 일도 없었는데?"라고 정색할 수도 있다. 상관없다. 그 대답이 진실이든 거짓이든 부장님의 뇌는 자기가 기분 나쁜 이유를 한 번은 떠올릴 테니까. 그것만으로도 나를 화나게 한 일과 부하 직원의 서류는 다른 영역이라는 인식이 생긴다. '그건 그거고, 이건 이거고.' 감정의 경계선이 그어지면 쓸데없는 트집을 잡는 일도 줄어든다. 이것만으로도 엉뚱한 화를 뒤집어쓰는 억울한 일을 피할 수 있을 것이다. 덧붙여 결재를 앞두고 싱글벙글한 부장님에게 "아이고, 부장님. 기분 좋은 일 있으신가 봐요."라고 묻는 어리석은 짓은 제발 좀 하지 말자. 부장님의 감정의 경계선이 생겨 '그건 그거고, 서류는 엉망이고.'로 연결될 수도 있으니 말이다.

감정의 조절, 경계선 긋기

사회적 거리두기 때문에 가족과 함께 지내는 시간이 많아졌다. 적당히 거리를 두고 떨어져 있다가 하루 종일 복작거리다 보니 총량을 넘어서 철철 흘러넘치는 감정이 문제가 된다. 배우자나 아이에게 나도 모르게 화를 내는 빈도가 많아지고 강도도 세진다. 외국의 경우엔 가정 폭력으로 번지거나 이혼율이 높아지는 등 가정 내 불화가 심각한 사회 문제로 연결된다고도 한다.

지금 이 순간에도 많은 가정에서 싸움이 벌어진다. 다들 '오늘은 싸우지 말고 평화롭게 지내야지' 하고 다짐하며 하루를 시작할 것이다. 그러나 의지력은 총량의 법칙을 따르니 얼마 후 바닥이 나게 마련이고 의지력이 바닥난 상태에서 총량의 법칙을 따르지 않는 화가 불붙어 버리면 제어가 되지 않는다. 하루만 지나도 땅을 치고 후회할 만한 폭언과 낭비를 해 버리기 일쑤다.

감정을 잘 다루는 사람이 성숙한 사람이라고 한다. 그런데 감정이란 것이 마음대로 조절하고 컨트롤할 만한 것이 아니다. 웬만큼 도를 닦지 않는 이상 불붙은 화를 순간적으로 소거하거나 없는 기쁨을 만들어 낼 수 없지 않겠는가.

분노는 자연스러운 것이고 화가 나는 것이 정상이다. 그러나 슬기롭게 화를 내야 한다. 그 차이는 감정의 경계선을 그을 줄 아느냐, 모르느냐에 달려 있다. 제멋대로 선을 넘나드는 감정을 컨트롤하고 싶다면 경계선을 긋자. 그 순간 뇌는 나를 되돌아볼 것이다.

어떻게 경계선을 긋는단 말인가? 이때 튼튼한 두 다리가 도움이 된다. 형언할 수 없는 분노가 나를 감쌀 때, 왼쪽 가슴에서 사직서가 나오려 하거나, 오른쪽 주머니에서 신용카드가 나오려고 꿈틀댈 때, 내 세 치 혀가 소중한 가족들의 가슴에 큰 상처를 입히려고 할 때, 두 다리를 움직여 그곳에서 벗어나는 것이다. 사무실에서 나오거나 집 밖으로 도망치자. 쇼핑을 하는 중이라면 가게에서 나와도 되고 자리에서 인터넷 상거래를 하고 있다면 일단 의자에서 벌떡 일어나 버리자.

심리학자들은 화가 난 장소에서 피하는 것만으로도 감정의 브레이크를 걸 수 있다고 한다. 한 가지 팁을 더 주자면 천천히 걸어서 나오지 말고 최대한 빠르게 달려서 잽싸게 도망쳐 나오는 것이다. 우리 뇌는 몸을 움직이는 동작을 더 적극적인 의지로 이해하기 때문이다. 걷는 시간은 3분이면 충분하다. 단 3분이라도 다른 장소에 머물다 보면 '저 사람은 항상 왜 나를 화나게 만드는가?'에서 '내가 왜 화를 내고 있지?'로 경계선이 그어진다.

사실 걷다 보면 많은 것이 해결된다. 감정은 정돈되고 논리는 연결되며 생각은 차분해진다. 예부터 심리학에서는 걷는 행위를 일컬어 '두 발로 사유하는 철학'이라고 하지 않았던가. 고대 철학 중에서는 '소요학파'라고 하여 도심 속을 그저 천천히 산책하는 행동을 곧 철학과 연결시키는 학파도 있었다.

실제로 뇌 사진을 찍어 봐도 발뒤꿈치가 지면에 닿을수록 뇌 속 편도체 활동은 진정된다. 편도체는 불안감, 화, 우울 등 부정적인 감정들을 만들어 내는 영역이다. 편도체 옆에는 '해마'라는 영역이 존재하는데 편도체와 해마는 서로 길항작용을 한다.

편도체의 활동이 클 때 해마는 위축되고, 편도체가 움츠러들면 해마는 확장된다. 그런데 이 해마가 담당하고 있는 활동이 바로 새로운 생각과 기분 전환이다.

마음이 헝클어지고 감정이 엉망일 때, 머릿속이 복잡하고 생각이 너무 많을 때, 스트레스와 분노가 가슴을 짓눌러 숨을 쉬는 것조차 힘들 때, 그냥 신발을 신고 밖으로 나와 천천히, 혹은 빠르게 걸어 보자. 생각보다 많은 것이 좋아질 것이다.

당신의 의지를 과신하지 말길 바란다. 강한 의지력으로 감정을 다스리려고 애쓰며 뜻대로 되지 않을 때 자신을 탓하는 경우가 많다. 그러지 말고 상황을 조금만 변화시키자. 감정 정리는 의지력의 몫이 아니다. 이는 감정의 파도로 고통받고 있는 현대인들에게 인지심리학이 전해 주는 작은 지혜다.

```
┌─────────────────────────────┐
│  ┌───────────────────────┐  │
│  │                       │  │
│  │      자아고갈과         │  │
│  │      나쁜 습관          │  │
│  │                       │  │
│  └───────────────────────┘  │
└─────────────────────────────┘
```

자아고갈과 나쁜 습관

심리학 용어 중에 '자아고갈Ego Depletion'이라는 단어가 있다. 이 말을 처음 만든 사람은 미국의 저명한 인지심리학자 로이 바우마이스터Roy F Baumeister다. 인간의 자제력에 대한 그의 실험은 심리학에서 여러 차례 인용될 정도로 잘 알려져 있다.

자아고갈 현상의 출발점 연구로 알려져 있는 기념비적 연구가 바로 바우마이스터 교수의 '쿠키-퍼즐'실험이다.[10] 그의 연구실에는 작은 오븐이 있었다. 연구자는 실험에 참가하는 사람들이 오기 전부터 초콜릿 쿠키를 굽는다. 당연히 달콤하고 고소

---

10   R. F. Baumeister, E. Bratslavsky, M. Muraven & D. M. Tice (1998). "Ego depletion: Is the active self a limited resource?". *Journal of Personality and Social Psychology*, 74(5), pp. 1252 – 1265. https://doi.org/10.1037/0022-3514.74.5.1252

한 쿠키 냄새가 연구실을 가득 채웠고 연구실 문을 열고 들어온 실험자는 뜻밖의 향기에 식욕이 샘솟았으리라. 이 실험에 참석한 실험자들은 두 그룹으로 나뉜다. 한 그룹은 실험이 시작되기 전까지 갓 구운 초콜릿 쿠키를 먹으면서 대기할 수 있었다. 다른 한 그룹에겐 기다리는 동안 작게 잘라 놓은 무만 준비해 먹도록 했다. 달달한 쿠키 향을 맡으며 씁쓸한 무만 먹어야 했던 실험자들은 쿠키를 먹고 싶은 욕구를 참느라 애 좀 썼을 것이다.

그리고 얼마 뒤 모든 실험자들은 퍼즐을 푸는 실험에 참가하게 된다. 그런데 그 퍼즐은 어차피 쉽게 풀 수 없는 어려운 문제였다. 연구자에겐 문제를 푸느냐 아니냐가 중요한 게 아니었다. 이들이 얼마나 오래 어려운 문제를 붙잡고 있는지 확인하고자 했던 것이다.

결과는 무척 재미있었다. 초콜릿 쿠키를 먹으며 대기했던 실험자들은 약 19분 동안 문제를 풀기 위해 노력했지만 무만 먹었던 이들은 겨우 8분 정도 만에 포기해 버렸던 것이다. 이미 대기하는 동안 식욕을 참고 억누르고 억제하느라 문제를 풀 에너지가 남아 있지 않았기 때문이다.

이후 로이 바우마이스터의 실험은 여러 심리학자들에 의해 유사한 방법으로 재현되었다. 다음 실험도 많이 회자되는 것 중

하나이다. 두 그룹의 실험자에게 슬픈 영화를 보게 한다. 한 그룹에게는 슬픈 감정을 강제로 억제하라고 하고, 다른 그룹에게는 자연스럽게 감정을 표출하라고 한다. 영화 감상 후 악력계로 두 그룹의 악력을 측정해 본다. 신기하게도 감정을 표출한 쪽이 더 높은 수치가 나온다. 슬픈 영화를 보면서 저절로 나오는 눈물을 참느라 이미 힘을 많이 쓴 탓에 악력계를 꼭 쥘 힘이 남지 않았던 게 아니었을까?

이런 실험들에서 알 수 있다시피 욕구를 억제하거나, 감정을 참는 것 등 감정적이고 정신적인 일에도 신체적이고 물리적인 일을 했을 때만큼 힘이 든다고 한다. 연구에 따라서는 감정을 드러내지 않고 꾹 참는 것이 같은 시간 동안 거의 중노동을 한 것과 비슷한 에너지를 소모한다는 결과도 있다.

근육을 무리해서 쓰면 육체적으로 피로감을 느낀다. 몸살이 나거나 근육이 다쳐 버리면 평소에는 문제없이 움직였던 간단한 동작을 하는 것조차 힘들어진다. 정신적 에너지도 마찬가지다. 무리하게 사용해서 소진해 버리면 피로감과 고단함이 높아지고 부정적인 감정이 크게 일어난다. 그뿐인가. 감정을 조절하거나 좋은 판단을 내리거나 욕구를 절제하는 능력 또한 순간적으로 상실하게 된다. 이러한 상태를 일컬어 '자아고갈'이라고 하는 것이다. 자아고갈의 위험은 단순히 이성적 판단을 상실하는 데서 끝나지 않는다. "당신 정말 바닥을 보여 주는구나!" 부부싸움 중에 자주 나오는 대사다. 자아고갈 상태에 있을 때 사람의 바닥이 드러난다. 본인이 갖고 있던 나쁜 습관이 어느 순간 툭 튀어나오며 원치 않는 상황에서 본성이 들켜 버리는 게 문제다.

전국의 청소년들에게 대학입시만큼 중요하고 긴장되는 순간이 있을까? 대학교에서 교수로 일하면서 그간 면접에 참가하는 학생들을 수없이 보았다. 자아고갈을 설명하기에 입시 면접을 앞둔 청소년만큼 적절한 예도 없을 것이다.

많은 친구들이 다음날 있을 면접 걱정에 밤잠을 설친다. 오지 않는 잠을 청하느라 정신적 에너지를 다 썼을 것이다. 면접 당일, 학교에 도착해서도 몇 시간을 기다리며 내내 불안해한다. 긴장되지만 긴장한 모습을 들키지 않기 위해 쉼 없이 마인드컨트롤을 한다.

그 상태에서 면접에 임하면 어떻게 될까? 걱정했던 것보다 논리적, 이성적 행동은 문제없이 행해진다. 교수들의 질문에 준비한 만큼 답변도 잘하고 공부한 것들을 아낌없이 보여 준다. 문제는 생각지도 못한 상황에서 평소 습관이 툭 튀어나온다는 것. 상당히 많은 수의 학생들이 극도로 긴장된 상태로 들어와 자리에 앉자마자 다리를 꼰다. 테이블이 가까이 있는 경우엔 아무릎지 않게 팔을 올리고 삐딱하게 턱을 괴는 경우도 있다. 그 정도는 약과다. 무시할 수 없는 비중의 학생들이 면접 후 불을 끄고 나가 버린다. 면접관들은 어둠 속에 갇혀 눈만 껌뻑껌뻑 하면서 평소 전기 절약을 위해 애쓴 학생의 습관을 가늠할 뿐이다.

다른 예를 들어 보겠다. 독일의 유명 축구 감독 요하임 뢰브 Joachim Low. 분위기 있는 외모와는 달리 경기 관람 중 긴장되는 순간마다 더러운 행동을 서슴지 않는 걸로 유명하다. 중계 카메라가 계속 관찰한다는 걸 알면서도 코딱지를 파서 자연스럽게 입으로 가져가거나 겨드랑이 냄새를 맡는 행동을 하는 걸 보면 중요한 경기를 앞두고 자제력이 얼마나 바닥났는지 짐작이 간다. 나쁜 습관은 이처럼 참고 버티고 절제하고 인내하느라 의지력을 다 써 버렸을 때, 훅 하고 드러난다. 사람은 힘들고 지쳐 있을 때 자동적으로 튀어나오는 본인의 행동을 중간에 끊을 수 없다.

대표적인 나쁜 습관은 욕이다. 친구들과 농담을 하거나 운전을 할 때 아무렇지 않게 쌍욕을 툭툭 내뱉는 사람들이 있다. 아는 후배 중 하나도 서슴없이 욕을 잘하기에 이러다 습관이 되지 않게 조심하라고 주의를 준 적이 있었다. 그는 싱글싱글 웃으며 "설마 내가 욕 하면 안 되는 중요한 자리에서도 이러겠어? 그 정도 분별력은 있으니까 걱정하지 마."라고 받아쳤다. 그러나 조심하고 절제해야 하는 긴장된 자리일수록 나쁜 습관도 튀어나오기 좋다는 사실을 간과했나 보다.

얼마 후 그는 결혼을 준비하며 상견례를 치렀다. 평소 본인을 탐탁지 않아했던 신부 쪽 부모님들의 마음에 들기 위해 평소보다 훨씬 자제하며 조심하던 터였다. 10분 정도는 순조롭게 진행되었는데 종업원이 실수로 뜨거운 물을 쏟는 일이 벌어졌다.

"앗, 뜨거워, XX!"

그의 입에서 아무렇지도 않게 툭 튀어나온 욕설에 분위기는 얼어 버렸고, 본모습이 드러나 버린 탓에 당연히 결혼도 물 건너갔다. 자아고갈이 이렇듯 무섭고, 나쁜 습관이 이렇게 위험한 것이다.

습관은 심리학자들의 오랜 과제였다. 많은 사람들이 자신의 성공과 대인관계를 방해하는 나쁜 습관을 없애는 방법을 알고 싶어 했고, 심리학자들은 사명감을 갖고 그것을 연구했다. 그러나 안타깝게도 좋은 것이든 나쁜 것이든 오랫동안 몸에 익어온 습관을 없앤다는 것은 불가능하다. 그래도 고치고 싶다면 나쁜 습관 위에 좋은 습관을 덮어씌우자. TV를 보면서 무언가를 계속 먹는 습관이 있다. 그 손을 그대로 둔다면 습관을 저절로 고칠 수 없다. 음식 대신 다른 것을 집게 하자. 그 손으로 빨래를 개거나 반려동물을 쓰다듬는 행위를 하는 것이다.

로이 바우마이스터는 나쁜 습관을 사람의 의지로 없애는 것은 허황된 착각이라고 말했다. 비장한 각오나 타인의 지시로는 충분하지 않다. 약간의 넛지(팔꿈치로 쿡 찌르는 행위. 바람직한 방향으로 바꾸는 외부의 간섭)가 필요하다. 우리의 환경이 바뀌고 일상의 풍경이 달라지는 팬데믹 시대, 다행히 새로운 습관을 만들기에 나쁘지 않은 조건이다.

과도한 불안과 긴장은 개인의 내면과 사회에 질병과 같은 영
향을 끼친다. 그러나 불안이라는 게 꼭 나쁜 심리인가 하면 그
렇지 않다. 앞서도 말했듯이 불안을 잘 느끼는 아이들이 공부
를 잘한다고 하지 않나. 불안이란 심리는 사람이 행동을 하게
만드는 힘이기 때문이다. 반대로 무기력한 상태에 있는 사람
은 불안 또한 느끼지 못한다. 그러다 보니 더더욱 아무것도 하
지 않는다.

인간이 가장 기피하고 싶은 심리, 불안. 그러다 보니 불안한
사람은 지금의 불확실성에서 빠져나가고 싶은 욕구를 강하게
느끼게 마련이다. 그러니 없는 에너지라도 짜내어 사용하고 머
리와 몸을 움직여 행동을 하지 않겠는가.

불안 상태에서 평소보다 분명하게 보이는 것들이 있다. 큰 건

눈에 안 들어오지만 작은 것들은 잘 보인다. 작고 구체적인 것들이 쉽게 파악되는 것 또한 불안의 특징이라고 할 수 있다.

내가 싫어하는 공포영화 얘기를 다시 해 보겠다. 어쩌다 한 번 극장에서 공포영화를 볼 때면 불안하고 긴장돼서 몸서리가 쳐질 지경이다. 그래도 어차피 돈 내고 보기로 한 거 나름대로는 한 장면 한 장면 집중해서 봤다고 생각했는데 얼마 후 TV 영화 소개 프로에 그 영화가 나오기라도 하면 놀랄 때가 많다. "뭐야, 언제 저런 장면이 있었어?" 싶은 것이다. 인터넷에서 스틸 컷을 봐도 마찬가지. 어쩌다 한 장면이 아니라 거의 모든 장면이 그렇다. 아니, 그럼 도대체 난 무엇을 본 건가!

인간을 불안하게 만들면 시야가 좁아진다. 영화에는 주인공과 관련된 중심 사건 말고도 시선을 둬야 할 것들이 많다. 감독이 숨겨놓은 소소한 것들을 파악하는 것이 관객으로서의 특권이고 관람의 재미 아닌가. 그런데 유독 공포영화만큼은 중심 사건과 조금 떨어진 주변 인물이나 배경, 맥락, 분위기, 톤 등을 하나도 파악할 수 없다.

공포영화뿐이겠는가. 불안한 사람에게 자신을 둘러싼 세계에 숨어 있는 거대한 흐름을 읽어 내라고 하는 것은 말도 안 되는 소리다.

그렇다면 반대로 생각해 보면 어떨까? 지금 당신과 공동체가 불안한 상태라면 맥락, 톤, 분위기 등과 관련 없는 일을 선택하는 것이다. 크고 원대한 일 대신 세밀하고 정확하며 구체적인 일을 해 보자. 아마 평소보다 훨씬 더 잘 될 테니 말이다.

작고 만만한 한놈만 패라

영화 얘기를 한 김에 흘러간 옛 영화 하나를 떠올려 본다. 1999년에 개봉한 〈주유소 습격사건〉은 당시만 해도 파격적인 전개로 영화사에 한 획을 그었다. 특히 유오성 배우가 연기한 무대포라는 배역이 참 인상 깊었다. 누군가 무대포에게 이렇게 묻는 장면이 나온다. "형님, 궁금한 게 있는데요. 필드에서 다구 붙을 때요. 여럿이서 한꺼번에 덤비면 어떻게 하세요?"

그때 무대포의 대답이 기가 막힌다.

"상대가 백 명이든 천 명이든 난 한 놈만 패!"

선택과 집중이란 게 이런 것일까. 그 이후로 '난 한 놈만 패'는 주먹 좀 쓴다는, 혹은 싸움에 로망이 살아 있는 많은 남성들의 입에 오르내리던 유행어가 되었다. 다른 일도 비슷하다. 해야 할 것들이 한꺼번에 닥쳐오는 골치 아픈 상황에서 일단 한 놈만 잡아서 깨끗하게 해치우면 다른 일들도 자연스럽게 처리되었던 경험, 다들 있을 것이다.

"너무 불안해서 아무것도 할 수 없을 때 어떻게 할까요?"라는 질문에 무대포 못지않게 터프한 인지심리학자인 나는 이렇게 답하고 싶다.

"일단 제일 작고 만만한 놈부터 조지세요."

2002년 월드컵을 성공으로 이끌었던 히딩크 감독은 경기를 앞둔 선수들을 상대로 다양한 종류의 훈련을 한 것으로 유명하다. 왕복 달리기 시합이나 고깔 앞에서 왔다갔다하는 운동만으로도 선수들은 체력을 다 썼다고 혀를 내두를 정도였다. 특히 히딩크의 미니게임은 극한의 지옥 훈련으로도 유명하다. 이는 평소 11명이 한 팀이 되어 45분을 뛰는 축구 경기를 작게 만들어 버린 것이다. 인원도 한 팀에 네 명 내외로 줄이고 경기장의 크기도 축소했다. 게임 시간도 한 세트에 길어봤자 10분을 넘지 않는 작은 경기였다. 좁은 공간과 짧은 시간에 여러 상황이 발생하다 보니 선수들은 더 많이 몸을 부딪치고 골을 접할 기회가 생겼다. 저절로 부분적인 전술과 경기를 읽는 능력을 깨우치게 이끈 훈련으로 평가받는다.

과거 전쟁을 치르기 전 군대에서 행하던 여러 의식 중에는 '수렵'과 관련된 의식이 빠짐없이 포함되어 있었다. 보통 사냥을 하며 무예를 단련하고 잡은 짐승을 제사지내며 결속을 다지는 식으로 진행되었다. 중요한 것은 이때 사냥하는 동물은 커다란 맹수 한 마리가 아니라 작고 약한 동물 여러 마리였던 것이다. 말 그대로 제일 만만한 놈이다. 전쟁을 앞둔 군사들의 마음 만큼 불안한 상태가 또 있을까? 이런 순간에 구체적인 일을 반복하면서 좁아진 시야를 확대시키고 아울러 불안한 심리를 다독이는 효과를 노린 의식이라는 생각이 든다.

업무도 미니게임처럼

지금과 같은 팬데믹 상황에서 일을 해야 하는 조직의 리더라면, 전체의 임원이든 작은 팀의 팀장이든 꽤나 머리가 아플 것이다. 언제 확진자가 나타나 당장이라도 사무실을 닫아야 할지, 지난 분기에 세워 둔 목표가 어떤 방향으로 어떻게 나아갈지, 당장 다음 달은 어떤 계획을 세워야 할지, 아무도 정확하게 말해 주지 않는다. 바이러스에 감염될까 봐 안 그래도 불안한데, 조직의 앞날을 알 길이 없어 더더욱 불안하다. 사장님부터 신입사원까지 모두모두 불안한 게 정상이다.

이런 상황에서 원대한 비전과 업에 대한 사명감을 강조하는 것은 얼마나 어리석은가. 조직 구성원들 눈에 분위기, 맥락, 톤과 같은 부수적인 것들은 보이지도 않을 것이며, 아무리 강조해도 큰 그림이 그려지지 않을 것이다.

이와 같은 상태에서도 일은 해야 한다. 팁을 드리자면 업무를 작고 구체적으로 쪼개라고 권하고 싶다.

"우리 여기서부터 여기까지 모조리 해야 해."가 아니라 "다른 건 몰라도 이거 하나만은 제대로 하자."라는 마음으로 잘게 끊어서 가는 것이 좋다.

리더가 부하 직원에게 업무 지시를 내릴 때도 마찬가지. 오늘 완수해야 할 일이 세 가지가 있다면 오전 중에 할 일 하나, 오후 3시까지 끝낼 일 하나, 6시까지 완수해야 할 일 하나로 나눠서 알려 주면 어떨까? 회의도 웬만하면 짧게 자주 하는 게 좋다. 아침에 30분 동안 회의를 통해 전달할 내용이 있다면 10분짜리 회의 세 번으로 나누는 것이다. 그날 해야 할 일이 10이라면 3, 3, 3으로 자르고 그때그때 짧게 피드백을 하는 것이 좋다.

작은 미션과 즉각적인 피드백은 흔히 게임에서 사용되는 커뮤니케이션 방식이다. 게임에 참여한 이는 작고 구체적인 활동을 반복하며 기본 실력을 다지게 되는데 화면 한 구석에는 실시간으로 점수와 포인트가 표시되어 현재 스코어를 확인할 수 있다. 게임의 방식이 어떻게 세상을 바꾸는지는 이 책의 2장에 나오는 '비대면 커뮤니케이션과 게임 요소의 만남' 챕터에서 다시 풀도록 하겠다.

이와 같은 커뮤니케이션은 소통의 매체와도 관련이 있다. 길고 큰 이야기는 아무리 비대면 시대라도 만나서 해야 한다. 소통할 양이 많고 복잡하면 오해가 빚어지거나 문제가 생길 수

있기 때문이다. 그러나 30분짜리 이야기는 화상회의로도 가능
하다. 그보다 더 짧은 10분짜리 이야기는 줌에 접속할 필요도
없다. 메신저로도 충분히 분명하고 깔끔하게 전달할 수 있으니
말이다.

코로나 이후 시대에는 말하는 방식뿐 아니라 대화의 채널 또
한 변화할 것이다. 얼굴을 마주보지 않아도 즉각적으로 핵심을
전달하며 빠르게 이해하고, 실시간으로 피드백하는 방식으로
바뀌는 것이 자연스럽다. 2020년 이후를 사는 인류는 이와 같
은 화법에 적응해야 할 것이다.

물론 구성원들의 마음 상태가 여유롭고 기분이 좋다면 원대
한 일의 목적과 방향에 대해 당연히 알려 주고 스스로 진행하
게 하는 것이 맞다. 그러나 그들이 불안해 보인다면 사소한 일
이라도 끊어서 전달해 보자.

내 경우엔 학위 논문을 준비하는 학생들에게 이와 같은 방법
으로 소통하곤 한다. 20줄짜리 이메일을 한 번에 전달할 수 있
지만 가급적이면 한 줄짜리 이메일을 서너 번에 나누어 보내려
고 한다. "참고문헌 정리는 끝났니?" "용어 통일은 이번 주 내로
완료해야 한다." 등이다. 재미있는 것은 이런 소통에 학생들이
더 편안해한다는 것이다. 어차피 20일 안에 주고받고 완료해야
할 일이지만 더 많이 소통하고 가르침을 받았다고 느낀다. 시야

가 좁아지고 생각이 단순해질 때, 그에 맞는 일을 주는 것이 바로 불안을 이용하는 방법 아닐까?

성취감 제곱의 힘

그때그때 전달받은 작은 일을 완수했을 때 성취감 또한 반복적으로 생기는데 이 또한 무시하기 어렵다. 일반적인 수 개념으로는 1+1+1+1은 4다. 그런데 심리의 눈으로 보면 다르다. 1만큼의 기분이 네 번 반복되었는데 4가 아니라 8이나 12, 16이 되는 경우가 많기 때문이다.

일례가 행복이다. 행복은 크기보다 빈도가 중요하다. 10점짜리 행복을 한 달에 한 번 느끼는 사람보다 3점이나 4점짜리 행복을 일주일마다 느끼는 사람이 더 행복하다고 생각한다. 그래서 심리학자들이 자질구레한 행복의 경험을 여러 번 축적하는 것이 좋다고 주장하는 것이다.

성취감도 마찬가지. 사람의 뇌 속에서는 성취감이라는 감정이 크기가 아닌 빈도로 기록된다. 3점짜리, 4점짜리, 3점짜리 성취감을 자주 느끼는 게 어쩌다 한 번 10점짜리 성취감을 느끼는 것보다 훨씬 그 사람을 만족시키며 성장에 도움을 준다.

우리는 어린 시절 작은 성취감과 행복에도 깊은 만족을 얻었다. 처음 들은 칭찬과 맛있는 음식, 작은 도전과 성공에도 가슴이 벅찼을 것이다. 나이가 들고 어른이 되면서 점차 큰 것에 집착한다. 그러다 보니 가슴을 울리는 감동과도 점차 멀어지는 게 안타깝고 씁쓸하기만 하다.

모두 불안한 시기, 나에게도 작은 행복과 작은 성취감을 선물하면 어떨까? 업무 지시만 쪼개는 것이 아니라 좋은 감정도 더 잦게 느끼도록 마음과 환경을 바꾸어 보자. 늘 같은 일상에서 행복의 빈도를 높이는 것, 코로나가 우리에게 주는 작은 선물일지도 모른다.

비대면이 우리에게
가르쳐 준 것들

2장

emotion

untact

community

happiness

예고되었던 미래, 비대면

비대면이라는 말을 듣는 순간 머리를 스치고 지나가는 장면이 있다. 2018년 10월 31일 13시 20분. 개인적으로는 뼈에 사무친 날짜와 시간이다.

이 날은 한국콘텐츠진흥원에서 개최한 넥스트 콘텐트 컨퍼런스Next Content Conference가 있던 날이다. 미래사회의 변화될 기술, 산업, 문화 전반의 통찰을 다루는 중요한 행사 중 하나다. 해마다 코엑스에서 열리며 미래 사회를 살아갈 지혜를 필요로 하는 1000명 이상의 인사들이 비싼 비용을 마다 않고 강연을 듣기 위해 모여든다. 초빙된 연사들의 목록을 보니 과연 시대를 대표하는 각 분야의 기라성 같은 전문가 분들이셨다. 그중에서도 주인공은 가장 마지막에 등장하는 법이다. 이 중차대한 학회의 피날레를 장식한 마지막 발표자는 누구였을까? 바로 나였다.

사실 초청을 받았을 때부터 조금 불안한 감이 있었다. '좀 이상한데? 제일 중요한 마지막 연사를 이렇게 늦게 섭외해도 되나? 누가 하기로 했다가 거절한 거 아냐?' 그러나 컨퍼런스에 카이스트 김대식 교수와 김상욱 교수같은 분들이 나온다는 강력한 회유를 받고 의심은 금세 사그라졌다.

컨퍼런스에 참여한 연사들은 미래에 관련된 주제를 각자 알아서 준비한 후 발표를 한다. Z세대, 스마트시티, IOT, AI 등등. 각자 본인이 가장 집중적으로 연구했던 주제들이었다. 그런데 주최측은 유독 나에게만 강의 주제를 지정해 주었다. 아니 제목까지 콕 짚어서 내밀었다. 다시 불안해졌다.

주최측으로선 고민이 많았던 것 같았다. 마지막 강연인 만큼 전체를 아우르면서 그간 없었던 새로운 지적 전환을 선사해야 하기 때문이었다. 내가 자신 없어 하자 그들은 결정적 한 방을 날렸다. "당신 밖에 할 사람이 없다." 칭찬에 약하고 귀가 얇은 나는 생전 처음 보는 어려운 주제에 맞춰 한 달 이상 피땀 흘려 강연을 준비하게 된다.

그때 나에게 주어진 강연 주제가 바로 '비대면 사회의 커뮤니케이션'이었다.

그리고 컨퍼런스는 개최되었고 큰 관심과 기대 속에 무사히 진행되었다. 모든 강연자들의 발표가 끝나고 마지막 순서만 남은 상황. 무대에 올라선 나는 놀랄 수밖에 없었다. 결과는 '폭망'이었다.

코엑스 그랜드 볼룸. 그 넓은 강연장에 내 강의를 듣기 위해 자리에 앉아 계신 분들은 32명이었다. 32명이라니! 컨퍼런스에 참석한 인원이 1100명이라고 들었다. 그래도 강연자로서의 나의 티켓 파워가 이 정도는 아니라고 생각했는데….

나는 차분하게 한 명 한 명 소중한 손님들의 머릿수를 세어 보았다. 하나, 둘, 셋…. 이런 나의 굴욕적인 모습이 차마 불쌍했는지, 옆 강연장에서 발표를 마친 김대식 교수가 슬그머니 들어와 자리에 앉았다. 두리번거리며 참석자 수를 세는 것 같더니 왼손으로 세 손가락, 오른손으로 세 손가락을 들여 보였다. 본인까지 합해 총 33명이란 소리였다. 놀리는 건지, 위로하는 건지, 그의 표정은 참담하면서도 조금 즐거워 보였다. 그때나 지금이나 학자로서 정말 존경하는 분이다.

2018년 10월. 사람들은 다가올 혁명적인 미래를 궁금해했다. 4차 산업 혁명의 열풍이 한 번쯤 훑고 지나간 후 인공지능과 소셜클라우드, Z세대로 일컬어지는 다음 세대에 대한 이해와 변화될 구체적인 기술이 내 삶과 세계를 어떻게 바꿔 놓을지 이야기하고 공부했다. 그런데 그중에서도 비대면은 그다지 관심 없는 주제였다. 조금 어렵고, 낯설고, 거리감이 느껴졌을지도 모른다.

하지만 2년 후, 비대면은 학계와 비즈니스, 그리고 일상에서 가장 '핫한' 키워드로 자리를 잡았다. 사실 현재의 기술과 문화가 지속적으로 발전된다면 코로나 19가 아니었더라도 자연스럽게 스며들었을 현상 중 하나다. 느닷없이 등장한 바이러스가 변화에 가속도를 붙였을 뿐이다.

이제 모든 것이 비대면으로 돌아간다. 물리적인 접촉을 최소화한 채로 기존의 생활을 이어간다. 회사에 나가지 않고 직장 업무를 하고, 학교에 나가지 않아도 교육을 받는다. 아티스트의 공연도 비대면으로 하고, 음주 단속도 비대면으로 한다. 드라이브 스루는 패스트푸드점에서만 해당되는 방식이 아니다. 진료도 하고 도서 대출도 하고 신학기 교과서도 드라이브 스루로 받는다.

정말 다행스럽게도 그날 강연을 위해 준비한 PPT 파일은 삭제되지 않았다. 강연자인 내게 트라우마를 남겨 준 주제이므로 지워 버리는 게 정신 건강에 도움이 될 것이었건만, 삭제 버튼을 누르는 것도 귀찮아서 미뤄 둔 참이었다. 덕분에 코로나 이후 가장 활발한 강의 주제로 재활용되는 중이다.

얼굴을 마주한다는 것의
의미

진화 생물학자이자 나의 든든한 벗인 장대익 교수는 사람이 초사회적 동물이라는 증거를 눈의 모양에서 찾을 수 있다고 말한다.

사람의 눈은 어떻게 생겼는가. 잘 기억이 나지 않으면 거울을 자세히 들여다보자. 인간의 눈은 동공, 홍채, 공막으로 이루어져 있다. 쉬운 말로 흰자위 속에 눈동자가 있다는 얘기다. 조금 더 살펴보자. 흰자위는 넓고 눈동자는 작다. 그러다 보니 눈동자가 어디로 향하는지 흰자위의 면적으로 파악할 수 있다. 어린 아이들도 어렵지 않게 그려 내는 사람의 눈 모양에 대해서 이렇게까지 자세히 말하는 데는 그만한 이유가 있다. 다른 동물의 눈은 이와 같지 않기 때문이다.

개나 고양이, 다른 영장류인 침팬지나 오랑우탄의 눈을 보자. 이들 눈에서 흰자위는 잘 보이지 않는다. 공막이 차지하는 비중이 크지 않거나 있다고 해도 동공과 거의 비슷한 색이라 눈 전체가 하나의 색으로 보이는 것이다.

흰자위, 즉 넓은 면적의 흰 공막을 가지고 산다는 것은 여러모로 불리하다. 내가 어딜 보고 있는지 상대방에게 읽히기 때문이다. 카드 게임을 해 본 사람은 알 것이다. 선글라스 없이 포커페이스를 유지한다는 게 얼마나 힘든지. 쉴 새 없이 흔들리는 눈동자로는 완벽하게 내 패를 숨길 수 없다. 오죽하면 '동공지진'이라는 말까지 생겼겠는가. 반대로 동물들은 상대적으로 싸움에 유리하다. 동공의 방향을 숨기는 것만으로도 표정을 감추고 생각을 은폐하는 게 가능한 것이다.

한번은 장대익 교수가 나에게 의미심장하게 질문을 던진 적이 있었다.

"김 교수, 이상하지 않아? 왜 우리 인간은 싸울 때 불리한 눈으로 진화되었을까?"

"글쎄? 아무래도 공막이 하얗고 넓은 편이 콘택트렌즈 낄 때 편하지 않겠어?"

장 교수는 마음이 따뜻한 사람이었다. 내 시답잖은 아재개그에도 화내지 않고 껄껄 웃어 주었으니까. 그러더니 미소와 함께 그가 오래 고민했던 정답을 말해 주었다.

"협동하라고. 협동을 위한 진화인 거야."

역시 과학 하는 사람다웠다. 모든 진화에는 이유가 있게 마련이다. 그 종족에게 절대적으로 유리한 쪽으로 생물체는 진화하는 것이다.

인류는 협동하는 편이 유리하다. 종족을 번식하고 생명을 유지하기 위해 경쟁이나 다툼이 아닌 협동을 선택한 것이다. 제아무리 인간이 똑똑해봤자, 혈혈단신 야생 속에 던져지면 그대로 강한 동물의 먹잇감이 될 뿐이다. 그러나 여러 개체가 모여 산다면 어떤 동물이 그 사이에서 살아남을 수 있겠는가. 제대로 협동하려면 자기 패부터 깔 줄 알아야 한다. 그래야 나의 의도를 밝히고 상대의 의도를 알아채며 공동의 계획을 꾸릴 수 있다. 사람이 눈과 눈을 마주 보고 이야기한다는 것. 진화 심리학의 근거한 생존의 법칙이다. 동공지진은 사실 협동의 기술이었다.

재미있게도 눈 속에 담긴 협동의 법칙을 권력자들은 이미 눈치챘던 것 같다. 독재자들의 사진을 찾아보면 다들 선글라스를 끼고 있다. 강렬한 태양으로부터 눈을 보호하기 위해서일까? 그렇지 않다. 시선을 감추는 것이 곧 권력임을 알고 있었기 때문이다.

한 사람이 사귈 수 있는
친구의 수는 150명?

대중적으로 잘 알려진 저명한 진화심리학자 중에 '로빈 던바Robin Dunbar'라는 분이 있다. 만약 독자들이 궁금한 마음에 포털 사이트 검색창에 '로빈 던바'라고 친다면 바로 아래 '던바의 수Dunbar's number'라는 글씨가 연관 검색어로 뜨는 것을 확인할 수 있을 것이다. 진화심리학을 잘 모르는 사람들도 '던바 넘버 150'이라는 말은 한 번쯤 들어 본 적 있으리라. 던바의 수란 인간의 사회성에 대한 로빈 던바의 가설로, 아주 간단히 말해 '한 사람이 맺을 수 있는 관계의 수는 150명이다'라는 내용이다.[11]

---

11   인간보다 지능이 낮은 고릴라의 던바의 수는 50이다. 로빈 던바 지음, 김정희 옮김, 《던바의 수》, 아르테, 2018.

예를 들어 누군가 연말을 맞아 주변 사람들에게 크리스마스 카드를 보낸다고 생각해 보자. 카드를 받을 사람의 얼굴을 떠올리고, 예쁜 카드를 골라, 그에게 어울리는 문장을 쓰고, 우표를 사서 붙인 후, 주소를 적어 우편을 보내는 것은 꽤나 지난하고 수고로운 과정이다. 이 과정을 감당한다는 건 내가 그 사람을 마음 깊이 신경 쓰고 있다는 것을 뜻한다. 그렇다면 이처럼 친밀한 마음에서 비롯한 소중한 카드를 받을 사람들은 몇 명 정도일까?

연구자들이 오랜 세월에 걸쳐 한 사람이 한 해에 보내는 크리스마스카드의 양을 조사해 보았다. 그리고 1인당 배송하는 카드가 평균 68개라는 결과를 도출했다. 해당 주소지에 함께 살고 있는 가족 구성원까지 포함하여 머릿수로 계산하면 약 150명 정도인 셈이다.

이 150이라는 숫자는 워낙 심리학에서 중요한 명제이고 유명한 이론이다 보니 사람들 입에 많이 오르내렸고 인터넷 블로그나 카페에서도 쉽게 풀어 쓴 내용을 접할 수 있다. 그러다 보니 많은 사람들이 던바의 수에 대해 오해하고 있는 것 같다. '사람은 태어나서 죽을 때까지 친구를 150명 이상 만들지 못한다'로 알려진 경우가 많은데 이는 과도하게 일반화시킨 것이다. 던바의 수를 제대로 이해하려면 로빈 던바가 진화심리학자라는 것, 인류의 역사를 진화의 관점으로 분석했다는 것부터 파악할 필요가 있다.

일단 던바의 수를 논하기 전에 내가 살고 있는 곳을 둘러보자. 요즘 사람들은 대부분 도시에 거주한다. 서울만 해도 천만 인구가 살고 있는 엄청난 도시다. 수도권까지 합치면 2500만이니 이 얼마나 큰 숫자인가. 그런데 대한민국 전체의 인구는 잘 알고 있다시피 5000만 정도이다. 국가 전체를 놓고 봤을 땐 그다지 놀랄 만한 인구수는 아니다. 5000만의 사람 중 절반 이상이 서울과 그 주변 지역에 거주하고 있다는 말이다. 한반도 역사에서 국가가 만들어지고 사람이 모여 살기 시작한 이래 이처럼 한 지역에 인구가 집중된 적이 있었던가? 몇 천 년 동안 산과 들판 곳곳에 흩어져 살던 인간은 고작 몇 백 년 사이에 급격한 도시화를 이루었다.

다시 진화론적으로 접근해 보자. 선사시대부터 지금까지 인류의 역사를 1년이라고 봤을 때, 지금처럼 거대 도시에 모여 살게 된 역사는 고작 몇 초에 해당하는 시간이다. 그렇다면 나머지 364일 23시간 59분이 넘는 시간 동안 인간은 어떻게 살아왔을까? 소규모 마을 공동체를 이루며 생활했다. 우리의 조상들은 특별한 경우가 아니면 자기가 태어난 마을에서 자라고, 일하며, 가정을 꾸리다 그 마을에서 숨을 거두었다.

그 마을에서 마주하게 되는 사람의 수를 약 150명으로 파악한 것이다. 정확하게는 나보다 먼저 태어난 70~80명, 그리고 나 이후에 태어난 70~80명, 던바의 수 150은 한 인간이 전 생애에 걸쳐 지역 공동체에서 접할 수 있는 최대 인원이었던 것이다.

인류의 뇌는 150명인 공동체 사이즈에 맞춰 아주 긴 시간 세팅이 되어 왔다. 그런데 지난 200~300년 동안 말로 표현하기 힘들 정도의 급격한 도시화를 맞이하였으니 과연 뇌가 그 속도에 맞춰 적응이 되었을까?

절대 불가능하다. 진화는 그렇게 빠르게 이루어지지 않는다. 인류의 뇌는 여전히 150명에 맞춰져 있으며 하루에도 몇 백 명 이상을 상대할 능력이 아직은 없다. 이미 도시화가 진행된 시점부터 과도한 네트워크에 지쳐 있던 인류에게 2010년 이후 발명된 스마트폰은 불을 붙인 계기가 되었다.

그냥 연결도 아닌 '초연결'이라는 용어가 생겨났고 물리적으로 대면하기 어려웠던 사람들조차 SNS를 통해 마주하게 된다. 2G폰을 쓸 때보다 더 극심한 피로를 호소하는 사람들이 늘어났고 각종 정신 질환이 일상화되었다.

당신은 어떤가? 연락처에 새로운 사람들이 우르르 포함될 때, 카카오톡 알람이 쉬지 않고 울릴 때, 인스타그램 속 지인들의 사사로운 일상이 실시간으로 공유될 때, 짜증이 나고 스트레스를 받는가? 너무도 당연하다. 우리는 이미 너무 많은 사람을 알고 지내고 있다.

나는
편의점에 간다

시작은 인터넷 커뮤니티에 올라온 한 줄의 글이었다. 내용도 간단했다.

자주 가는 카페에서 아는 척해서 이제 안 가...ㅋㅋㅠㅠ

설명도 변명도 없는 이 한 줄. 글쓴이는 엄청난 호응을 기대하지는 않은 것 같았다. 어미에 달린 ㅋㅋ와 ㅠㅠ를 보니 이 '웃픈' 상황을 그냥 털어놓고 싶었던 것처럼 보인다. '그 정도면 사회 부적응자 아니냐', '성격 참 까칠하다' 등 약간의 조롱과 비난을 웃어 넘길 생각으로 쓴 글이었으리라. 그런데 순식간에 댓글이 달리기 시작했고, 내용들은 하나같이 눈물 바다였다. 이유는 격한 공감 때문이었다.

'마치 내 얘기 같다.' '나만 그런 게 아니었군.' '자주 가던 가게에서 아는 척해서 이제 먼 동네로 돌아간다.' '자주 오시는 손님 단골이라고 챙겨 드렸더니 쪽팔려 하시며 이젠 안 오신다.' '누가 아는 척하면 어색하고 불편하다.' '알바생이 아는 척 하는 바람에 학원 앞 가게에 1년간 안 갔다.' 등등. 각자 자신의 생활 속에서 겪었던 애매하고 부끄럽고, 피하고 싶은 상황들이 줄을 이었다.

익명으로 존재할 때의 편안함으로 찾아 간 가게에서 "왜 이렇게 오랜만에 오셨어요." 혹은 "늘 같은 걸 드시네요."와 같은 친절한 인사를 받았을 때 꽤 많은 현대인들이 느끼는 감정은 정겨움이 아니라 불편함이었다.

그래서일까. 도시에서 자취를 하는 젊은 남녀들은 편의점에서 생필품을 소비하면서 작은 안도감을 느낀다고 한다. 물론 내가 생리대를 사든 콘돔을 사든 무관심하게 바코드만 찍어 주는 점원이 있을 때 가능하다. 몇 살인지 앞으로 어떻게 살 계획인지 꼬치꼬치 캐묻는 친절한 주인장이 있다면 불편함을 넘어 소름 돋는 불쾌함을 느낄지도 모른다.

도대체 이 불편함은 어디에서 오는 것일까? 현대 도시인들은 이미 인간관계와 상호작용이 최대치를 넘어 버렸기에 과잉된 관계를 마주하면 대단한 피로감을 느끼는 게 아닐까? 인간관계는 힘들다. 특히 사람의 얼굴을 마주하고 서로 이야기를 나누는 것은 말 그대로 에너지가 필요하다. 가장 중요한 일이지만 그만큼 기력이 많이 소모되는 것이기 때문이다.

나를 아껴 주시는 시부모님
나에게 잘 대해 주는 직장 선배
내가 존경하는 은사님
별 문제 없이 잘 사는 배우자

이들의 공통점은 무엇일까? 개인에 따라 차이는 있겠지만 '영상통화가 꺼려지는 사이'라고 한다. 시부모님, 직장 선배, 은사님. 절대 불편하고 싫은 사이가 아니다. 나를 아껴 주시고 진심으로 잘해 주시고, 나 또한 존경하고 따르는 분들이지만 매일 얼굴을 맞대고 영상통화를 하라고 한다면 어쩐지 몸서리가 쳐진다. 남편이나 아내도 마찬가지. 한집에서 나름의 규칙을 두고 일상을 유지하는 좋은 관계다. 그런데 갑자기 상대방이 매일 낮에 잠깐씩이라도 영상통화를 하자고 청한다면? 생각만 해도 등골이 오싹해지는 이유는 무엇일까.

영상통화 기술은 예전과는 비교하기 어려울 정도로 발전했다. 화질도 좋아지고 음질도 좋아졌으며 심지어 요금도 무료다. 그런데 의외로 스마트폰 사용자들이 잘 사용하지 않는 기능이

라고 한다. 심지어는 모바일 메신저에 비해 음성통화를 부담스
러워하는 사람도 많다. 실제로 분명한 목적이 없는 경우엔 음성
통화를 이용하지 않는 것이 요즘 경향이다.

비단 영상통화뿐이겠는가. 사실 누군가에게 먼저 전화를 걸
거나 연락을 주고받는 것마저도 피곤해하는 사람들도 많다. 메
신저 상에서는 친하게 느껴지더라도 막상 직접 만나면 어색한
경우도 허다하지 않는가.

최근 인터넷상에서 '관태기'나 '티슈인맥'이라는 용어가 눈에
띈다. 관태기는 관계와 권태기의 합성어로 새로운 인맥을 쌓는
것에 권태감을 느낀다는 말이고, '티슈인맥'은 한 장 뽑아 쓰고
버리는 티슈처럼 필요에 따른 일회성 인간관계를 일컫는 말이
다. 신조어는 그 시대와 사회의 위치와 고민을 단면적으로 보여
준다. 이 단어들이 지금 우리의 상태를 가리키고 있다.

초연결 시대에 자발적 아웃사이더를 택하는 사람들. 기술과
기기의 발전은 인간의 사회화를 부추기지만 그럴수록 현대인
은 힘들다고 아우성을 친다. 로빈 던바의 말마따나 우리의 뇌는
이미 용량을 초과해 버렸는지도 모른다.

비대면 커뮤니케이션과 게임 요소의 만남

우버는 어떻게 세계인을 사로잡았나

인간관계에 지친 현대인은 피곤하다고 비명을 지른다. 그러나 이런 상황에서도 통찰력이 있는 사업가는 이 심리를 이용하여 수익을 낸다. 사람들이 열광하는 게임의 기술을 살짝 넣어서 말이다. 비대면과 게임 요소. 이 두 가지는 현대인들의 요구를 충족시키는 가장 탁월한 아이템이다. 조금 과장하자면 최근 몇 년간 비대면 커뮤니케이션과 게임 요소를 결합한 신사업이 실패한 사례를 보지 못했다. 투자처를 찾고 있는 독자라면 노련한 심리학자의 말에 귀를 기울이시길….

가장 단적인 예를 '우버Uber'에서 찾을 수 있다. 지금은 누구나 스마트폰에 카카오택시, 티맵택시, 타다 등 비대면 모빌리티 서비스 앱 한두 개 정도는 깔려 있을 것이다. 이처럼 어느덧 일상에 깊이 들어와 있는 이들 서비스의 시초는 2010년 미국에서 시작된 우버라고 볼 수 있다.

우버는 차량과 승객을 스마트폰으로 연결하는 서비스로, 모바일 앱을 통한 차량 예약이 가능하며, 예약한 차량의 위치를 실시간 확인할 수 있도록 프로그래밍 되었다. 이 간단한 기능으로 우버는 세계 스타트업 가운데 상당히 높은 순위를 차지하는 혁신적인 기업으로 발돋움했다. 아니 세계 어느 나라든 합법화에만 성공하면 그 도시의 택시 산업을 완전히 집어삼키는 괴물 같은 서비스가 된다. 우버를 한 번도 사용하지 않은 사람은 있지만 한 번만 사용한 사람은 없다는 말이 있을 정도니 말이다.

우버는 어떤 이유로 이처럼 괄목할 만한 성공을 거두었을까? 많은 사람들이 우버의 성공 비결을 '새로운 기술'과 '편리함'이라고 말하곤 한다. 그러나 나는 '편리함'이란 말을 듣자마자 코웃음이 쳐진다. 글쎄? 편리하기로 따지자면 택시를 능가할 만한 것이 있을까? 택시는 이 지구상에서 유래를 찾아볼 수 없을 정도로 편리한 운송 수단이다. 내가 어디에 있든, 어디에 갈 계획이든, 길 한 복판에서 조용히 손을 들면 된다. 조금 뒤면 내 앞에 웬 승용차 한 대가 대령된다니 놀라운 일이다. 그에 비해 우버를 이용하려면 엄청난 고난과 역경을 감내해야 한다. 일단 '모바일 앱 설치'부터 해야 하기 때문이다.

언제 어디서나 와이파이가 빵빵 터지는 대한민국 서울에 살고 있는 사람이라면 앱 설치 하나 가지고 엄살을 떤다고 생각할지도 모르겠다. 그러나 우버 서비스가 출범한 시기는 2010년이었고, 장소는 샌프란시스코였다.

지금도 외국에 나가시는 분들은 선진국이라는 나라의 극악한 인터넷 시스템에 분통을 터뜨리곤 한다. 와이파이라고는 제대로 터지는 곳이 없고 간혹 있다 해도 3G 시절의 향수를 느낄 수 있는 속도니 말이다. 그런데 지금으로부터 10년 전의 샌프란시스코라니…. 40메가 이상의 우버 앱 파일 하나 다운받는 데에 때에 따라서는 30분 이상이 걸린다. 말이 30분이지, 한국인에게 30분을 기다려서 앱 하나를 설치하라는 것은 김치 없이 라면을 먹으라는 것과 같은 고문의 영역 아닌가.

하지만 좋다, 도를 닦는 마음으로 몇 십 분을 걸려 앱을 설치했다. 그 다음 더욱 어려운 관문이 기다리고 있다. 카드 번호 16자리를 네 칸에 각각 네 개씩 채워 넣어야 한다. 이 얼마나 난이도 높은 절차인가. 어째서 만물의 영장인 인간은 자신의 카드번호를 한 번에 정확하게 입력하지도 못하게 진화된 것일까. 간신히 다 입력하고 나면 카드의 유효기간을 넣어야 한다. '월'을 먼저 입력해야 하는지 '년'을 먼저 써야 하는지 고도의 집중력을 발휘하지 않으면 안 된다. 모든 관문을 어렵게 통과하여 홀가분한 마음으로 카드지갑을 뒷주머니에 꽂는 순간, 카드 뒷면 세 자리 번호를 넣으라는 메시지를 받게 된다. 모든 것을 포기하고 싶은 짜증과 분노가 치밀어 오른다. 여러 차례 솟아오르는 격한 감정을 이겨 내고 모든 절차를 통과하면 이제 목적지를 입력해야 한다. 참으로 귀찮지 않은가.

다행히도 고통은 여기까지다. 지옥 같은 테스트를 통과한 사람은 이제 안락한 우버의 세계로 입장하게 된다. 그리고 다시는 거리에서 택시를 잡기 위해 손을 드는 행위를 하지 않게 될 것이다.

게임 속 세상의 '실시간 피드백'

우버를 설치한 이용자는 게임의 세계에 들어온다. 여기서 게임이란 나의 상태 변화가 스코어 형태로 실시간 피드백 받게 되는 활동을 말한다. 이것이 인간이 게임에 열광하는 이유이기도 하다. 게임의 세계는 기본적으로 사용자가 하나를 달성하면 그만큼 점수가 올라가도록 세팅되어 있다. 단순한 테트리스 같은 게임만 보아도 블록이 사라질 때마다 점수가 쌓이는 것을 직관적으로 확인할 수 있다.

우버가 펼쳐 놓은 세상은 게임과도 같다. 예약이 된 즉시 지도 속에 기사의 얼굴이 뜨고 나의 위치가 표시된다. 차량이 이동하는 위치가 정교하게 표시되는 광경은 게임 플레이를 즐길 때 느낄 수 있는 묘한 재미와 안도감을 만들어 낸다. 별거 아닌 것 같지만 실시간 피드백의 놀라운 변화는 경험해 본 사람만이 안다. 나는 감히 이 심플한 기술이 세상을 바꿔 놓았다고 말하고 싶다.

90년대 후반의 서울 지하철을 생각해 보자. 열차의 모양이나 객실의 생김새, 플랫폼의 위치 등은 지금과 크게 다르지 않았다. 사람들은 발을 동동거리며 열차가 언제 오는지 기다린다. 그때 역무원의 안내 방송이 들린다. "3분 후 열차가 도착합니다."

역무원의 역할은 여기까지다. 열차가 역 안으로 들어오는 3분 동안 별다른 피드백은 주어지지 않는다. 당연하지 않은가? 3분만 있으면 열차가 올 텐데 무엇을 더 하라는 말인가.

그러나 그 짧은 3분 동안 서울 시민들은 기이한 행동을 시작한다. 일단 벤치에 앉아 있던 승객들은 '이제 곧 열차가 오겠구나.' 하는 생각에 벌떡 일어난다. 그러나 열차가 오지 않으면 성큼성큼 앞으로 나아간다. 노란 안전선을 훌쩍 넘어 플랫폼에 발끝을 대고 초조해한다. 어두운 터널에 고개를 넣다시피 하며 '도대체 언제 열차가 오는 건가.' 하염없이 기다린다. 그래서일까. 지금과 비교하면 이 당시엔 사고가 참 많았다. 스크린도어가 없기도 했지만 피드백이 없는 3분이 이처럼 피를 말리는 기다림의 시간이었기 때문이다.

지금은 다르다. 그 누구도 위험한 행동을 하지 않는다. 굳이 안전선 안으로 코를 내밀며 기다리지 않는 까닭은 열차의 위치를 실시간으로 알려 주는 안내 전광판이 설치된 덕분이다. 전 역을 출발한 열차가 차츰차츰 내가 있는 역으로 들어오는 그림은 마치 게임 화면을 시청하는 기분이 들게 한다. 지루하고 따분했던 3분은 계획을 세우고 채비를 할 수 있는 시간이 되었다. 열차의 위치를 눈으로 확인하며 '이제 일어나자.' '앞쪽으로 좀 더 가자.' '이쯤 되면 줄을 서자.'와 같은 자기 행동의 연쇄가 만들어진 것이다.

그는 내가 어디로 가는지 알고 있다

우버나 카카오택시처럼 예약한 차량에 올라앉으면 묘한 편안함이 느껴진다. 대단한 건 아니지만 귀찮고 힘들고 신경 쓰이는 무언가를 하지 않아도 될 때 느껴지는 바로 그 편안함. 그 편안함의 정체는 기사님에게 목적지를 설명할 필요가 없다는 것이다. 내 앞자리에 타고 있는 기사님은 내가 어디로 갈지 이미 알고 오셨다는 것. 그래서 나는 가벼운 인사 외에는 더 말을 할 필요가 없다는 것. 한 공간에 있지만 관계를 섞지 않아도 되는 '비대면'이 시작된다는 것. 지친 현대인에게 이는 생각보다 달콤하고 평온하게 작용한다.

택시 탈 때의 고충은 다들 경험한 적 있을 것이다. 택시를 불러 세우고 문을 열기 전까지 어떤 차와 기사님을 만나게 될지 예측할 수 없다. 어쩌다 불친절한 기사님이나 실내가 더러운 택시가 걸리면 참 곤욕스럽다. 그러나 못지않게 힘든 것이 있다. 바로 너무 친절한 기사님이다.

사람들이 다른 대중교통에 비하면 꽤 비싼 택시를 굳이 타는 이유는 무엇일까? 편하게 가고 싶어서가 아닐까? 야근으로 지치고 과음으로 피곤한 몸을 자동차에 털썩 던진 채 목적지까지 조용히 가고 싶은 마음 때문이다.

그런데 차라리 불친절한 기사님이면 좋겠다. 가끔 손님을 맞을 때마다 속으로 '말동무가 들어왔구나!' 하고 쾌재를 부르시는 분들이 있다. 어쩌다 이런 기사님을 만나면 정말 부담스럽다. '어디 가냐' '거긴 왜 가냐'라는 질문에 답하기 시작해서, 기사님이 지지하는 정당을 함께 지지하고, 기사님이 응원하는 프로야구 팀을 같이 응원하고, 목적지에 도착하는 40분 동안 끊임없이 리액션을 하고 나면 간신히 붙잡았던 멘탈이 끊어지는 기분이다.

지금은 서비스가 위축되었지만 한동안 이슈몰이를 했던 타다의 서비스도 마찬가지다. 몇 년 전 아내가 타다를 처음 이용해 봤다기에 어땠는지 소감을 물어본 적 있었다. 아내는 짐짓 너그러운 표정을 지으며 "어우, 너무 편안했어."라고 대답했다.

당시 타다 서비스는 기본적으로 11인승 카니발 차량을 이용했다. 경유로 움직이는 대형 승합차가 세단보다 편안하다는 것은 사실 어불성설이다. 그러나 아내가 느낀 편안함은 완전히 다른 지점이었으리라. 타다의 드라이버는 '고객이 말 걸기 전에 불필요한 이야기를 하지 말라'는 교육을 받는다. 이 불친절한 친절 교육은 비대면이 주는 자유로움에 대해 명확하게 짚은 셈이다. 그 덕에 안 좋은 승차감을 뛰어넘는 심리적 편안함을 선사하게 되었다.

다른 서비스도 마찬가지다. 비용도 비싸고 논란도 많은 배달앱이 호황을 이어가는 이유도 같은 맥락에서 이해할 수 있다. 전화를 들어 번호를 누르고, 정확한 발음으로 '어디어디로 무엇 무엇 배달해 주세요'라고 주문하는 것을 생각보다 많은 사람들이 어려워한다. 사람들 앞에서 말하는 일을 하는 나조차도 종업원이 내 말을 못 알아들을까 봐 긴장할 때가 있다. 그런데 이런 어려움을 피할 수 있다. 주문도, 결제도 비대면인 데다가 게임 화면처럼 배달 상태를 보여 주니 이용자가 늘 수밖에 없을 것이다.

　그래서 결론은 주식 투자할 곳은 찾는다면 이와 같은 비대면과 게임 요소를 잘 활용하는 사업을 찾아보라는 이야기다. 아마 다른 사업에 비해 실패 확률이 낮을 것이다. 물론 신중을 기하기 바란다. 만약 잘 안 되더라도 날 원망하지는 말아 주시길.

내가 진짜로
원하는 게 뭐야

인간의 언어는 나라와 민족에 따라 다르지만 대체로 비슷한 문법 체계를 사용한다. 어느 나라를 막론하고 주어를 지칭할 때 1인칭과 2인칭, 3인칭을 사용한다. 그리고 1인칭은 다시 단수와 복수 두 가지로 나뉜다. 일인칭 단수 '나'는 진짜 자아다. 일인칭 복수 '우리'는 공동체로서의 자아다. '우리'를 명확하게 자아라고 말해도 될지는 모르겠다. 보통 자아와 일치하기 보다는 자아를 둘러싼 환경으로 생각하기 때문이다.

그런데 '우리'를 '나'와 동일시하는 민족이 있으니, 바로 한국인이다. 외국 심리학자들이 한국어를 분석할 때마다 이렇게 신기한 나라는 처음 본다며 혀를 내두르곤 한다. 도대체 뭐가 그리 놀라운지 한국인이 자주 쓰는 표현 한 가지를 예로 들어 보겠다.

"우리 와이프가…."

일단 여기까지만 말해도 외국인들은 까무러친다. 어떻게 당신 아내가 내 아내도 되느냐, 그게 어떻게 우리 것으로 볼 수 있냐는 거다. 모르는 사람 입장에선 놀랄 만도 하다. 배우자를 공동체와 공유하는 건 사상 초유의 엽기적인 문화 아닌가.

이뿐이 아니다. 혼자 사는 사람도 자기 집에 친구를 초대할 때 흔히 "우리 집에 놀러 와"라고 말한다. 하지만 이 말을 들은 외국인들은 생각이 많아진다. '뭐? 혼자가 아니라 다른 멤버가 있다는 뜻인가?' '잠깐, 그럼 와인을 몇 병 준비해야 되지?' 한국인에게는 당연한 표현도 외부에서 봤을 땐 혼란스럽기 그지없다. 무남독녀 외동딸도 자기 아빠를 부를 때 '우리 아빠'라고 한다. 외국인들이 놀랄 수도 있으니 이제부터는 '내 아빠'라고 부르려다 보니 어쩐지 버르장머리가 없어 보인다.

영어, 프랑스어, 스페인어와 같은 서양의 언어 체계뿐 아니라 아시아 언어권에서도 마찬가지다. 내가 다니는 학교는 엄연히 my school이라고 하고, 내가 다니는 회사는 my company, 내가 사는 나라는 my country라고 부르는 게 정상이다.

그런데 한국인들이여. 살면서 단 한 번이라도 우리말로 '내 나라'라는 말을 해 본 적 있는가? 없다면 한 번 해 보시라. 친구들과 소주 한잔할 때 TV에서 흘러나오는 뉴스를 보며 이렇게 중얼거리는 것이다.

"어휴, 요즘 내 나라가 왜 이렇게 시끄러운지 몰라."

아마 누군가 뒤통수를 때리며 "야, 네가 이 나라 샀냐?"라고 따질 것이다. 국정농단의 실체라도 된 듯 엄청난 구박을 받고 싶다면 당장 써 먹길 바란다.

'나'와 '우리'를 혼동해서 쓰는 건 언어적 표현뿐이 아니다. 한국인들의 내면 깊숙한 곳엔 관계주의 문화가 뿌리내리고 있다. 글로벌 기업에서 외국인 채용 담당자가 받아 보는 한국인의 자기소개서는 조금 특이하다고 한다. 자기소개서에 정작 '자기' 소개는 안 쓰기 때문이다. '자기'가 빠진 소개의 자리에는 '관계'가 들어간다.

저는 엄격하신 아버지와 자상하신 어머니 아래에서 3남 2녀 중 막내로 태어났습니다. 초등학교 때부터 줄곧 반장을 했고, 대학교 때는 동아리 활동을 열심히 했으며 여러 단체와 공동체에서 역할과 책임을 다했습니다.

우리에겐 그럭저럭 평범한 자기소개서다. 여러 집단을 거치며 내가 했던 일과 주변 관계에 대한 에피소드를 20개 정도 풀면 전형적이지만 딱히 틀린 것 없는 자기소개서가 되니 말이다.

하지만 이런 글을 읽은 외국 기업에서는 '도대체 언제 자기소개가 시작되지?'라는 반응이다.

다른 나라는 어떨까? 최근 집단주의가 강하기로 잘 알려진 일본인들의 자기소개서를 분석할 일이 있었다. 20~30대의 평범한 일본인들이 작성한 자기소개서 수십 장을 읽고 평준화시켜 보면 첫 문장은 대략 다음과 같다.

저는 32세의 활발한 성격에, 운동을 좋아하며 컴퓨터 프로그래밍 능력이 뛰어난 나카무라라고 합니다.

다른 게 느껴지는가? 한 번은 나카무라의 자기소개서를 한국 기업의 채용담당자들에게 보여 주고 반응을 살펴보았다. 그분들은 첫 문장부터 대단히 불편한 심기를 보이셨다. 이유를 묻자 어느 한 실장님이 고개를 저으며 대답하셨다.

"허허허, 이 친구 자기소개서에서 순 자기 얘기만 하고 있네요."

자기소개서에서 자기 얘기를 하면 안 되는 문화가 바로 우리의 문화다.

한국인은 집단의 목표와 가치에 놀랄 정도로 충성하는 양상을 보인다. 그 덕에 세계를 놀라게 할 만한 공동체의 힘을 보여 주었다. 2002년 월드컵 때는 그 많은 인파가 광장에 나와 한 목소리로 응원하고도 쓰레기 한 점 남기지 않아 전 세계의 박수를 받았다. 코로나 집단 감염 초기에도 마찬가지. 다른 나라 국민들이 마트에서 사재기를 하느라 급급할 때 도움이 필요한 장소에 손을 내밀어 문제를 함께 해결했다. 마스크가 아무리 답답해도 남의 눈을 의식해서라도 코끝까지 올려 쓰고, 놀러 나가고 싶어도 공동체의 분위기를 봐서 참는 민족이다.

뭘 해도 잘 뭉치는 우리는 역사에 길이 남을 동일한 취향 또한 자랑한다. 〈사랑이 뭐길래〉, 〈아들과 딸〉, 〈허준〉, 〈첫사랑〉, 〈모래시계〉…. 45% 이상의 역사적인 시청률을 기록한 드라마들이다. 〈사랑이 뭐길래〉는 무려 59.6%가 나왔으니, 단일 채널을 가진 북한에서나 가능한 일이다.

심지어 만화 영화인 〈날아라 슈퍼보드〉 또한 40%를 넘었다. 이 정도면 아이들뿐만 아니라 어른들도 봤다는 얘기다. 물론 나도 보았다. 아직도 가만히 있노라면 '치키치키 차카차카 초코초코촉'하는 주제가가 귓가에 맴돌 때가 있다. 만화 영화도 챙겨 보는 만큼 당연히 위에 적힌 다른 드라마들도 모두 보았다. 왜 그토록 기를 쓰고 봤을까? 훌륭한 작품을 즐기려는 마음도 있었지만 다른 사람들도 모두 보기 때문은 아니었을까? 드라마 〈모래시계〉의 별명은 '귀가시계'였다. 너도 나도 드라마를 보러 집으로 들어가 버리니 방영 시간엔 길가에 돌아다니는 사람이 없을 정도였다. 같이 술 마셔 줄 친구도 없으니 전 국민이 애청하는 드라마를 함께 보는 수밖에 없다. 일단 오늘 밤 드라마를 시청해야 다음날 사람들을 만날 때 할 얘기가 생기니 말이다. 이렇게 우리는 우리가 좋아하는 것을 해 왔다. '우리'가 좋아하는 게 곧 '내'가 좋아하는 것이라고 믿어 왔다.

이제 누굴 만나 드라마 얘기로 떠드는 게 아련한 과거의 일처럼 되어 버렸다. 코로나 팬데믹 시대. 사람을 만나는 시간보다 나 홀로 머무는 시간이 커지고 있다. 외롭고 불안한 나날이 계속된다. 이 사태가 언제까지 지속될지, 내 일과 나라 경제는 어떻게 바뀔지, 참으로 초조하고 막막하다. 그런데 참 이상한 일이다. 이처럼 불안하고 막막한 상황 속에서도 '문득 문득 달콤하다'고 고백하는 사람들이 많아지고 있다.

여기서 '문득 문득'이 포인트다. 사람이 24시간 내내 달콤하다면 정상은 아닐 테니까. 그런데 사업도 안 되고 건강도 걱정되는 판국에 느껴지는 오묘한 달콤함의 정체는 무엇일까? 전 세계에서 가장 거대한 공동체성이 가려져 진짜 개인을 잊은 한국인들, 늘 정신적으로 타인과 부대끼며 살아온 한국인들, 혼자 있는 시간이 세계에서 가장 적다는 한국인들이 처음 느껴 본 고독의 달콤함이 아니었을까?

비대면 시대, 이제부터 남들 생각 않고 진짜 달콤함을 누려 볼 때다. 내가 좋아하는 것을 입고, 내가 좋아하는 것을 먹고, 내가 좋아하는 작품을 보면서 말이다. 그런데 참 어렵다. 그게 뭔지 제대로 생각해 본 적이 없었기 때문이다. 이제 혼란스러운 내면에 대고 빠른 비트로 외쳐 볼 시간이다.

'내가 진짜로 원하는 게 뭐야!'

딸아이가 놀이공원에서
울음을 터뜨린 이유

Want(원트)가 아니라 Like(라이크)여야 한다. 방송이나 강의 때마다 강조하는 이야기다. 원하는 것과 좋아하는 것을 구별하는 것은 행복을 향한 핵심 역량이라는 뜻이다. 그런데 이 이론을 그냥 말하면 듣는 분들이 '아, 참 좋은 얘기구나' 하고 뒤돌아서는 기억을 못하신다. 그럴 때 이해를 돕기 위해 써 먹는 에피소드가 있다. 바로 내 딸 채원이와 있었던 일이다.

어느덧 중학생이 되어 질풍노도의 시기를 보내고 있는 나의 둘째 딸. 지금은 인간이 아니라는 중2지만 한때는 눈에 넣어도 아프지 않을 정도로 귀엽던 시절이 있었다. 다섯 살 되던 무렵이었을까. 금쪽같은 딸아이를 데리고 놀이공원에 나들이를 갔다.

홍겨운 음악이 울려 퍼지고 캐릭터들이 춤을 추며 여기저기서 사람들의 즐거운 비명소리가 들리던 날이었다. 그런데 모든 놀이공원은 참 야속하기도 하다. 꼭 입구 근처에서 알록달록한 기념품으로 어린이들을 유혹하니 말이다. 특히 캐릭터 모양으로 만들어진 헬륨 은박 풍선은 제조 원가가 50원 정도 되어 보이는데 무려 12000원이라는 사악한 가격이 붙어 있으니 기가 찰 노릇이었다.

실에 매달린 채 떠 있는 풍선을 보며 딸아이는 귀여운 목소리로 "아빠, 나 저거 사줘."라고 했다. "딸아, 저 가격 보이니? 아무리 관광지라도 이건 좀 아니지 않니?" 말로 차근차근 설명하려는데 녀석의 눈빛이 번쩍이는 게, '그럼 슬슬 떼를 써 볼까' 하는 낌새가 분명했다. 아니나 다를까. 훌쩍훌쩍 시동을 걸더니 곧 엄청난 생떼가 시작되었다.

"이놈 자식이, 어디서 떼를 써?" 평소 같았으면 엄격한 권위를 내세우며 힘으로 제압했겠지만 그러지 못했다. 큰소리를 내기엔 주변에 사람이 많았던 것이다. 한창 방송 출연을 열심히 할 때라 알아보는 눈도 많은 터였다. 방송에서 부모들에게 "자녀들의 소망은 소중한 것입니다."라고 멋지게 말하던 나 아니었던가. 우는 아이를 모른 척 두고 돌아서기에 채원이는 나랑 너무 똑같이 생겼다. 망신살이 뻗친 나는 하는 수 없이 지갑에서 돈을 꺼냈다. 영리한 딸아이는 이 모든 것을 알고 있었던 것이다.

그래 사 주자 사 줘. 아이가 그렇게 갖고 싶다는데. 그러고 나서 10분 정도 흘렀을까. 놀이공원의 이곳저곳을 돌아다니느라 조금 지쳐 있는 나에게 딸아이는 이렇게 말했다.

"아빠, 팔 아파요."

"응? 팔이 왜…?"

돌아보는 순간, 꿈과 희망을 가득 담고 하늘로 두둥실 올라가는 동그란 물체가 보였다. 방금 산 풍선이었다. 하지만 내 눈에 보인 것은 풍선이 아니라 생돈 12000원이 허공으로 사라지는 놀라운 광경이었다. 허망하게 떠오르는 풍선과 한결 가벼워진 얼굴로 놀이기구를 향해 달려가는 딸아이를 번갈아 쳐다보면서 나는 '친부모도 자식을 학대할 수도 있겠구나.'라고 중얼거렸던 것 같다.

그렇게 요란한 나들이를 마치고 집에 돌아온 저녁, 그날 아내가 놀이공원에서 찍었던 사진들을 넘겨보는데 재미있는 지점이 눈에 띄었다. 놀이공원 입구에서 찍힌 사진을 보니 다른 아이들의 손에도 모두 헬륨 풍선이 들려 있었다. 마치 이 공간에선 풍선 하나쯤은 들어야 행복할 수 있다는 듯 말이다. 아이 입장에선 '모두' 갖고 있는 그 얄궂은 풍선이 내 손에만 없으니, 어떤 대가를 치르더라도 꼭 얻어 내고 싶었던 것 같다. 그러나 아이가 풍선을 놓친 그 장소에서 찍은 사진은 상황이 달랐다. 주위에 풍선 따위는 보이지 않았다. 아무도 들고 있지 않는데 '나만' 갖고 있는 풍선은 금세 거추장스러운 짐이 되어 버린 것이다.

풍선을 향한 채원이의 심리는 want였을까, like였을까? 단언컨대, 강력하게 원했을 뿐 절대 좋아하지 않았다. 진심으로 좋아했다면 그렇게 허망하게 놓쳐 버린 후, 자유로워진 표정을 지을 수는 없었을 테니까.

우리 모두가 갖고 있는데 나만 없을 때, 인간은 심리적으로 불편함을 느끼며 강한 want를 만들어 낸다. 게다가 와이프 앞에도 '우리'를 붙이는 한국인은 전 세계 제일의 공동체 의식을 지닌 나라다. 그렇기에 우리는 무언가를 강하게 원하는 마음이 들 때면 꼭 한 번 멈춰서야 한다. 이것을 좋아해서 자연스럽게 원하는 건지, 아니면 모두 갖고 있는데 나만 없어서 원하는 건지. 시간이든 돈이든 에너지든, 자원에는 한계가 있다. 이 제한된 자원 안에서 합리적인 소비를 해야 한다면 10분 뒤에 놓아 버릴 풍선 같은 건 추구하지 말아야 한다.

그렇다면 like는 어디서 찾을 수 있을까? 힌트는 고독이다. 내가 정말 좋아하는 건 우리 속에서 발견할 수 없다. 오롯이 자아만이 존재하는 상황, 타인의 시선이 없는 곳에서도 혼자 당당하게 좋아할 수 있다면 그게 정말 like가 아닐까. 다행히 코로나가 불러온 비대면 사회에서 우린 강제적으로 홀로 놓이게 되었다. 그리고 이 척박한 상황에서 비로소 나의 like가 무엇인지 고민하게 된 것이다.

인정투쟁에서
벗어나는 삶

동창 녀석 중에 2년에 한 번 꼴로 차를 바꾸는 친구가 있었다. 그것도 1억을 호가하는 고급 수입차만 취급한다. 2년 정도 타다 기존 것을 팔고 신차를 사는 것을 되풀이하는데, 단순 계산해도 한 번 갈아탈 때마다 4~5천만 원을 쓴다는 얘기다. 아무리 돈을 많이 벌어도 가정 경제에 타격이 갈 게 뻔했다. 그 손해를 감내할 정도로 차가 좋은 이유가 궁금해졌다. 한 번 물어본 적도 있었다.

"승차감이 중요해서 그래? 왜 그렇게 자주 바꾸는 거야?"

친구는 별 순진한 질문을 다 한다는 표정으로 이렇게 대답했다.

"누가 외제차를 승차감 때문에 타냐? 중요한 건 하차감이야."

평소에도 남의 시선을 꽤나 의식하며 산다는 걸 알고 있었는데 이 정도일 줄이야. 친구의 말인 즉, 주차장에 발을 딛는 그 순간 다른 사람들이 '와아' 하고 내지르는 5초간의 함성을 듣기 위해 그 큰돈을 쓴다는 것이었다.

녀석은 얼마 전에도 어김없이 차를 바꿨고 동시에 코로나가 터졌다. 남의 시선과 상관없이 진심으로 자동차를 좋아했다면 문제가 없었을지 모른다. 한적한 새벽, 신선한 엔진 소리를 들으며 드라이브하는 것만으로도 최상의 행복을 느낄 수 있을 테니까. 그러나 안타깝게도 그 친구는 동창회에서 받을 감탄만 목빠지게 기다리고 있었고 모든 모임은 사회적 거리두기와 함께 취소되었다. 들리는 소문에 따르면 1년 내내 도장이 벗겨질 정도로 차만 닦고 있다고 한다.

인정투쟁에 매몰된 친구 녀석을 볼 때마다 코로나 이후의 변화에 대해 다시금 생각하게 된다. 인정투쟁이란 용어는 청년 헤겔 철학에서 시작된 말로, 독일의 철학자 악셀 호네트Axel Honneth에 의해 구체화되었다. 간단히 말하자면 자기 자신이나 타인에게 인정받기 위한 싸움을 뜻한다. 부러움 어린 시선, 좋은 평판 등 타인의 평가를 통해 자아를 충족시키려는 삶이다. 한 주체는 다른 주체에게 인정받을 때 자기 정체성을 획득하며 새롭게 획득한 정체성은 더 높은 인정에 대한 요구를 불러

일으킨다.

이렇게 어려운 이론을 놀라울 정도로 명쾌한 언어로 꼬집어 준 이가 있으니, 바로 문화심리학자 김정운 박사다. 개인적으로도 무척 가까우면서도 존경하는 선배님이신 그는 인정투쟁에 빠져 있는 우리 사회를 이렇게 정의했다.

'남의 감탄에 목말라 하는 사회'

그 한 줄의 문장 앞에서 나는 여러 번 고개를 끄덕였다. 그의 언어는 이토록 생생하게 살아 있으면서도 핵심을 꿰뚫는다. 남의 감탄에 목마른 삶을 살게 되면 결코 적정한 만족을 느낄 수 없다. 40평대 집에 사는 사람은 50평대 집과 비교하며 초라해질 것이고, 반에서 1등하는 학생은 전교 1등 앞에서 고개를 숙인다. 수입차를 좋아하는 내 동창이 1억 원짜리 차를 주차장에 대고 나왔는데 그 옆에 2억 원짜리 차가 세워져 있다면 절대 으쓱할 수 없을 것이다.

한때 우리는 인정투쟁에 목숨을 걸었다. 그런데 신경 쓸 사람과 거리적으로 멀어지니 남의 시선이나 감탄 받을 기회가 자연스럽게 적어졌다. 그러다 보니 보이는 것에 대한 집착에서 조금은 가벼워진 느낌이다. 전문가들은 바이러스가 사라진 뒤에도 이전보다는 사람들과 물리적으로 떨어져 지내는 시간이 많아질 것으로 예측한다. 그렇다면 우리의 삶은 점차 인정투쟁에 멀어지는 방향으로 나아가게 될 것이다. 아니, 꼭 그렇게 되어야 한다. 이는 시대의 흐름을 반영하는 현상이기 때문이다. 무한 성장의 시대는 끝났다. 앞으로 인류는 적정한 자원을 두고 삶을 영위해야 한다. 예전처럼 한탕 시원하게 버는 건 불가능하며 재산, 옷차림, 자동차 등 보이는 것으로 나를 드러내는 문화도 한계에 다다랐다. 그렇다면 바뀌어 나갈 세상에서 우리는 무엇을 추구해야 할까?

다시 김정운 선배의 멋진 말을 응용하려 한다.
'그 감탄을 내가 하는 감탄으로 바꿔야 한다.'
역시 무릎을 탁 치게 만드는 말이다. 남이 하는 감탄을 내가 하는 감탄으로 돌리려면 일단 나에게 충실해야 한다. 그 방식에는 여러 가지가 있겠지만 문화심리학에서는 딱 짚어서 '미학적 경험', '예술적 경험'이라고 알려 주니 고마운 일이다. 내 몸을 움직여서 아름다움을 창조하라는 얘기다.

100만 원짜리 오케스트라 연주를 즐겨 듣는 사람이 있다. 들인 비용만큼 특별한 문화적 경험이었으리라. 그런데 그 사람이 생전 손도 안 대 본 악기를 배워 연습하기 시작한다. 전문 연주자에 비하면 초라한 실력이지만 하나하나 노력하여 작은 소품 곡 하나를 완주했다. 다른 사람은 몰라도 그 자신은 감탄할 것이다. 작품이라 불릴 만한 것을 몸소 만들어 본 사람은 안다. 같은 돈을 들여도 훨씬 더 행복해진다는 것을. 그 순간 마음속에서 일렁이는 물결은 문화적 '경험'과는 비교도 안 되는 엄청난 문화적 '체험'이 된다. 내가 직접 써 보고, 직접 그려 보고, 직접 연주해 보는 예술 체험. 앞으로 펼쳐질 삶에서 이런 체험은 아주 중요하게 작용할 것이다. 내가 하는 문화적 체험이 내 감탄의 원천이 되어 주기 때문이다. 이는 같은 자원으로도 훨씬 더 나를 풍부하고 풍요롭게 만드는 삶의 안전장치이자 행복의 지향점이다.

김정운 선배는 인정투쟁에서 벗어난 삶을 몸소 실천 중이다. 지금은 전라남도 여수에서 낚시 중이시다. 종종 사진을 보내 주는데 이 사람은 대체 누구인가 한참 쳐다봤다. 깔끔한 정장 수트에 나비넥타이, 다른 이들의 감탄을 자아내게 하던 선배의 스타일은 온데간데없고 거친 바닷바람에 머리는 산발인 데다가 검게 탄 거지꼴의 웬 아저씨가(선배님 정말 죄송합니다.) 자랑스럽게 직접 잡은 물고기를 들고 있다. 억지로 웃는 표정을 만들어내지도 않았는데 사진 너머 행복감이 바다향기처럼 밀려온다. 선배는 그 먼데까지 자꾸 놀러오라고 하시는데 정말이지 너무 뵙고 싶다. 날 앞에 앉혀 두고 얼마나 신나게 낚시 얘길 하실까. 선배가 풀어낼 재미난 이야기에 벌써부터 웃음이 난다.

> 대박 말고
> 완판

50대인 나에게 휠라FILA는 지나간 올드 브랜드이다. 그러나 지금 중고등 학생들은 그 사실을 들으면 깜짝 놀란다. 그들이 가장 열광하는 소위 가장 '힙'하고 '핫'한 최신 패션 브랜드로 자리 잡았기 때문이다. 추억 속 한물 간 브랜드를 이 시대에 가장 잘 나가는 브랜드로, 부활을 이끌어 낸 촉매제가 있다고 해서 궁금한 마음에 한 번 나도 사 보았다. 주인공의 이름은 '메로나 슬리퍼'였다.

휠라와 빙그레의 콜라보레이션으로 출시된 슬리퍼였다. 식품과 패션의 협업은 좀 생경스러운데 제품을 받아 보니 묘하게 잘 어울린다. 말 그대로 푸르딩딩한 메로나 색깔의 길쭉한 슬리퍼다. 3000족 정도의 한정판으로 출시했는데 눈 깜짝 할 사이에 완판되는 바람에 사고 싶어도 못 산 고객들이 구하느라 애를 먹었다고 한다. 실제로 여중생 30명이 공부하는 교실에서 보여 주면 세 명은 눈이 뒤집어져서 그날로 삼디다스와 이별을 구한다. 물론 나머지 27명은 관심조차 없다. 단지 10%만 좋아하는 물건이라니 실패한 제품이라고 봐야 하는 것 아닐까? 그렇지 않다. 적은 수의 고객이 좋아하는 물건을 적게 만들어 이윤을 남기면 되니까. 휠라의 체질 개선은 이 흐름을 이해했기 때문에 가능했다.

사실 팬데믹 이전부터 시작된 흐름이다. 지금의 젊은 시대는 새롭고 특이한 아이템에 목말라 있다. 전 국민의 90%가 알고 있고 갖고 있는 대박 제품에는 딱히 관심이 없다. 그도 그럴 것이 이들은 태어나면서부터 스마트폰을 접했으며 인터넷을 공기처럼 느껴 온 세대다. 이들은 SNS를 통해 나와 코드가 맞는 소수의 사람들을 만나는데, 그들은 멀리 떨어져 있어도 함께 호들갑 떨 수 있는 공동체가 된다. 코드가 맞는 작은 '우리'와 친해지면 가까운 곳에 있는 큰 '우리'에 굳이 신경 쓸 필요가 없다. 이들은 400번 휘저어 달고나 커피를 만들어 먹는다. 모든 사람이 다 그 고생을 할 필요는 없지만 단 걸 좋아하면 힘들어도 한다. 랜선으로 응원하며 즐거워해 줄 '우리'가 있기 때문이다.

요즘 잘 나가는 기업들은 젊은 세대들이 요구하는 바를 명확히 파악하고 있다. 진주햄, 백설 같은 올드 식품 브랜드 로고부터 유튜브에서 시작된 캐릭터까지, 젊은 세대가 열광하는 마켓에서는 이색 굿즈들이 눈에 띈다. '덕질'하기 좋은 아이템들은 주로 적은 수량으로 만들어져 온라인에서 판매되니 유통 상에서 발생하는 리스크 또한 최소화한 셈이다. 그 안에 스토리텔링까지 들어 있으면 금상첨화다.

초등학생이 직접 만든 티셔츠

테네시 대학 티셔츠

이런 제품도 눈에 띈다. 미국 테네시 대학의 티셔츠다. 플로리다에 위치한 한 초등학교에서 학생들이 가고 싶은 대학의 티셔츠를 사 입고 오라는 과제를 내 주었다고 한다. 하버드나 스탠퍼드, 예일과 같은 미국의 유명 대학교들은 로고를 브랜드화한 상품을 만들어 판다. 그 초등학교 근처 마트에서도 우리 돈 4~5천 원 정도의 가격으로 팔고 있었으니 크게 부담스러운 과제는 아니었다.

그런데 어릴 적부터 테네시 미식축구 팀의 광팬이었던 한 소년은 가난한 형편 때문에 그 5천 원짜리 티셔츠조차 사 입기 어려웠던 모양이다. 소년은 갖고 있는 옷 중에서 가장 비슷한 색깔의 티셔츠를 꺼내어 손수 종이에 그린 로고를 붙여서 갔다. 걱정할 엄마를 위해 직접 그림을 그려 입다니, 얼마나 기특하고 대견한가.

그러나 야속하게도 다음 날 아이의 티셔츠는 철없는 반 친구들의 놀림감이 되어 버린다. 울음을 터뜨리는 아이를 보며 속상했던 선생님은 기지를 발휘했다. 바로 테네시 대학에 직접 전화하여 아이의 이야기를 들려주었던 것이다. 테네시 대학 측도 이 이야기를 흥미롭게 듣더니, 아이가 만든 티셔츠를 직접 공수해 갔다. 얼마 후, 아이의 손글씨와 똑같은 모양의 로고가 박힌 티셔츠가 판매되기 시작한다. 티셔츠에 담긴 스토리도 함께 퍼져나가 4만 장 모두 순식간에 완판되었다고 한다.

사람들이 무엇을 원하는지, 어떤 것을 소비하고 싶어하는지, 영리한 선생님과 테네시 대학 모두 알고 있었다. 사람들은 이제 상품의 가격과 성능만 보지 않는다. 내가 좋아하는 상품, 내가 좋아하는 브랜드의 이미지와 스토리텔링을 원한다. want와 like가 만나는 그 지점에 신화가 만들어지는 것이다.

한때는 사람들이 명품 브랜드의 가방을 메고 있으면 빚을 내서라도, 아니 짝퉁을 사서라도, 똑같은 걸 들고 나가던 때가 있었다. 판에 박힌 듯 똑같은 디자인 속에서 안정감을 느끼며 그룹 내 지위를 확인하던 시대도 있었다. 기업들은 시장의 50% 이상을 차지하는 대박상품을 만들기 위해 혈안이었고 똑같은 설계도로 수백만 개를 찍어 낼 수 있는 제품만이 이익을 낸다고 인정받았다.

그러나 지금의 흐름은 기존의 현상들을 비웃는 것만 같다. '당신 빼고 다 샀어'나 '70년 동안 대한민국에서 가장 많이 팔린 제품입니다'와 같은 말들은 더 이상 자극이 되지 않는다. 나는 기업에 강의를 나갈 때마다 이제 '대박이 아닌 완판'의 시대라고 말한다. 완판을 좀 풀어 쓰자면 '다품종 소량 생산'쯤 되겠다. 물론 타깃은 좁아지고 고객 수는 적어진다. 그러나 그들 모두가 좋아할 제품을 만들면 실패하지 않는다. 디지털 트랜스포메이션 기술로 소비자의 요구를 실시간으로 파악할 수 있고 3D 프린팅 기술로 적은 수량도 크지 않은 비용으로 생산 가능하지 않은가.

비대면 시대에는 젊은 층뿐 아니라 기성세대도 변화한다. 혼자 있는 시간이 많아지면서 want뿐 아니라 like도 소중해지기 때문이다. 우리의 삶은 달라질 것이다. 좋아하는 것도, 원하는 것도 더욱 정교해지고 구체화될 테니까.

이제 사람들은 문화적 체험을 통해 기쁨을 찾고 want와 like 가 적절히 맞물리는 지점에서 지갑을 열 것이다. 그렇게 점차 효율적이고 적정한 삶을 즐기는 시대가 올 것이다. 만족감이 스마트해지는 사회, 개인이 중요해지는 사회, 2020년 전 세계를 아수라장으로 만든 바이러스가 우리에게 남기고 간 가르침이 아닐까.

자율성이
우리를 구원하리라

내 주변엔 사업가로서, 경영자로서, 신화에 가까운 성공 스토리를 만들어 낸 분들이 꽤 있다. 그중 한 CEO가 사석에서 나에게 물었다.

"김 교수, 리더로서 가장 중요한 능력이 무엇일까?"

순간적으로 머리가 복잡해지면서 나도 모르게 주저리주저리 온갖 지식이 나왔다.

"미래 가치와 비전을 제시하고 사람들의 협동을 이끌어 내며 창조적인 것을 알아보고, 혁신을 만들어 내는 능력이 있고….."

상대의 얼굴에 슬며시 웃음이 번지는 걸 보고 원하는 답이 아니라는 것을 깨달았지만 "…이런 것들이 리더의 요건이라 생각합니다."라고 간신히 답변을 끝마쳤다.

그분은 다시 말했다.

"김 교수 공부 헛했네. 그런 사람들이야 주위에 많으니까 잘 쓰면 되지. 내 말은 현대 사회의 리더로서 가장 중요한 능력이 뭐냔 말일세."

또 잘못 걸려들었구나, 라는 생각에 대답을 준비하고 있는데, 다행스럽게도 상대방이 먼저 답을 내놓았다.

"내가 없어도 일이 돌아가게 하는 능력, 그거 아닌가."

떵 하고 한 대 얻어맞은 듯한 기분이었다. 워낙 잘 알고 지낸 분이신지라 말만 그럴싸하게 하는 게 아니라는 것도 알고 있었다. 그분이 CEO로 있거나 리더를 맡게 되면 그 조직은 예전보다 더 빨리 퇴근하면서도 일이 잘 돌아가는 게 눈에 보였으니 말이다. 우리는 이런 조직을 일컬어 '자율적 조직'이라고 부른다.

자율적 조직. 과거에는 그저 이상적인 개념이었을지 모른다. 좋다는 것은 알지만 실제로 만들기는 어려운 조직. 솔직히 자율적으로 일하는 게 무엇인지 배울 기회조차 없었다. 그런데 이제 상황이 달라졌다. 원격근무 시대가 열린 것이다. 대부분의 학생들은 원격으로 수업을 하고, 회사원들은 집에서 근무를 한다. 선생님이나 리더 입장에서 불안하기 짝이 없다. 공부를 하고 있는지 딴짓을 하고 있는지 감시할 수도 없다. 새벽부터 일하는지 늦게까지 야근하는지 체크할 수도 없다. CCTV 달아서 보고 싶다는 말이 괜히 나오는 게 아니다. 실제로 많은 임원 분들이 스스로가 의심병 환자가 된 것 같다며 나에게 고충을 토로하기까지 한다. 그런데 역설적으로 코로나 19는 기회다. 원격근무 환경은 자율적 조직을 만들기 위한 최고의 환경이니까.

모든 사람이 어쩔 수 없이 자율적으로 일해야 한다. '자율성'이라는 요건이 강제적 필수 사항이 된 것이다. 조금 더 심하게 바꿔 말해 보겠다. 이제 자율적으로 일할 수 없는 조직은 망하는 시대가 왔다.

그렇다면 자율성은 대체 어떤 힘을 가질까? 그 본질을 살펴보기 위해 역사의 한 페이지를 들춰 보려고 한다.

제2차 세계 대전, 세계는 추축국과 연합국으로 나뉘었다. 추축국을 대표하는 일본군과 독일군은 최고의 군사력과 군기를 자랑했다. 병사들의 말과 행동은 절도 있었고 머리부터 발끝까지 흐트러짐이 없었다. 이들은 국가와 상관에게 목숨을 걸고 모든 명령을 충성스럽게 이행했다.

연합국의 미군은 어땠을까? 군기만으로 따지자면 미군은 상대적으로 형편없었다. 텐트 쳐 놓고 깡통 밥 먹는 보이스카우트 같다고나 할까. 적군뿐 아니라 우방국인 영국군에게도 군대 같지 않은 군대라며 비웃음을 당하기 일쑤였다. 그런데 실제 전투에서는 미군이 제일 잘 싸웠다. 물량이나 장비로는 다른 군대와 큰 차이가 없었다고 한다. 그런데 군기 없기로 유명한 미군에서 압도적인 승리가 연달아 이어진 것이다. 대체 왜 이런 일이 일어났을까? 학자들은 그 비밀을 '자율성'에서 찾는다.

자율의 반대는 타율이다. 일본군과 독일군이 군기를 강조하고 상명하복을 절대적으로 여기는 동안 병사들은 타율적으로 상급자의 명령만을 기다리게 되었다. 이것이 지나치면 다른 부대와의 소통과 협동이 불가능해진다.

1942년, 미드웨이 해전에서 일본 해군은 미군에게 처참하게 패배한다. 그런데 이를 수치스럽게 여겼던 일본 해군은 이 사실을 철저히 은폐하기에 이른다. 일반 국민들은 물론이요 정부와 육군 측도 실제 피해 소식을 한참 나중에 알게 될 정도였다. 실패를 덮기 위해 부상자들뿐 아니라 열심히 싸운 건강한 장병들을 전방으로 보냈고, 모든 통신을 단절시켰다. 그들 대부분은 냉대를 받다가 결국 목숨을 잃었다. 병종뿐 아니라 병과 간의 협동이 심각할 정도로 이루어지지 않아 발생한 비참한 결과인 셈이다.

미군은 달랐다. 군기가 빠진 게 아니라 적당한 자율성을 유지한 것이었다. 그 덕에 병종 간, 병과 간 연결이 활발했고 변수에 대처할 수 있었다. 미군 병사들은 자신의 지휘관이 전투 중 사망하면 옆 부대 지휘관을 찾아가 대신 지휘해 줄 것을 요청하기도 했다. 상륙 작전을 수행할 때 해병대나 보병이 적탄에 의해 쓰러지면 의무병도 아닌 공병까지 나서서 부상병들을 구출해 냈다. 그 공병이 쓰러지면 보병들이 잠시 소총을 놓고 가교나 부교를 놓는 작업을 도울 정도였다.

반대로 일본군이나 독일군은 자신의 지휘관이 사망하면 충성스러운 부하들이 따라 자결하는 상황이 즐비했다. 멀쩡히 싸울 수 있는 병사들이 스스로 목숨을 끊다니, 말도 안 되는 전투력 손실 아닌가.

이들을 통해 우리가 배울 수 있는 한 가지는 자율적인 조직은 저절로 만들어지는 게 아니라는 것이다. 수직적 위계를 벗어날 때만이 가능하다.

이렇게 되면 어떻게 자율적인 조직을 만들 수 있는지 궁금해질 것이다. 일단은 작은 대화 습관을 바꾸는 것부터 시작해 보자. 궁금한 것이 있을 때, 다른 사람에게 조언을 구하는 것이다. 회의나 업무 지시가 끝날 때쯤, 상사들이 주로 하는 말이 있다.

"알아들었지?"

"이해했지?"

이 상황에서 어떤 용기 있는 자가 "아뇨, 무슨 말씀인지 못 알아듣겠는데요?"라고 대답할 수 있겠는가. 알아들었냐는 질문은 상대의 질문을 막는다. 그런데 미군의 지휘관들은 같은 상황에서 다른 방식의 질문을 사용한다고 한다. 그들은 자신의 말이 끝난 후 상대에게 이렇게 되묻는다.

"Am I clear?"

네가 이해했는지를 묻는 게 아니라 본인이 제대로 설명했는지를 묻는다. 말 그대로 조언을 얻는 화법이다. 이해를 했으면 한 대로, 못하면 못한 대로 상대는 있는 그대로 대답할 것이다. 왜냐하면 그것이 지휘관에게 도움이 될 것이라고 믿기 때문이다. 조언을 구하는 동시에 도움이 형성되고 질문은 자연스럽게 많아진다. 퍼즐을 맞추듯 서로 부족한 부분을 맞춰 나간다. 그러면서 자율성과 협동성이 확보되고 결국 변수에 대처할 수 있는 시야가 넓어질 것이다.

그다음은 연결성을 확대하는 것이다. 많은 분들이 원격근무를 직장에서 하던 일을 온라인으로 한다고 생각한다. 맞는 말이지만 수동적인 생각이다. 상사의 감시 없이 일뿐 아니라 관계까지 확장할 수도 있다는 것을 기억하면 좋겠다.

한국은 여전히 상명하복의 수직적 조직문화를 갖고 있으니 나와 물리적으로 한 공간에 있는 상사에게 충성할 수밖에 없다. 그들은 내가 앉아서 일하는 모습뿐 아니라, 업무적으로 연락하는 사람이 누군지, 가장 많은 시간을 보내는 동료가 누군지도 지켜보고 있다. 그런데 이제 그들의 시선이 느슨해졌다. 비로소 회사 내 다른 부서, 다른 팀과 더욱 편하게 소통할 수 있는 기회가 생긴 것이다. 우리 부장님, 우리 상무님 눈치 보느라 만나지 못했던 타 조직, 심지어 더 먼 곳에 있는 다른 회사 사람과 만나는 것도 훨씬 더 쉬워진다. 감시가 느슨한 원격근무 덕에 다른 조직과의 협동까지 가능해진 상황이다.

미군은 군기와 절도가 느슨했지만 대신, 다른 부대와의 협동력이 강했다. 덕분에 새로운 문제가 생겼을 때 구성원들이 자율적으로 헤쳐 나갈 수 있었다. 우리도 그동안 시간적 거리적 비용 때문에 못 만나던 사람들과 이 기회를 통해 연결성을 갖게 된다면 이후에 생길 변수에 창조적으로 대처할 수 있을 것이다.

사람은 타율적인 환경에서는 굳이 창조성을 발휘할 필요가 없다. 시키는 것만 열심히 해도 잘했다는 긍정적 착각이 일어나게 마련이다. 물론 지시에 따라 타율적으로 하는 일은 양으로 측정하기 쉽다. 몇 개까지 했는지 몇 시간 했는지 평가는 용이하지만 일의 질이나 수준을 논하기엔 애매하다. 게다가 이런 방식에 익숙해지다 보면 새로운 일, 연결을 필요로 하는 일, 추상적인 일은 견디기 어렵다. 딱 떨어지지 않는 애매한 일에는 듣기만 해도 도전하기 싫어질 것이다.

그러나 측정조차 되지 않는 모호한 일이라도 어려움을 버티고 새로운 것을 추구할 줄 아는 사람이야말로 뛰어난 인재가 아닐까. 그동안 직장에서 상사의 번뜩이는 감시 하에 하던 일만 해 왔다면 지금이야말로 모호하고 추상적인 일에 감히 도전할 수 있는 기회가 될 것이다. 코로나 팬데믹, 나와 조직의 자율성을 키울 수 있는 절호의 찬스다.

원격수업과 원격근무에서 효율성을 높이려면?

어렸을 때 미래 세계를 상상해 보라고 하면 어김없이 화상회의와 화상수업 장면이 나왔다. 직접 학교나 회사에 가지 않아도 집에서 공부를 하고 업무를 한다는 것은 이전보다 훨씬 진보된 삶의 방식처럼 느껴졌다. 그러나 불과 몇 달 만에 SF영화 속 이야기 같았던 원격수업과 원격근무는 일상이 되었다. 어색했던 화상회의도 적응되니 해 볼 만하다는 반응이다. 인간은 역시 적응의 동물인가 보다.

온라인 회의 툴 또한 짧은 시간 안에 경쟁적으로 업그레이드되고 있다. 오프라인 회의보다 훨씬 더 우수하고 편안한 환경을 만들겠다는 시스템 개발자들의 의지가 엿보이는 것 같다. 아무래도 직접 만나서 얼굴을 보고 말하는 것만 못하겠지만 화상회의를 통해 긍정적인 변화가 이루어진 것도 사실이다. 가장 긍정적인 것은 수평적인 문화가 자리 잡혔다는 것 아닐까? 수평적 조직 문화는 크고 작은 모든 조직들이 이뤄 내야 하는 과제와도 같았다. 많은 기업들이 직급 체계를 없애기도 하고 영어 호칭을 부르기도 하며 기존의 상명하복 체제의 수직적 문화에서 벗어나고자 노력을 해 왔다. 하지만 각 그룹의 리더들을 모아놓고 아무리 교육을 하고 캠페인을 해도 쉽게 바뀌지 않는 것 또한 조직 문화다. 특히 회의는 쌍방향 소통이 되어야 한다고 아무리 강조해도 몇몇 윗사람이 회의를 독점하고 아랫사람은 끄덕이는 형태였으니 말이다.

파레토pareto 법칙이라는 말이 있다. '20%의 원인에 의해, 결과의 80%가 결정된다'는 것을 의미한다. 이 법칙이 가장 잘 적용되는 곳은 어쩌면 조직의 회의실일 것이다. 우리 회사의 회의 분위기를 떠올려 보자. 부장님이 소규모 팀을 회의실에 모아놓고 중요한 사안을 점검하며 업무의 목표와 비전을 말씀하신다. 부장님은 모두가 동의할 때까지 본인의 생각을 관철시켜 노력하고 간단히 끝날 줄 알았던 회의는 다시금 길어진다. 파레토 법칙의 20%는 회의에서 발언권을 독점하는 사람들이 차지한다. 심리학자들은 이들을 '회의 독점자'라고 부른다. 나머지 80%는 그럼 무엇을 하는가? 딱히 표현할 의사도 없으니 가만히 있으면 되겠지만, 묵묵부답으로 앉아만 있는 것도 고역이다.

그래서 무엇이든 한다. 부장님과 눈이 마주치면 반사적으로 고개를 강하게 끄덕이기도 하고, 중요해 보이는 몇 마디를 수첩에 받아 적기도 한다. 물론 영혼이라고는 찾아볼 수 없는 '가짜 호응'인 셈인데 문제는 회의 독점자가 그 행위를 강력한 동의로 받아들인다는 것이다. 사람들이 너무 열심히 경청하니까 점점 더 자신 있는 태도로 더 많은 말을 한다. 계속 거짓 호응이 생산되고 독점자의 말은 더 길어진다. 회의실의 딜레마가 이렇게 이루어진다.

물리적 위치도 무시할 수 없다. 일반적으로 회의 독점자의 20%는 회의 테이블의 가장 안쪽이자 가장 가운데 자리인 이른바 '상석'에 앉게 마련이다. 건축가 유현준 교수는 이런 상석의 정점을 종교 시설에서 볼 수 있다고 말한다. 어느 예배당이든 가로로 긴 장의자들이 같은 방향으로 늘어서 있지 않은가. 그나마 양쪽 끝에 앉으면 조심스럽게 이동할 수라도 있지, 중간에 앉게 되면 예배가 끝날 때까지 나가지도 못하고 갇힌 신세가된다. 장의자에 앉은 수많은 사람들의 시선은 단 한 곳, 예배 주관자로 향한다. 모두의 눈빛을 독점하는 환경에서 주관자는 심리적으로 상당한 권위를 느낄 수밖에 없다. 회의실의 상석도 마찬가지. 다른 참석자들 모두를 한눈에 볼 수 있으며 동시에 자신에게 집중시킨다. 물리적 위치를 선점하는 주관자는 심리적

권위를 느낀다.

그런데 다행이도 화상회의의 환경엔 이런 독점을 줄여 주는 여러 요소가 존재한다. 일단 상석이 없으니 독점자가 권력을 느끼기 쉽지 않다. 아첨 섞인 감탄사는 물론 영혼 없는 끄덕임도 없다. 그러다 보니 상급자는 일정 시간 발언을 하다가 '내가 너무 많이 이야기하나?' 하는 인식이 자연스럽게 생기게 마련이다. 발언 시간이 길어질 때 알람이 울리는 옵션까지 있다. 이렇게 되면 오히려 발언하는 사람이 없어서 문제지, 누군가가 독차지해서 문제가 생기는 경우는 드문 것이다.

사실 코로나 이전부터 내가 알고 지내던 국내외의 학자들은 온라인 회의 방식을 많이 사용해 왔다. 특히 제자들이나 후배들이 더 많은 발언권을 얻어야 하는 상황에서 의도적으로 사용했다고 한다. 자기도 모르는 사이 스스로 회의 독점자가 되는 것을 차단하기 위해서다. 이러한 메커니즘을 통해 인지적 유연성cognitive flexibility을 강화했다고 볼 수 있다. 인지적 유연성은 어떤 일의 처리 방식을 타의가 아닌 자발적으로 바꿔서 해 보는 경향을 말한다. 이 유연성이 떨어지는 개인과 조직은 기존의 관행대로 일을 하며, 약간의 변화에도 크게 저항한다. 더 나아가 조금이라도 새로운 일이 주어지면 소극적으로 대처하거나 지레 포기하기까지 한다. 따라서 인지적 유연성은 얼마 전부터 그렇게도 강조해 왔던 자율적 개인과 조직으로 가기 위한 핵심 역량이다.

　최근 들어, 기업에 계신 많은 분들이 이런 이야기를 하신다. "막상 해 보니까 원격근무가 나쁘지 않더라고요. 원격근무가 더 효율적인 직군을 발굴해서 향후에도 사무실 밖에서 근무하게 하는 방법을 고민 중입니다."

　중요하면서도 시의 적절한 고민이다. 하지만 관점을 조금 더 확장하고 유연하게 가질 필요도 있다. 이 고민은 군대로 치자면 공병, 보병, 포병 중 어느 병과를 원격근무 시키는 것이 좋은가를 고민하는 것인데 자칫 단순하고 얕은 생각으로 그칠 가능성이 크기 때문이다. 분야나 직군만이 문제가 아니다. 질문을 이렇게 바꿔 보면 어떨까?

　'인지적 유연성에 의해 자율적 변환이 필요한 일을 하는 사람이 누구일까?' 또는 '조직의 위계를 조금 느슨하게 풀어 줄 만한 부서는 어디일까?' 혹은 '기존에 없는 새로운 연결을 고민해야 하는 팀은 어디일까?'처럼 말이다. 더 나아가 '독불장군 같은 몇몇 소수의 독점에 의해 일이 진행되는 곳이 있나?'라고 질문을 바꿔볼 수도 있겠다. 그렇게 되면 같은 인물이나 팀이 해당되는 경우도 있고 해당되지 않는 경우도 있으며 관찰 내용이 지속적이고 다각적으로 바뀔 것이다. 이런 질문들에 바로 대답할 수 있는 기준을 가지고 있거나 지속적으로 만들어가는 조직이라면 빠른 시일 내에 매우 큰 힘을 발휘할 가능성이 크다.

대학의 원격수업 역시, 익숙하지 않은 건 교수들도 마찬가지였다. 그러나 이제는 다르다. 예전에는 엄두도 내지 못했던 연결과 협조를 과감하게 시도하고 있다.

몇몇 외국 교수들은 자신의 원격수업에 한국인인 나를 잠시 초대해서 잠시 대화를 나누기도 했다. 학생들의 눈이 반짝이는 것이 단박에 느껴졌다. 뉴스에서도 외국 특파원이 등장하면 생동감이 느껴지는데 한국의 교수가 외부 연사처럼 등장하니 잠이 확 깨지 않았을까?

한 번 경험한 후에는 다른 친한 국내 교수들과의 교류도 과감하게 이루어졌다. 이제는 "언제든지 서로 부릅시다. 각자 더 전문적인 분야가 있으니까요."라는 연락이 자연스럽다. 국내 교수뿐 아니라 어렵기만 했던 외국의 석학들에게도 스스럼없이 말을 걸게 되었다. 이전에는 격식을 차리느라 불편하고 어려웠던 연결이 참 쉬워진 것 같다. 학생들에게 도움이 될 뿐 아니라 스스로에게도 자극이 되는 게 느껴진다. 탈권위적이면서도 자연스러운 연결이 코로나 팬데믹을 통해 이루어진 것이다.

원격근무 잘하기 비법 정리

원격근무를 하다 보면 어떤 식으로는 IT 기기를 통해서 조직의 구성원과 소통하게 되어 있다. 그것을 이용하여 원격근무의 효율을 높일 수 있는 몇 가지 팁을 소개하고자 한다. 이 팁들은 일종의 의식이며 뇌를 긍정적으로 속이는 작지만 재치 있는 조치들이다.

첫째 인간의 몸과 마음은 하나다. 중요한 이야기나 내용이 있다면 그 때마다 자세를 바로잡아야 한다. 일어나는 것도 매우 좋다. 그러면 몸이 알아서 기억을 해 준다. 신체적 자세와 인지적 과정의 관련성은 아무리 강조해도 지나치지 않다.

둘째 오프라인 회의에서는 중요한 걸 놓쳤을 때 동료에게 확인하거나 물을 수 있지만 온라인 회의에서는 불가능하다. 이럴 땐 나만의 동료 하나를 옆에 두어야 한다. 스마트폰의 녹음기를 켜 놓고 중요한 내용은 그때그때 말을 해 놓는 것이다. 중요한 사항은 나중에 녹음 내용을 다시 들으면서 추려 내는 습관이 필요하다.

셋째 컴퓨터로 게임이나 웹 서핑을 하면서 회의나 일을 시작하는 경우도 있다. 이러면 우리 뇌는 그 행동들과 일을 잘 구분하지 못한다. '자 이제 일을 시작하자'라고 생각했다면 잠시 방 밖으로 나가 몇 분이라도 몸과 머리를 식히고 들어오길 바란다. 마치 휴게실에서 사무실에 들어가는 것처럼 말이다. 이것만 가지고도 우리 뇌에 적절한 암시를 줄 수 있다. '나 지금부터 일한다'라고 말이다.

넷째 화면을 향한 나의 눈의 각도와 거리가 어떤 일을 하는가와 밀접하게 관련이 있다. 거시적이고 포괄적인 일은 일어서서 아래로 화면을 내려다보는 자세를 취하면 더 잘 된다. 꼼꼼하게 해야 하는 일은 모니터를 약간 올리고 얼굴을 조금 더 가깝게 해 하면 더 잘된다. 믿기 어려우시겠지만 이를 밝혀낸 연구들이 굉장히 많다.

다섯째 키보드와 볼펜을 각기 다른 목적으로 써라. 내용을 최대한 들은 대로 놓치지 않고 남기려면 키보드가 좋다. 하지만 핵심을 추려 내는 데는 펜이 더 좋다. 타이핑은 빠르고 필기는 느리기 때문이다. 빠른 도구는 있는 그대로 옮기는 데 유리하다. 느린 도구는 자연스럽게 핵심만 남기는 데 더 적합하다.

코로나 팬데믹,
실패를 축하하라

1970년대, 세계 컴퓨터 산업을 주름잡던 기업가 중에 케네스 올센kenneth Olsen이라는 사람이 있다. 미국의 컴퓨터 회사인 디지털 이퀴프먼트Digital Equipment를 설립했는데, 이 당시만 해도 지구상에 존재하는 거의 모든 상업용 컴퓨터의 독점권은 이 디지털 이퀴프먼트가 갖고 있었다. 지금으로 치자면 빌 게이츠나 스티브잡스를 능가하는 영향력이 아닐까 싶다. 그런데 안타깝게도 오늘날 케네스 올센의 이름을 기억하는 사람은 많지 않다. 독자들에게도 디지털 이퀴프먼트라는 회사는 생소하게 들릴 것이다.

한창 때의 그는 미래를 다음과 같이 예견했다고 한다.

"다가올 미래에 절대적으로 만들어지지 않을 시장이 있다. 바로 PC(퍼스널 컴퓨터) 시장이다. 컴퓨터는 그 자체로 상업용이다.

개인이 컴퓨터를 가지고 있을 이유가 전혀 없지 않은가."

지금 들으면 코웃음이 나는 어리석은 예측이다. 지금 우리는 집집마다 개인마다 컴퓨터 하나씩 소유한 세상에 살고 있으니 말이다. 최고의 성공을 거둔 그가 이처럼 엉뚱한 예견을 내놓은 탓에 당대 최고의 기업이었던 디지털 이퀴프먼트는 역사 속으로 조용히 사라지고 말았다.

미래는 상상 이상의 속도로 변화한다. 그러나 그것을 민감하게 느끼고 예측하는 것은 쉽지 않다. 스페인의 조르디 쿠아드박 Jordi Quoidbach 교수와 미국 하버드대의 댄 길버트Dan Gilbert 교수는 미래 변화에 대한 사람들의 생각을 연구했다. 다양한 연령대의 사람들에게 "지난 10년간 세상이 얼마나 변했는가?", "또, 앞으로 다가올 10년 동안 세상이 얼마나 바뀔 것 같은가?"라는 질문을 던지고, 답변을 분석한 것이다.

모든 연령대에서 공통적으로 미래 10년간 다가올 변화가 지나온 10년에 비해 3분의 1 수준으로 낮을 것이라고 예측했다. 역시 사람들은 변화를 좋아하지 않는 습성이 있었나 보다. 그런데 좀 더 자세히 들여다보면 이 변화를 특별히 싫어하는 부류가 존재했다. 나이가 많을수록, 가진 게 많을수록, 그동안 큰 성공을 이룬 사람일수록 변화의 폭을 적게 예측한 것이다. 그들의 머릿속엔 '세상은 쉽게 변하지 않아. 그러니 내 업적 또한 쉽게 변하지 않을 거야'라는 믿음이 강하게 자리 잡은 것이다.

연구 결과를 증명이라도 하듯 한 시대를 대표하는 성공 신화의 주인공들은 어이없는 미래를 당당하게 예견하곤 했다. 80년대의 빌 게이츠Bill Gates는 "640KB면 모든 사람에게 충분한 메모리 용량이다."라는 유명한 말을 남겼고, 미국 특허청장 찰스 듀엘Charles H. Daell은 1989년에 "인간이 발명할 수 있는 것은 모두 다 발명되어 이제 더 이상 발명할 것이 없다."라고 단언했다. 라디오 개발의 후견인이자 영국 체신부의 최고 엔지니어 윌리엄 프리스William Preece는 "수많은 하인들이 메신저 역할을 하는 영국에는 전화기가 필요하지 않다."라고 자신 있게 밝혔다. 2000년대를 사는 우리로서는 말도 안 되는 소리다. 그러나 성공에 취해 바보 같은 대처를 하는 경우는 생각보다 많다. 직전의 큰 성공은 미래를 과소평가 하게 마련이니까.

'마지노선'이란 단어를 들어봤을 것이다. 절대 넘을 수 없는 마지막 선이란 의미로 일상에서 많이 쓰인다. 실제로는 제2차 세계대전에서 프랑스가 만든 요새를 말한다.

제1차 세계대전에서 뼈아픈 패배를 경험한 독일군은 전쟁 후 강력한 탱크를 제작하는 데 심혈을 기울인다. 그리고 그 탱크를 이용해 제2차 세계대전에서 압승을 거둔다. 그러나 1차 대전에서 성공을 거둔 유럽 연합군의 생각은 달랐다. 특히 독일과의 전투에서 전승을 거둔 프랑스의 장교들은 이렇게 예견하기까지 했다. "앞으로 유럽에서 전쟁이 일어나면 탱크와 비행기는 무기로 사용되지 않을 것이다."

그 예견에 따라 프랑스군은 탱크가 아닌 다른 것을 준비했다. 프랑스와 독일 국경선에 공사비만 160억 프랑이 넘는 거대한 콘크리트 구조물로 요새를 세운 것이다. 이 콘크리트 덩어리의 이름이 바로 '마지노선'이다. 프랑스군은 이 마지노선이 그 누구도 넘지 못하는 완벽한 방어벽이라 자부했다. 하지만 결과는 싱겁고도 처참했다. 독일은 프랑스로 곧장 쳐들어오지 않고 벨기에를 거쳐 프랑스를 침공해 버린다. 마지노선을 우회하여 들어온 탓에 최후의 방어선은 무용지물로 전락한 것이다.

역사를 살펴보면 막상 중요한 교훈은 성공이 아닌 실패에 숨어 있다는 것을 알 수 있다. 실패를 자세히 들여다보고 분석하는 것이 중요하다는 것을 알지만 생각보다 많은 사람들이 실패를 무시하곤 한다.

위대한 업적을 이룬 위인들의 이야기는 책으로 만들어지지만 실패한 이들에 대한 책은 찾을 수 없다. 서점에 가도 성공 스토리를 다룬 코너가 따로 있을 정도지만 실패 에피소드를 엮은 책은 보이질 않는다. SNS에도 잘 나가는 순간의 기록은 넘쳐난다. 그러나 실패한 이야기는 꽁꽁 숨긴다.

시카고대 부스 경영대학원 아옐렛 피시바흐Ayelet Fishbach 교수 연구진은 '실패'를 주제로 연구를 진행했다.[12] 이들의 논문을 읽어보면 우리가 예상하는 것보다 훨씬 더 많은 사람들이 실패를 멀리한다는 것을 알 수 있다. 구글에 success라는 단어를 치면 12억 8천만 개의 결과가 나오지만 failure를 검색하면 절반에도 못 미치는 5억 5천 3백만 개밖에 나오지 않았다.

부정적인 소식을 주로 다루는 신문이나 뉴스는 다르지 않을까? 그러나 뉴욕타임즈의 기사를 모두 조사해 보아도 성공에 관련된 소식이 실패 소식보다 거의 두 배 이상 많았다고 한다. 승자와 패자가 필연적으로 존재하는 스포츠 섹션도 마찬가지. 이겼다는 이야기가 더 많이 나왔으며 패배에 대한 기사는 상대적으로 중요하게 다루어지지 않았다.

살다 보면 성공은 어쩌다 한 번이고, 거의 대부분이 실패의 연속인데 어째서 이런 일이 발생하는 것일까? 연구진은 이 비밀을 밝히기 위해 미스테리 상자라는 이름의 심리학 실험을 진

---

12   L. Eskreis-Winkler & A. Fishbach (2020). "Hidden failures". *Organizational Behavior and Human Decision Processes*, 157, pp. 57-67.
       논문의 제목이 마치 문학 작품 같다. "숨겨진 실패들 (Hidden Failures)."

행했다.[13]

영국의 온라인 플랫폼인 프롤리픽prolific을 통해 100명의 실험 참가자를 모집하고, 한 명씩 따로 만나 세 종류의 상자를 보여 주었다.

첫 번째 상자 안에는 80센트가 들어 있다. 이 상자를 고르면 참가자는 우리 돈으로 약 800원을 딸 수 있다. 두 번째 상자에는 20센트가 들어 있다. 고르는 즉시 200원을 갖게 되는 상자다. 마지막 상자는 반대로 1센트를 잃는 상자다. 그 상자를 선택하면 참가자는 10원을 잃게 된다.

연구진은 참가자에게 세 가지 상자를 보여 주고 그중에서 두 가지를 고를 수 있다고 말한다. 그런데 실험을 위해 첫 번째 상자는 미리 선택할 수 없게 조작을 해 두었다. 참가자가 어떤 상자를 고르든 200원을 벌거나 10원을 잃게 되는 일종의 몰래 카메라인 셈이다.

실험은 지금부터다. 상자를 고르고 결과를 확인한 참가자에게 연구자가 묻는다.

"다음 참가자가 유리한 선택을 할 수 있도록 이 상자 중 하나의 위치를 알려 줄 수 있습니다. 당신은 어떤 상자를 알려 주시겠습니까?"

---

13   L. Eskreis-Winkler & A. Fishbach (2020). "Hidden failures". *Organizational Behavior and Human Decision Processes*, 157, pp. 57-67.

거의 대부분의 사람들은 20센트를 딸 수 있는 상자의 위치를 알려 주겠다고 대답했다. 그런데 이게 정말 최선의 선택일까? 1센트를 잃는 상자의 위치를 알려 주는 게 낫지 않을까? 그 위치를 알려 주면 다음 사람은 세 번째 상자를 선택에서 배제할 것이다. 그 덕에 80센트를 벌거나 20센트를 벌 수 있다. 하지만 20센트를 따는 상자 위치를 알려 주면 1센트 잃는 상자를 고를 수도 있다. 논리적으로 생각하면 실패에 해당하는 위치를 공유하는 게 이익인데도 사람들은 굳이 성공을 전달하고 싶어 했다.

실험은 계속되었다. 이번에는 당신이 제공한 정보로 인해 다음 참가자가 좋은 결과를 내면 인센티브를 주겠다는 약속을 했다. 그럼에도 불구하고 많은 사람들이 20센트를 딴 상자 위치만 알려 주고자 했다. 이번에는 실험을 기다리는 다음 참가자에게 물었다. '어떤 상자의 위치를 알고 싶나요?' 그들 역시 '20센트가 들어 있는 상자 위치'라고 답했다는 것이다.

이는 성공과 실패에 대한 사람들의 명백한 심리를 읽을 수 있는 실험이다. 실패의 경험을 나누는 것이 분명한 이득임에도 정작 듣고 싶은 것은 화려한 성공 이야기다. 실패담은 경험한 사람도 알려 주기 싫고, 듣는 입장에서도 피하게 된다.

다시 제2차 세계대전 이야기를 해 보자. 영국군은 독일군과의 전투를 위해 100대의 전투기를 출격시켰다. 그중 50대 정도는 살아 돌아왔다. 물론 곳곳에 무수한 총탄 자국을 남긴 상태였다. 영국군은 다음 전투에 대비하여 총탄 구멍이 난 위치를 열심히 보완하고 강화했다. 꼼꼼히 재정비를 해서 내보냈음에도 다음 전투 역시 절반밖에 돌아오지 못했다. 무엇이 잘못된 것일까? 생각해 보자. 다시 돌아온 50대는 일정 부위에 총탄을 맞았는데도 멀쩡히 살아 돌아왔다. 그렇다면 그 부위는 굳이 보강할 필요가 없는 게 아니었을까? 돌아오지 못한 전투기가 어느 부위를 맞고 추락했는지가 중요한 것이었다.

영국군은 뒤늦게 격추된 비행기의 잔해를 수거하여 살펴보았다. 역시나 미처 발견하지 못한 치명적인 약점 부위가 있다는 것이 밝혀졌다. 그곳을 보강한 후에야 생환율을 높일 수 있었다. 실패는 성공보다 중요하다. 실패를 직면할 때 비로소 우리는 배울 수 있다.

많은 사람들이 유래 없는 팬데믹으로 모든 것이 실패했다고 고백한다. 꼼꼼하게 계획했던 것들은 수포로 돌아가고 인생의 중요한 순간들을 덧없이 날려 버리기도 했다. 거리의 점포들이 문을 닫았고 오래 준비해 온 사업이 망했다. 많은 개인과 기업들이 미처 대비하지 못한 상태에서 감당하기 힘든 좌절을 경험하고 있다. 아프고 힘든 시절이다. 그리고 그만큼 많은 이들이 고민하고 질문한다. '어떻게 해야 성공할 수 있을까?'

나는 이분들에게 감히 실패를 소중하게 받아들이라고 말씀 드린다. 뛰어난 바둑기사는 대국이 아닌 복기에서 결정된다. 잘못된 결과가 나온 후, 어떻게 기록하느냐가 이기는 것보다 중요하다는 얘기다. 큰 실패를 맞이했다면 주저하지 말고, 기다리지 말고, 지금 당장 기록으로 남기고, 비슷한 사례를 검색하여 공부하자.

아울러 당장 큰 성공을 거둔 사람에게 배우지 말라고 조언 드린다. 그보다는 실패를 경험한 이들을 내 편으로 만드는 것이 중요하다. 우연히 피해갔던 본질적 약점을 정확하게 파악해야 성장이 가능하기 때문이다.

물론 누구나 실패도 하고 성공도 한다. 중요한 것은 성공은 '기술'하고 실패를 '설명'하는 태도다. 기술은 있는 그대로 열거하거나 기록하여 서술하는 것을 말한다. 설명은 상대방이 잘 알 수 있도록 밝혀 말하는 것이다.

대부분의 사람들은 성공 이야기를 들려줄 때 스스로를 주인공으로 삼는다. "그때 내가 정말 열심히 노력했지. 잠도 안 자고 말이야."라며 자랑이 시작된다. 반대로 실패담을 이야기할 때는 자기는 쏙 빠진다. "그때 상황이 그럴 수밖에 없었던 게…"로 시작하며 배경 요인을 탓하게 마련이다.

그런데 반대로 말하는 사람이 있다면 그는 분명 좋은 스승이 될 것이다. 성공에 있어서는 "그때 내가 참 운이 좋았어."라며 주변 요인을 '기술'하고 실패담에 앞서 "그때 내 문제가 뭐였냐면 말이야…"라며 나를 주인공으로 삼아 깊이 있게 '설명'하는 것이다. 이것은 단순한 겸손함이 아니라 원인과 결과를 바라보는 시선과 태도의 차이다.

쓰라린 실패에 대해 누구나 솔직하게 이야기할 수 있는 문화, 멋지게 나누고 축하할 수 있는 분위기, 상대의 실패를 조롱하거나 처벌하지 않고 소중한 경험으로 대우해 주는 지혜를 갖고 있는 조직이라면 분명 성장할 것이며 어느 순간 성공 또한 맞이할 것이다. 우리가 우러러 보는 누군가의 업적도 모두 지난날의 실패에서 시작되었다. 코로나 팬데믹, 지난 실패를 소중하게 바라보고 축하하는 기회로 삼으면 좋겠다. 실패는 우리의 데이터베이스다.

팬데믹 이후의
공동체

3장
_____

emotion _____

untact _____

community _____

happiness _____

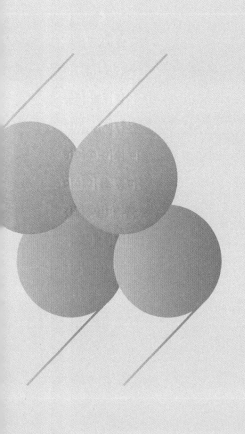

마스크를 써야 할 때와
벗어야 할 때

지난 수개월 동안 '마스크'라는 단어만큼 위상이 높아진 말이 또 있을까? 한때 낯설고 거리감이 느껴졌던 마스크는 오늘을 사는 우리에게 가장 절대적이고 친숙한 존재가 되었다. 팬데믹 초기에는 돈이 있어도 구하지 못하는 귀한 물건이었다. 지금은 외출할 때 지갑이나 스마트폰보다 더 먼저 챙기는 필수품이다. 하루 종일 쓰고 있다 보면 불편하고 답답하지만 이 얇은 한 장의 물건이 내 건강을 지켜 주는 유일한 방어막이라는 생각에 의지하게 된다. 피부와 종일 밀착되다 보니 어떨 땐 나의 일부처럼 느껴진다. 이제 마스크로 반쯤 가리지 않은 사람의 얼굴을 마주할 때면 꾸미지 않은 민낯을 훔쳐본 것처럼 덜컥 놀라기까지 한다.

　마스크는 우리가 잘 알고 있듯이 '병균이나 먼지 따위를 막기 위하여 입과 코를 가리는 물건'이다. 그런데 이 뜻 말고도 다른 사전적 의미가 포함되어 있다.

첫 번째는 가면이다. '얼굴을 감추기 위해 나무, 종이, 흙 따위로 만들어 얼굴에 쓰는 물건' 말이다. 살아가면서 우리는 어쩔 수 없이 여러 가지 가면을 쓴다. 사회적 상황에 따라 감정을 속이기도 하고, 진짜 나를 숨기기도 한다. 마치 광대가 무대에서 여러 개의 가면을 번갈아 쓰듯 우리도 여러 개의 자아로 '나'라는 인물을 연기한다.

마스크의 또 다른 의미는 말 그대로 '얼굴 생김새'다. 얼굴의 골격과 눈, 코, 입의 위치 등 사람이 타고난 그 자체의 얼굴을 뜻한다. 가리는 물건과 가려지는 것이 동일한 단어로 표현된다는 게 의미심장하게 느껴진다.

팬데믹 시대의 마스크는 이런 여러 가지 의미를 모두 담은 중요한 언어가 되었다. 방역을 위해 필수적으로 쓰고 있지만 반 정도 가려진 내 모습이 남들에게 어떻게 보일지 궁금해한다. 마스크를 꾸미는 패션 액세서리까지 유행하고 있다. 나를 지켜 주는 보호막이자 가면, 그리고 내 얼굴 자체인 마스크는 이제 나를 표현하는 도구 중 하나일지도 모른다. 마스크 없이 생존이 불가능한 사회에서 나는 어떤 심리적 마스크를 쓰고 있는가? 그리고 그것을 벗어야 할 때는 언제일까?

마스크를 써야 할 때

현대 사회를 살고 있는 우리는 여러 개의 심리적 마스크를 구비할 필요가 있다. 상황에 맞춰, 조건에 맞춰 다양한 가면을 갈아 쓰는 것이다. 과거에는 한 사람이 하나의 정체성으로 삶을 이어나가는 것이 가능했다. 또한 언제 어디서나 일관적인 태도를 유지할 것을 교육받기도 했다. 그러나 세상은 달라졌다. 이제 사회의 다양한 면모에 맞춰 여러 개의 자아로 살아갈 것을 요구한다. 이와 같은 현상은 인간의 장수와도 연관이 크다.

인류의 수명은 과거와 비교하기 어려울 정도로 길어졌다. 사람이 이 정도까지 오래 살다니, 인류 역사상 처음 맞이하는 사건이다. 불과 100년 전만 하더라도 인류의 4분의 3은 채 50세를 넘기지 못하고 세상을 떠났다. 그보다 더 100년 전인 1800년대엔 40세조차 넘기지 못했다. 어떤 학자들은 1만 년 전 인류의 90%는 스무 살을 넘기지 못하고 사망했다고 추정하기도 한다. 짧은 수명으로는 여러 개의 자아로 살아가기 어려웠다. 지금은 '호모 헌드레드Homo Hundred'라는 말로 백세 시대를 표현한다. 두 배 이상 길어진 일생에서 여러 개의 자아는 필수적이다.

게다가 사회는 훨씬 더 복잡해졌다. 과거 농경 사회에서 농부는 농사를 짓고 어부는 고기를 잡았다. 귀족은 사람을 부렸고,

노예는 지시에 따랐다. 주어진 역할과 요구되는 활동이 단순했다. 현대의 한국 사회는 엄청난 양과 빈도의 사회적 접촉을 필요로 한다. 오프라인뿐 아니라 온라인에서도 마찬가지다. 모바일과 피씨마다 열려 있는 메신저 창의 개수를 보자. 그 창의 개수만큼의 역할과 자아를 요구받는 게 아닐까? 앞으로 남은 시간을 얼마나 더 많은 역할과 자아로 살아 나가야 할지 가늠조차 되지 않는다. 놀라울 정도의 확장성이며 인류에겐 처음 맞이하는 현상이다. 이와 관련된 삶의 지침이나 조상들의 가르침을 찾아보기도 어렵다.

최근 방송가의 가장 핫한 키워드 중 하나가 '본캐'와 '부캐'다. '멀티 페르소나'라는 용어가 사람들 입에 자주 오르내리기도 한다. 이와 같은 용어들은 모두 심리적 마스크를 의미한다. 아마 여러 개의 자아는 앞으로 우리의 일상이 될 것이다. 부캐 열풍은 이를 테스트해 볼 수 있는 좋은 시뮬레이션 기회라고 생각한다.

온라인이든, 오프라인이든 새로운 환경에 들어가면 기존에 활동했던 나의 캐릭터를 깨끗이 지울 필요가 있다. 이를 잘 실천하는 사람들이 이른바 '계급장 뗄 줄 아는' 사람들이라고 말하고 싶다. 물론 높은 계급 낮은 계급 모두를 포함한다. 직장에서는 높은 위치의 상사라 할지라도 새로 들어간 동호회에서는 신입 단원다운 겸손한 태도를 취하는 사람, 집안의 막내라도 모임의 회장을 맡으면 어리광 따위 부리지 않는 사람. 우리는 이처럼 다양한 부캐를 부여하면서 나를 정의해 왔던 계급장을 손쉽게 떼어낼 수 있다.

나를 바꾸는 연습은 특히나 한국 사회에서 꼭 필요하다. '우리 부인', '우리 아빠' 등 엄연히 '나의' 소유인 것에도 '우리'라는 1인칭 대명사를 서슴없이 쓰는 한국인 아닌가. 이는 앞서 지적했듯이 주변국에서도 좀처럼 찾기 어려운 언어습관이다. 관계주의가 우리를 얼마나 강하게 지배하고 있는지를 보여 주는 단면이기도 하다. 문제는 '우리'가 '나'를 강하게 짓누를 때 창의성이 발현되기 어렵다는 것이다. 주변의 눈치나 분위기를 살피다 보면 관습을 벗어나는 게 좀처럼 쉽지 않다. 이럴 때 필요한 게 바로 부캐가 아닐까? 지금 설정된 캐릭터에만 몰두하다 보면 시야가 좁아지고 분명해질 수 있으니까.

사회적 거리두기로 기존의 관계와는 다른 새로운 방식의 인간관계가 형성되고 있다. 취미나 관심사만으로도 전혀 다른 종류의 '우리'가 온라인 세상에서 만들어지기도 하고, 핵심 관계라고 생각했던 사람들과의 거리가 느슨해지기도 한다.

시게히로 오이시Shigehiro Oishi 미국 버지니아대 교수와 셀린 케세비르Selin Kesebir 런던 경영대 교수 팀은 사람들이 맺는 관계의 성향에 대해 오랜 시간 연구해 왔다. 그들이 내린 결과는 다음과 같다.[14] 가난하고 이동이 적은 집단일 경우, 가까운 친구와 동료에게 시간과 노력을 집중한다. 이는 안전에 대한 기본 욕구를 충족시킬 뿐더러 삶의 질을 유지하는 데 도움이 되기 때문이다. 그러나 부유하고 이동의 양이 많은 사회에서는 상황이 달라진다. 가까운 사람에게만 몰입하는 것은 오히려 독이 되기 때문이다. 다양한 네트워크의 인물들에게도 시간과 에너지를 써야 한다. 이를 통해 더 많은 기회를 찾고 창조성을 발휘할수 있으며 아울러 행복해질 수 있기 때문이다. 즉, 유비, 관우, 장비처럼 도원결의로 맺어진 몇몇 사람들에게 집착하면 적응할 수 없다는 말이다.

멀고 느슨한 관계의 인물들에겐 생각지 못한 장점이 있다. 내가 처한 상황과 문제를 더 객관적으로 봐준다는 것이다. 나 역시 어려운 상황에 처했을 때 많은 친구들의 도움을 받았다. 물론 나의 정서를 이해하고 심리적으로 힘이 되어 준 것은 자주 만나는 가까운 친구들이었다. 그런데 기발한 아이디어로 뜻밖의 실마리를 준 사람들은 아주 가끔 연락하는 사람들이었다. 나의 본캐가 아닌 부캐로 만난 사람들을 통해 묘수를 찾았다고 봐도 무방할 것이다.

---

14   S. Oishi & S. Kesebir (2012). "Optimal social network strategy is a function of socio-economic conditions". *Psychological Science*, 23, pp. 1542-1548.

나와 타인의 생명과 안전을 위해 반드시 마스크를 써야 하는 시대다. 아니, 오히려 물리적 만남을 자제해야 하는 시기다. 이럴수록 평소엔 엄두도 내지 못했던 사람들과 원격 형태의 다양한 만남을 가져 보는 건 어떨까? 내가 심리적 마스크를 쓰는 것과 마찬가지로 다른 사람들 또한 다양한 마스크를 쓰고 나를 만날 것이다.

그 과정에서 잘 안다고 생각했던 사람의 새로운 모습을 발견할 수도 있다. 선배가 후배처럼 겸손한 모습을 보이고, 진지했던 이가 전에 없던 유머 감각을 발휘하며, 혼자 말하길 즐기던 사람이 경청하는 자세를 취할 수도 있다. 절대 이상한 일이 아니다. 마스크를 무조건 거짓이라 생각할 것도 아니다. 이 모든 것들은 한 인간에게 내재된 다양한 모습이기 때문이다. 가장 많이 쓰던 본캐라는 두꺼운 마스크에 가려져 나오지 못한 새로운 자아를 만나는 것이다.

마스크를 벗어야 할 때

심리학 용어 중에 '가면 증후군'이라는 말이 있다. 우리말로 쉽게 가면으로 번역했지만 실제 용어는 'imposter syndrom'으로, 1970년대 후반, 조지아 주립 대학의 심리학자 폴린 클랜스Pauline Clance와 수잔 임스Suzanne Imes 교수에 의해 처음 이

름 붙여진 현상이다. 자신의 성공으로 얻은 부와 명성이 사실은
운에 의한 것이었고, 스스로가 과대평가 받고 있다는 생각, 그
리고 언젠가는 자신의 능력과 자질이 들통날 거라는 불안감을
뜻한다.[15]

눈에 띄는 성공을 이룬 사람들에게 주로 나타나며, 생각보다
많은 유명인들이 이 가면 증후군으로 고생한 것으로 알려져 있
다. 나탈리 포트만Natalie Portman이나 엠마 왓슨Emma Watson 같
은 배우들뿐 아니라 페이스북 최고운영책임자인 셰릴 샌드버
그Sheryl Sandberg가 그 예다. 이들 모두 이름만 들어도 고개를
끄덕일 정도로 큰 성공을 이뤄 낸 인물들이다. 하지만 그들의
이면에는 극심한 불안이 존재했다. 그로 인해 본인과 주변 사람
들 모두 길고 어두운 침체기를 보내기도 했다. 예전에 이 증상
은 주로 여성에게 많이 관찰되었다. 그러나 최근에는 남성들에
게도 쉽게 나타난다고 한다.

군이 유명인이 아니더라도 큰 성공을 거둔 후에 일정 기간 침
체되는 경험은 주변에서 흔히 발견할 수 있다. 물론 탄력을 받
아 더 큰 성공으로 연결되는 경우도 있지만 갑자기 자신감이
꺾이거나 위축되는 사람들이 꽤 많다. 오죽하면 '두 번째 성공

---

15   P. R. Clance & S. A. Imes (1978). "The imposter phenomenon in high achieving
      women: dynamics and therapeutic intervention", *Psychotherapy: Theory, Research and
      Practice*, 15(3), pp. 241–247.

은 불가능하다'는 말이 나오겠는가?

왜 이런 현상이 반복되는 것일까? 성공 후 너무 커져 버린 주위의 기대감이 부담스럽기 때문일까? 그것도 맞는 말이다. 누구나 생각할 수 있는 당연한 원인이다. 그러나 심리학자들은 이런 현상의 가장 큰 원인은 '과도한 노출'로 보고 있다. 사람에겐 누구나 사적 영역이 필요하다. 아무리 집단 속에서 어울리는 것을 즐기는 사람이라도 적정한 시간 동안 혼자 있어야 한다. 그 시간과 공간에서 자신을 진정시키고 다독일 수 있기 때문이다. 그 영역을 거친 후에 다시 다른 사람들 앞에 나설 수 있다. 그런데 큰 성공을 한 경우 사적 영역이 갑작스럽게 줄어들게 마련이다. TV에 나오는 연예인만 해당되는 얘기가 아니다. 일상적으로 사회생활을 하고 있는 평범한 사람들에게도 마찬가지로 벌어지는 현상이기 때문이다. 사적 영역이 줄어들 때 증폭되는 심리기제는 '불편함'과 '불안감'이다. 그런데 앞에서도 이야기했듯 불안은 전염성이 강하다는 특징이 있다. 전혀 무관한 다른 일에도 불안이라는 감정은 삽시간에 번진다. 모든 일에 자신감이 없어지고 나쁜 결과부터 상상하게 되는 것은 당연한 수순이다.

최근 큰 성공이나 성취를 거둔 사람이라면 잠시 혼자만의 시간을 가져야 한다. 일정한 시간 동안 남들의 시선에서 벗어나 홀로 머물 시간과 공간 속으로 들어가야 한다. 그러나 대부분의 사람들은 이 점을 간과한다. 불안한 마음에 더욱 사람을 만나고 관계의 깊은 곳까지 들어가는 것이다.

또 다른 원인은 '회피동기'다. 쉽게 말해 좋은 것을 갖고 싶은 마음을 '접근동기'라고 한다면, 나쁜 것을 막아 내고 싶은 욕구를 '회피동기'라고 설명할 수 있겠다. 직전에 큰 성공을 이룬 사람들이라면 당연히 남들보다 강한 회피동기를 지니게 될 것이다. 인간이라면 누구나 자기가 이룩한 성과를 지속시키고 싶어 하기 때문이다. 이들은 세상이 빠르게 변하는 것도 두렵다. 지금 이 상태가 유지되면 좋겠고, 새로운 것을 시도하는 것도 겁이 난다. 변화에 대한 적응력은 떨어지게 마련이다. 그렇기 때문에 두 번째 성공이 어렵다고 하는 것이다.

그렇지만 이것은 본인의 생각일 뿐이다. 주변에서는 성공을 거둔 이들을 가만두지 않으니까. 더 큰 일을 맡기고 싶어 하고 새로운 것을 추구하라며 자극한다. 성공의 요인을 궁금해하고 앞으로 다가올 미래를 예측해 달라고 요청한다. 그리고 큰 존경심과 기대감을 표현한다. 이 모든 것들은 당사자에겐 또 다른 불안 요소로 다가와 더욱 고통스럽게 마련이다.

직전에 큰 성취를 거둔 분들에겐 마스크를 벗으라고 조언을 드리고 싶다. 일단 사람들 틈바구니를 벗어나 혼자만의 시간을 가져야 한다. 마스크를 내려놓고 진짜 자신을 마주한 순간, 불안감은 줄어들고 새로운 정신적 에너지를 찾을 수 있다.

그리고 미래 예측에 대한 말은 피하라고 권하고자 한다. 앞으로의 전망을 이야기해 달라는 질문 앞에서 솔직하게 "잘 모르겠습니다."라고 말할 줄 알아야 한다. 사람들이 당황할 수도 있고 실망할 수도 있다. 그러나 그 상황을 두려워해서는 안 된다.

새로운 일에 도전할 때는 작은 일부터 시작해 보자. 내가 성취한 분야와 다소 동떨어진 일이어도 좋다. 오히려 나의 관점을 재정비하는 데 도움이 될 것이다.

사람으로 북적이는 거리에서 벗어나 나만의 방으로 돌아올 때, 우리는 마스크를 벗는다. 감염예방 도구인 마스크뿐 아니라 심리적 가면 또한 벗어던지자. 가볍게 민낯을 드러내는 절대 시간과 공간을 가져야 한다. 내가 이룬 성취 때문에 불안하다면 더더욱 필요하다.

우리 곁의
소시오패스

공리주의와 가성비

브레이크가 고장 난 열차가 무서운 속도로 달려가고 있고, 선로 앞에는 다섯 명의 사람이 서 있다. 열차를 이대로 둔다면 눈 깜짝할 사이에 다섯 명이 치여 죽을 수밖에 없는 상황이다. 그런데 다행히 열차의 선로를 바꿀 수 있는 레버가 나의 눈앞에 있다. 그 레버를 당기면 열차는 다른 선로로 방향을 틀 것이다. 그러나 불행하게도 그 다른 선로에는 또 다른 한 명이 서 있다. 다섯 명이든 한 명이든 어느 쪽도 대피할 수 있는 시간적 여유가 없다. 여기서 레버를 당겨 선로를 바꾸는 게 옳은 행동일까?

'트롤리 딜레마'라고 불리는 이 문제는 곧 다섯 명을 살리기 위해 한 명을 죽여도 되느냐는 질문과도 같다. 공리주의적인 관점에서는 한 명을 희생시켜서 다섯 명을 구하는 것이 옳다고 한다. 최대 다수의 최대 행복이 공리주의의 핵심이기 때문이다. 그러나 이것은 사람의 목숨이 달린 문제다. 이 문제를 앞에 두고 많은 이들이 오랜 시간 고민하는 이유 또한 바로 그 때문이다. 인간의 생명과 안전에 직결된 문제를 단순히 수치적 이익으로 계산할 수 없다.

사실 공리주의라고 하면 무척 어려운 말처럼 보이지만 영어로 번역하면 Utility다. 효용과 가성비. 우리가 물건을 사거나 경제적인 결정을 할 때 늘 판단의 기준이 되는 그것 말이다. 조금이라도 에너지와 비용을 아껴서 더 큰 이익을 얻을 수 있다면 그 판단은 옳다. 그러나 가성비가 세상 모든 일에 적용되는 건 아니다. 사람을 사귀거나 관계를 이어갈 때 효용이나 가성비를 따질 수는 없지 않은가. 사람과 사람은 손해와 이익을 계산하지 않고 시간을 나누고 감정과 정서를 교류한다. 그러나 사람을 도구로만 보고, 이용하려는 인간들이 있다. 문제는 이들의 수가 점점 늘어나고 있다는 것이다. 우리는 그들을 '소시오패스'라고 부른다.

스릴러 장르를 통해 '사이코패스'에 대해서는 많이 들어보았을 것이다. 반사회적 인격장애를 일컫는 말인데, 영화나 드라마 속 연쇄 살인마의 모습이 바로 떠오르게 마련이다. 사이코패스들은 감정을 담당하는 편도체나 의사 결정을 담당하는 전두엽에 이상이 있는 경우가 많아 공감 능력이 떨어지고 즉흥적이며 그렇기 때문에 극단적인 범죄를 일으키기도 한다.

많은 사람들이 사이코패스의 존재를 떠올리는 것만으로도 공포를 느낀다. 그러나 사실 일반인이 살면서 사이코패스를 만날 확률은 그다지 높지 않다. 오히려 우리가 주의해야 할 부류는 소시오패스다. 인구 전체의 4%를 차지한다고 하는데 이 정도의 수치면 평범한 사람이 살면서 언제라도 만날 수 있는 확률이다. 10년에 한 번 내지는 5년에 한 번은 이들과 마주칠 것이며, 안 좋은 경우엔 아주 가까운 사이로 오래 지낼 수도 있다.

소시오패스는 사이코패스처럼 극단적인 범죄를 저지르지는 않지만 주변 사람들과 공동체에 피해를 줄 수 있는 위험한 존재들이다. 이들은 동정심이나 죄책감을 느끼지 않으며 지배력이나 정복욕이 강하다. 자기의 이익을 최우선으로 여기기 때문에 자신의 성공을 위해 주위 사람들을 이용하는 것도 얼마든지 가능하다.

내가 필요한 순간에 친근하게 다가와 두터운 친분을 쌓다가 쓸모가 없어지면 버린다. 그냥 버리지 않고 다시는 재기하기 어려울 정도로 짓밟아 버리는 것이 특징이다. 이들은 머리가 좋고 영리하며, 연극에 능하다.

사이코패스가 감정을 억제하지 못해 파괴적인 행동을 하는 것에 비해, 소시오패스는 오히려 자신의 감정을 철저하게 조절할 수 있으며 타인의 감정 또한 이용할 줄 안다. 목표한 것을 얻기 위해서라면 가엾고 연약한 표정을 짓는 것도 얼마든지 가능하다. 마치 슈렉에 나오는 장화 신은 고양이처럼 말이다.

충동적인 범죄를 저지른다기보다 치밀하고 계산적으로 상대를 기만하여 반사회적인 행동을 거듭한다. 자신의 행동이 잘못됐다는 것을 잘 알고 있지만 양심의 가책을 느끼지 않으며 걸렸을 때는 동정심을 이용하여 그 상황을 빠져나가고자 한다.

소시오패스 양성하는 사회

소시오패스는 만나지 않는 게 상책이다. 그러나 이들 대부분은 철저히 보통 사람처럼 위장하여 살아가기 때문에 걸러 내는 것 또한 쉽지 않다. 이런 소시오패스를 알아내는 것이 심리학자의 특명이기도 하다. 내 주변의 소시오패스, 어떻게 알아볼 수 있을까? 특정 상황에서 자기도 모르게 튀어나오는 습관적이고 본능적인 패턴을 알아낸다면 숨어 있는 그들의 정체를 파악할 수 있다.

한 예를 들어보겠다. 어떤 가정에 성인이 된 자매가 있었다. 어느 날 여동생은 오랜만에 아버지가 홀로 사시는 집을 찾아왔다. 아무리 초인종을 눌러도 인기척이 없기에 어렵게 문을 열고 들어갔더니 아버지가 심근경색으로 쓰러져 있는 게 아닌가. 너무 놀란 그녀는 떨리는 손으로 119에 신고를 했고, 아버지는 곧바로 병원으로 옮겨졌다. 아버지가 수술실로 들어가고 나니 동생은 그제야 정신이 들었다. 그래서 언니에게 전화를 걸어 지금까지 있었던 일의 자초지종을 설명했다. 이 연락을 받은 언니는 어떤 반응을 보였을까?

일반적인 사람이 대답할 수 있는 말 몇 가지는 쉽게 떠오른다. "거기 어디야, 나 지금 갈게."라든가 "아빠 괜찮아?", "너는 좀 어때?" 등 지금 곤경에 처한 사람을 가장 먼저 걱정하는 말이 반사적으로 나올 것이다. 그러나 소시오패스 성향이 있었던 언니의 대답은 이와 달랐다.

"너 왜 응급실 들어가기 전에 나한테 전화 안 했어?"

언뜻 들으면 흘려보낼 수도 있지만 소시오패스의 특징을 알고 나면 소름끼치는 한마디다. 아빠의 안위나 동생의 감정보다 더 중요한 것은 자신의 권리이기 때문이다. 이런 상황에서도 자신에게 연락을 미룬 것에 분노의 초점이 맞춰진다. 그것도 물 흐르듯 자연스럽게 말이다. 여기서 생각해 봐야 할 심각한 문제는 인간을 도구화하는 사회의 분위기가 소시오패스를 키워 내기에 적격의 환경이라는 것이다.

심지어 직원을 채용할 때 팔을 걷고 나서서 소시오패스를 뽑으려고 노력하는 기업들도 있다. 압박면접을 행하는 회사들이 많다고 한다. 구직자에게 모욕감과 수치심, 스트레스를 일으키는 말 그대로 압박적인 질문을 통해 순발력을 확인하는 과정이다.

"이런 학교도 있어요? 처음 듣는데?" "외국어는 관심이 없었나 봐요?" "집이 잘 살아서 아르바이트는 안 했나 보죠?" 등 상대적으로 부족한 약점이나 콤플렉스를 들춰내기도 하고, 구직자의 답변을 듣고 대놓고 비웃거나 일부러 일그러진 표정을 짓기도 한다. 누구라도 그 앞에서 감정을 통제하기 힘들어지는 게 사실이다.

모욕감 앞에서 인간이 괴로워하는 것은 자연스러운 현상이다. 조금도 당황하지 않고 잘 피해 나가는 사람은 경우에 따라서 정서적으로 심각한 문제를 가진 사람일 수도 있다. 실제로 자신의 감정조차 쉽게 속일 수 있는 소시오패스라면 이러한 압박면접 정도야 능청스럽게 통과할 수 있지 않겠는가?

감정을 드러내지 않아야 유리한 사회, 지나치게 합리적이고 조금은 교활한 것이 곧 능력인 사회, 과정보다는 결과를 중요하게 여기고 필요하다면 사람을 이용하는 것을 추구하는 사회가 바로 소시오패스형 사회다.

100명 중 4명. 소시오패스는 생각보다 많다. 당신 주변에도 분명히 존재할지도 모른다. 당신의 상사나 주변의 성공한 사람들 중 하나일 수도 있다. 너무 가까이에 있다면 알아보지 못한다. 나도 모르는 사이에 조종당하고 있을지도 모르니까.

다행히 이 비대면 사회에서 그와 당신의 물리적 거리는 멀어졌을 것이다. 이럴 때야말로 내 주변의 관계를 점검하기 좋은 시기다. 모든 관계가 나에게 행복을 선사하지 않는다. 나쁜 관계는 가차 없이 끊어 내야 한다. 좋은 관계를 늘리고 나를 힘들게 하는 것들을 제거하는 것이 행복을 위한 첫걸음이다. 코로나가 만들어 낸 이 상황은 그 첫걸음을 내딛을 수 있는 절호의 기회일지도 모른다.

인간의 여섯 번째 성격

다들 성격이 문제라고들 한다. 행복했던 연인이 헤어질 때도, 잘 지내던 친구들과 틀어질 때도, 갈등의 원인 1위는 언제나 '성격 차이'다. 인간관계의 대부분의 문제가 사람으로 인해서 벌어지고, 그 사람을 규정짓는 것이 성격이기 때문이다. 성격이 너무 달라도 문제지만 같다고 해서 늘 좋은 건 아니다. 그리고 성격은 절대 쉽게 바뀌지 않는다.

성격이란 개인을 특정 짓는 지속적이고 일관된 행동 양식을 말한다. 꾸준하게 그 사람다운 행동을 하기 때문에 그 사람이 된다. 성격을 알면 그 사람이 특정한 상황에서 어떻게 행동할지 예측할 수 있다. 심리학자들은 아이큐와 성격은 '기질'이라고 말한다. 윗세대로부터 물려받은 유전적 요인이 크게 작용하며 인생 안에서 크게 변하지 않는다는 것이다.

성격도 과학적으로 측정이 가능하다. 성격을 이루는 여러 요인들을 계량하여 분석하면 어느 정도 그 사람의 성격을 측정할 수 있다. 성격 심리학자들은 성격을 분석하는 요인으로 크게 다섯 가지를 꼽았다. 이는 Big5라고 하여 심리학에 대해 조금이라도 공부해 본 사람이라면 익숙하게 들어봤을 것이다.

개방성 Openness to experience	상상력, 호기심, 예술적 감각 등으로 보수주의에 반대하는 성향
성실성 Conscientiousness	목표를 성취하기 위해 노력하는 성향
외향성 Extraversion	타인과의 사교를 좋아하고 자극과 활력을 추구하는 성향
우호성 Agreeableness	타인과 공동체에 협조적인 태도를 보이는 성향
신경성 Neuroticism	걱정, 두려움, 우울 등 부정적인 정서를 쉽게 느끼는 성향

개방성, 성실성, 외향성, 우호성, 신경성. 이것이 성격을 결정하는 다섯 가지 주요한 요인이다. 얼마나 외향적이거나 내향적인가, 개방적이거나 보수적인가, 친근한가 그렇지 않은가, 힘든

것을 참아 내는 성실도의 크기가 어떠한가, 정서적으로 얼마나 안정되어 있는가를 보는 것이다.

물론 이 다섯 가지는 타고난 기질이며 저마다 다른 사람의 차이를 구분하게 해 준다. 그런데 최근 심리학에서는 이 다섯 가지로만 정의 내릴 수 없는 성격의 다른 차원이 존재한다고 한다. 성격 모델을 더욱 완전하게 만들어 주는 여섯 번째 요소는 바로 '정직-겸손성honest-humanity'이다.

《H 팩터 심리학》의 저자인 이기범 교수는 인간의 여섯 번째 성격인 '정직-겸손성'에 대해 오랫동안 연구해 왔다. 그가 발표한 재미있는 데이터 중 하나가 다른 다섯 가지 성격 요인들이 선천적인 데 비해 '정직-겸손성'은 후천적인 영향이 크다는 것이다. 성격이란 정의 자체가 타고 나는 것을 말한다. 많은 연구들이 성격은 태아 시절 호르몬의 영향을 받아 결정된다고 말하고 있다. 그런데 여섯 번째 성격은 다르다. 배우고 익히고 생각하며 적당히 괜찮은 사람이 되어가는 것이다. 나는 이것을 인격이라고 칭하고 싶다. 다섯 가지 성격 요인에 정직 겸손성이 합해졌을 때 성격을 넘어선 인격, 혹은 성품이 형성된다고 보는 것이다.

정직과 겸손

정직과 겸손은 비슷하게 좋은 말 같지만 사실은 다르다. 엄격하게 말해 두 개념은 상충된다. 정직이란 무엇일까? 있는 그대로 솔직히 말하는 것이다. 살면서 늘 정직하다고 자부하는 철수 씨가 있다. 그는 오늘도 부인에게 이런 말을 서슴없이 한다.

"자기 헤어스타일 바꿨어? 아주 엉망진창이네."

100% 정직한 사람은 타인에게 종종 상처를 입힌다. 어느 정도 나이를 먹고도 너무 정직한 사람들은 때론 주책맞아 보인다.

겸손은 어떤가? 상대의 마음을 다치지 않게 하려는 사회적 기술이다. 어려서부터 겸손이 몸에 익은 영희는 기말고사에서 전 과목 100점을 맞아도 고개를 숙인다. 공부 비법을 알려 달라는 친구에게 겸손하게 대답한다.

"아유, 어쩌다 얻어 걸린 거지 뭐. 내가 한 게 뭐 있다고, 그냥 운이 좋았을 뿐이야."

지나친 겸손은 오히려 재수 없지 않은가. 어린아이가 너무 겸손하면 징그러워 보이기까지 한다. 무엇이든 지나치면 문제가 된다. 그런데 주변에 참 괜찮은 어른들을 보면 겸손과 정직의 중간 지점을 잘 아시는 것 같다. 어제와 오늘, 그리고 내일, 부딪히는 수천수만 개의 상황들 속에서 겸손과 정직의 적정한 지점을 미세조정 하듯 맞춰왔기 때문이 아닐까.

이 시대의 꽤 재밌는 어머니들을 보자. 산전수전 다 겪은 그
분들의 입담엔 인생의 정곡이 담겨 있다. 그분들과 조금만 이야
기를 나누어 보면 웃음 속에 분명한 통찰이 담겨 있다는 걸 느
낀다. 정직하지만 조금도 주책맞지 않다.

남자로서 내가 아는 한 주철환 선배가 이 반열에 올라간 분이
다. 그는 교수로서 2020년 정년퇴임을 했다. 65세가 되었다는
말이다. 하지만 정년을 맞은 해에도 학부생들은 야구 잠바나 후
드 티를 입고 모자를 쓴 형이나 오빠 같은 그의 사진을 담아 연
하장을 만들어 보낸다.

어느 20학번 학생이 보냈다는 연하장. 그런데 전혀 주책맞지
않고 하나도 어색하지 않다. 스무 살 먹은 대학 1학년 학생이
보기에도 그리고 이제 갓 50을 넘긴 내가 보기에도 말이다. 이
런 사람이 솔직함에 자신만의 색깔까지 입힌 사람이다.

그런가 하면 나의 선배이신 최재천 교수님은 겸손의 대가다.

그분이 지인들과 만났을 때 즐겨 이야기하는 소재 중 하나가 학자로서의 실패담이다. 오랫동안 공을 들였던 연구나 일이 완전히 망해 버린 이야기를 그렇게 솔직하고 재밌게 말씀하신다. 세계적인 석학의 '말아먹은' 이야기를 웃으며 듣고 있노라면 절로 감탄사가 나온다. 저 분이야말로 진짜 학자시구나라는 감탄, 그리고 저 겸손의 지점이 얼마나 적정한가 하는 감탄이다.

한편, 높은 정직과 높은 겸손을 동시에 만나는 건 참 쉽지 않다. 있는 그대로 솔직하게 말하면서도 상대의 마음을 다치지 않게 배려하는 것이 얼마나 어렵겠는가. 그런데 얼마 전 가까운 지인으로부터 그 예시를 발견하고 무릎을 탁 치지 않을 수가 없었다. 내가 일하는 아주대학교에 내분비내과 교수로 재직하시는 김대중 교수님이 그 주인공이다. 내분비내과다 보니 당뇨병, 비만, 대사증후군 등 대부분 호르몬과 관련된 질병을 다루게 마련이다. 찾아오는 환자들의 질병은 대다수 유전인 경우가 많다.

"이 병의 원인은 유전입니다."

대부분의 의사들이 환자들에게 말하는 방식이다. 있는 그대로 사실을 전달하는 것이 의사의 의무이기 때문이다. 물론 가슴 아픈 것은 환자의 몫이다. 고통을 물려준 부모를 원망하는 것도, 자신의 처지를 가엾게 여기는 것도 그들이 겪어야 할 통증의 일부다. 그런데 김대중 교수님은 같은 말도 다른 화법으로 이야기한다.

"이 병 때문에 환자분 부모님도 똑같은 고생을 하셨네요."

아, 나는 이 한 마디만 듣고도 나는 그가 얼마나 진실하고 겸손한 분인지 느낄 수 있었다. 똑같은 사실을 말했지만 상대가 느낄 정서적 반응은 확연히 다를 것이다. 이 말을 듣고 부모님을 원망할 사람이 있겠는가. 우리 부모님이 한평생 힘들었구나. 그러나 지금까지 버티셨구나. 부모의 삶을 이해하며 새 희망을 찾게 마련이다. 이런 한마디야말로 한 사람이 나이를 먹어가면서 매일 매일 치열하게 고민한 흔적이 아닐까. 고군분투하며 찾아낸 '정직-겸손'의 이상적인 지점은 오롯이 그 사람의 색깔이 된다. 인생 선배들이 이룩한 사람의 색깔을 만날 때마다 나는 심리학자로서 깊은 감동을 받는다.

사람은 변한다

이분들은 어떻게 이상적인 인격을 갖게 되었을까. 상대와 공동체를 감동시키는 깊은 생각과 마음, 그리고 적절한 표현력은 그냥 얻어지는 것이 아니다. 안심할 수 있는 건 일단 그분들이 나보다 나이가 많다는 것이다. 적어도 60이 넘어서야 가능한 성품이다. 그도 그럴 것이 하루 이틀 고민해서 나오는 깊이가 아니기 때문이다. 오늘 내가 찾은 정직 겸손의 이상적인 지점은 내일이 되면 달라진다. 지금 가장 적절한 포인트를 발견했다 하더라도 5년 후, 10년 후엔 상황도 이상도 바뀐다. 지점 찾기는 그래서 어렵다. 사는 동안 끊임없이 찾고 또 찾아야 한다.

앞서 말했지만 인간의 성격은 변하지 않는다. 성격의 다섯 가지 요인은 나이가 든다고 해서 바뀌지 않는다. 그러나 '정직-겸손성'은 예외다. 이기범 교수를 포함한 거의 모든 연구에서 이 성격은 나이 먹으면서 점차 높아지는 것을 증명했다. 대부분의 어르신들이 경험을 통해 교양과 배려 경청의 옷을 입으셨다. 몇 년 후의 내가 지금보다 더 깊어지고 넓어질 수 있다니, 기쁜 소식 아니겠는가. (물론 그렇지 않은 분들도 간혹 존재한다. 자칫 진정성은 올라가고 정직 겸손성은 떨어지는 트럼프와 같은 어른으로 발전할 수도 있으니 주의하자.)

'정직-겸손성'의 인정은 낙관적이고 긍정적으로 인간을 보는 대표적인 이론이다. 이는 성선설과는 다르다. 성선설이나 성악설은 인간이 착하거나 나쁘게 결정되어 태어난다는 주장이다. 그러나 이는 인간이 조금씩 좋은 방향으로 바뀌어 나간다는 가능성이니 말이다.

당신이 부모라면, 작든 크든 한 조직의 리더라면, 인간관계의 골치 아픈 순간마다 '정직-겸손성'을 떠올리면 좋겠다. 가장 연장자가 더 진실되고 겸손한 인격을 보여 줘야 한다. 정치적으로 사회적으로 험하고 어려운 시대라면 더더욱 필요하다.

어떤 사람을
곁에 둘 것인가

성격이 같아야 잘 지낼까?

"성격이 비슷한 사람끼리 결혼하는 게 좋을까요? 아니면 다른 사람끼리 해야 좋을까요?" 살면서 이런 질문을 참 많이 받았다. 사실 심리학자들도 잘 모른다. 만나면 이 주제를 놓고 술자리에서 한참 동안 입씨름을 할 정도다. 물론 아무리 싸워도 좀처럼 결론이 나지 않는다. 인간의 유대감이 중요한 만큼 상보성 또한 중요하니 말이다.

　물론 성격이 비슷해야 금세 가까워지는 건 맞다. 확실한 유유상종을 느끼는 경우다. 성격을 구성하는 전통적인 다섯 요소Big5 중에 '개방성'은 특히 같은 부류의 인간에게 끌리는 요인이 된다. 개방성은 상상력, 호기심, 모험심, 예술적 감각 등으로 보수주의에 반대하는 성향을 뜻한다. 예를 들어 인간의 아름다운 인체를 표현한 그리스 조각상이 눈앞에 있다고 하자. 물론 실오라기 하나 걸치지 않은 완전한 나체 작품이다. 그 앞에서 홀린 듯 입을 벌리고 '정말 아름답다'라고 감탄하는 사람들이 있는가 하면, '경망스럽게!'라며 고개를 휙 돌리는 사람들도 있다. 물론 전자가 개방적인 사람이고 후자가 보수적인 사람일 것이다. 이때 아름다움을 느낀 사람과 불쾌감을 느낀 사람이 처음부터 친해지긴 어렵다.

정치적 개방성도 마찬가지다. 미국 시민들은 민주당을 옹호하는 사람들끼리, 공화당을 지지하는 사람들끼리 가장 먼저 가까워진다. 극단적으로 보수적인 사람과 진보적인 사람은 함께 일을 시작하는 것조차 쉽지 않다. 다른 조건이 잘 맞아서 우연히 가까워진다 하더라도 내면의 이야기를 주고받는 깊은 사이가 될 수 없을 것이다. 개방성과 보수성은 가치관의 문제이기 때문이다. 가치관이 다르면 아무리 다른 지점이 좋다 하더라도 거리감이 존재한다.

개방성을 제외한 다른 네 가지 요인들은 친밀성에 크게 영향을 끼치진 않는다. 내향적인 사람과 외향적인 사람이 잘 지낼 수 있고, 우호적인 사람과 까칠한 사람이 잘 통하기도 한다. 성실한 사람이 자유로운 사람을 이해하고, 예민한 사람과 느긋한 사람이 서로 매력을 느끼는 경우도 많다. 그러나 유일하게 개방성만큼은 관계를 시작하는 데 무시할 수 없는 요소가 된다.

자, 그렇다면 인간관계의 시작과 종말을 다시 생각해 보자. 개방성의 정도가 비슷한 사람들이 처음 서로에 대해 친밀감을 느끼기 시작했다. 시간이 지나며 깊이 있게 알게 되고 점차 친해진다. 이 관계가 오랜 시간 지속되어 마지막까지 썩 괜찮게 이어가는 경우도 있지만 어느 순간 파국을 맞이하는 경우도 있다. 이 마무리를 결정하는 요소는 무엇일까? 현대 심리학에서는 그것을 '정직-겸손성'이라고 본다. 다시 말해, 대부분의 인간관계는 '개방성'으로 시작하고 '정직-겸손성'으로 유종의 미를 거둔다. 물론 아름다운 관계는 서로에게 진실할 때 가능하다. 일단 서로가 만족할 만한 '정직-겸손성'을 상대에게 느끼면 나머지 네 개의 요인은 윤활유가 되어 준다. 비슷할 땐 시너지 효과가 나고, 다를 땐 상보적 관계가 된다. 같으면 나랑 비슷해서 좋고, 다르면 내가 없는 면을 상대가 갖고 있어서 또 좋다. 그러나 한쪽이 '정직-겸손성'의 수준이 높고 다른 쪽이 뒤떨어진다면 문제가 된다. 갈등이 발생하거나 지나치게 이용을 당하는 경우다. 결국 좋은 관계를 유지하고 아름답게 마무리하는 데 가장 필요한 것은 후천적 성격이라고 불리는 '정직-겸손성'이다. 나는 이것이 인간 성격 연구의 가장 핵심적인 부분이라고 생각한다.

진실된 사람을 알아보는 방법

좋은 관계는 좋은 삶의 필수 조건이다. 인간의 건강과 행복을 관계가 좌우하니 행복하려면 내 곁에 정직하고 겸손한 사람을 둬야 하는 건 당연한 논리다. 그런데 타인이 진실하고 겸손한 사람인지 어떻게 알아볼 수 있을까? 남에게 잘 보이기 위해 진심을 속이거나 위선을 떠는 이들이 워낙 많은 세상 아닌가. 웃는 얼굴로 나에게 다가오는 이가 좋은 사람인지 나쁜 사람인지 바로 알아차릴 수만 있어도 인생에서 겪어야 하는 고통과 슬픔은 확실히 줄어들 텐데 말이다. 많은 사람들은 나에게 "심리학자니까 얼굴만 봐도 그 말이 거짓인지 아닌지 맞힐 수 있지 않아요?"라고 물어본다. 그러나 안타깝게도 나에겐 그만한 능력이 없다. 늘상 사람을 믿었다가 뒤통수를 맞고 멀쩡한 이를 남몰래 의심했다가도 찔려서 그만두곤 한다.

　말콤 글래드웰Malcolm Gladwell은 그의 최근 작《타인의 해석》을 통해 낯선 사람을 판단하는 것이 얼마나 어려운지 말하고 있다. 인간은 기본적으로 타인의 거짓말을 알아차릴 수 없다. 드라마나 영화 속 형사는 조사 대상자의 거짓말을 귀신같이 알아차리지만 실제 세계에선 그렇지 않다. 압도할 만한 증거 자료가 나오지 않는 이상 인간은 타인을 믿어 버리는 존재이기 때문이다. 이것을 다른 말로 '진실기본값'이론이라고 부른다. 진실기본값은 기본적으로 인간의 생존에 유리하다. 낯선 이를 만날 때마다 배신당하지 않기 위해 의심하고 증거를 찾고 탐색해야 한다면 얼마나 힘들겠는가. 사람과 사람 사이의 신뢰나 협업은 애당초 불가능해진다. 그러므로 우리는 거짓말쟁이에게 당하더라도 낯선 이의 말을 다시금 신뢰하게 된다. 누구나 거짓말쟁이를 차단하고 진실한 사람을 내 곁에 두고 싶어 한다. 그런데 이는 평범한 인간이 감히 할 수 있는 일이 아니다. 그럼에도 불구하고 평범한 우리가 피해를 막기 위해 취할 수 있는 행동엔 무엇이 있을까? 사람 잘 믿기로 둘째가라면 서러운 내가 그 팁을 전하고자 한다. 심리학적 이론과 여러 차례 뒤통수를 맞은 경험이 녹아 있는 조언이니 새겨들어 주시길.

우리 주변에는 타인의 말과 행동에서 께름칙한 부분을 잘 느끼는 사람들이 있다. 이른바 '의심쟁이', '까칠쟁이'들이다. 이들은 낯선 사람을 만날 때마다 극심한 피로도를 느낄 것이다. 그러나 그들 역시 세상에 꼭 필요한 존재들이다. 상대방의 말을 신뢰하는 사람은 많은 친구들 속에 둘러싸여 원만한 관계를 이어가겠지만 그만큼 사기꾼에게 당할 가능성도 커진다. 추측건대 아마 이 책을 읽는 독자들은 더없이 보편적이고 평범한 분들일 것이다. (자고로 까칠한 사람들은 심리학에 큰 관심이 없다. 지극히 보편적인 사람들이 주로 다른 사람의 마음을 궁금해한다.) 순수한 당신 곁에 삐딱한 태도로 "저 사람 좀 이상한데?"라고 말할 줄 아는 사람이 있다면 행운으로 여기자. 가족 중의 한 명일 수도 있고 가까운 친구일 수도 있다. 솔직히 까칠한 사람과 함께하는 것은 참 피곤하다. 함께 모임을 가면 분위기를 망칠 것이고, 새 친구를 사귀어서 한껏 들뜬 당신의 마음에 거침없이 스크래치를 낼 것이다. 부정적인 말을 귀 기울여 듣는 것도 한두 번이지 이내 듣기 싫어질 것이다. 그러나 그에게 감사할 날이 반드시 온다. 삐딱한 시선 덕분에 크게 당할 일을 막아 낼 수 있기 때문이다. 기억하자, 진실기본값이 장착되어 있는 평범한 우리들은 까칠한 사람들과 가깝게 지낼 필요가 있다.

겸손이 답이다

말콤 글래드웰의 연구에 따르면, 자기의 능력이나 가치를 믿고 다른 사람에게 함부로 대하는 사람들이 의외로 상대의 거짓말에 쉽게 넘어갔다고 한다.[16] 사실 약자에게 무례한 사람만큼 사기꾼들의 좋은 먹잇감도 없다. 이들은 대체로 약자에게 강한 대신 강자에게는 순종적이다. 사기꾼 입장에서는 강자로 둔갑하기만 하면 이보다 쉬운 게임이 없을 것이다. 이들은 사람과 말,

---

16   말콤 글래드웰 지음, 유강은 옮김, 김경일 감수, 《타인의 해석》, 김영사, 2020.

두 가지만 판단하기 때문이다. 한 거짓된 사업가가 한여름에 차가운 에어컨 바람이 나오는 사무실에서 새로 출시될 난방 기구의 장점을 설명했다고 하자. 사기꾼의 말은 그럴듯했고 많은 이들이 즉시 투자를 결정했다. 사기를 당한 이들의 시야는 놀랍도록 좁다. 한 번쯤은 창밖을 보며 "왜 이 더운 날 보온 효과를 설명하지?" 하고 궁금해하는 게 정상이지만 그들의 시야는 가려져 있었다. 현재 방의 온도, 말하는 사람의 배경, 그리고 난방 기구의 효과 등 눈앞에 드러난 확실한 정보에만 관심이 있었기에 거짓말에 쉽게 넘어간 것이다.

진실은 언제나 맥락 속에 있다. 맥락을 놓치는 사람은 쉽게 함정에 빠질 수밖에 없다. 그러나 맥락은 절대 쉽게 드러나지 않는다. 제시된 정보 뒤에 숨어 있는 것이 곧 맥락이기 때문이다. 전후 사정을 추측해야 하고 상대의 상황을 이해해야 한다.

맥락을 고려하지 못하는 것은 무례한 사람들의 특징이다. 전후 사정을 충분히 고려했다면 상대에게 절대 함부로 대하지 못한다. 식당 종업원이 내 앞에서 물을 쏟았다면 아무리 짧은 순간이라도 그럴 수밖에 없는 맥락과 정황이 존재했을 것이다. 바닥이 미끄러웠을 수도 있고, 다른 것에 걸려 넘어졌을 수도 있다. 겸손한 사람은 순간적으로 전후 사정을 파악하려고 애쓰지만 무례한 사람은 테이블에 물이 튀었다며 화를 낸다. 한 발자국만 떨어져서 봐도 파악이 되는 것도 보지 못한다.

맥락을 이해하고 싶다면 겸손할 필요가 있다. 기본적으로 공손해야 하고 친절해야 하며 경청할 필요가 있다.

진실한 사람을 만나는 건 매우 어렵다. 유일한 방법은 내가 진실하고 겸손하게 그의 이야기를 듣는 것뿐이다. 경청을 할수록 상대는 더 많은 이야기를 하며 그에 대한 정보가 많아질수록 판단은 확실해진다. 소위 목적과 의미 없는 대화가 도움이 된다. 많은 이들이 저지르는 실수 중 하나는 깊은 이야기를 듣기 이전에 상대에 대한 평가를 이미 끝내 놓는 것이다. '그는 믿을 만한 사람이야.' '저 사람 말은 도무지 신뢰할 수 없어.' 이미 결정을 내려 버렸는데 그의 진실을 어떻게 파악할 것인가.

아무리 저명한 심리학자라도 낯선 사람을 보는 순간 거짓말을 파악할 수 없다. 그러나 그의 평소 모습을 주의 깊게 관찰할 기회가 주어진다면 충분히 분석이 가능하다. 우리는 낯선 사람을 아주 단편적인 장면으로만 마주한다. 일터나 거래처, 접대 장소에서 보는 것이 전부일 때가 많다. 누군가를 판단하려면 다양한 상황과 장소에서 어떻게 행동하는지를 확인해야 한다. 그가 지쳐 있을 때나, 약자의 곁에 있을 때, 도움을 필요로 하는 사람에게 어떻게 대하는지가 좋은 데이터가 되어 줄 것이다.

나 또한 다양한 일을 통해 셀 수 없이 많은 사람을 만난다. 높은 직책의 분들도 있고 궂은일을 힘들게 완수하시는 분들도 있다. 물론 대부분 좋은 인품을 지니고 있지만 쉽게 믿어서는 안 될 위험한 사람 또한 간혹 존재한다. 모두 처음 만날 때는 완성된 인간이라도 되는 양 근사한 모습으로 위장하지만 어느 순간 진실성과 도덕성을 들키게 마련이다. 경계가 풀린 상태에서 자기도 모르게 보여 주는 경우도 있고, 주변 사람들의 입을 통해 알게 되는 경우도 있다. 내 시야에서 벗어났을 때 어떻게 행동하는지, 어떤 말투를 사용하는지는 주로 다른 사람을 통해 알게 된다. 특정 상사나 임원들의 부정적인 언사나 행각을 알아 버리는 것이다. 절대 말을 꺼낸 사람이 의도적으로 고자질한 상황이 아니다. 아주 편한 상태에서 자기도 모르게 툭툭 나와 버린 진심이다. 우연히 얻게 된 데이터들은 좋은 판단을 할 수 있는 근거가 된다. 다양한 분들과 격의 없이 지냈을 때 얻게 되는 소중한 정보라는 생각이 든다. 참 감사한 일이다.

상대의 정직-겸손성을 파악하기 위한 가장 좋은 무기는 나의 정직-겸손성이다. 편안하고 믿을 수 있는 사람 주변에는 진실이 모인다. 대부분의 사람들은 자신에게 도움을 준 이를 기억하고 기회가 되면 돕고 싶어 한다. 사람에 대한 진실과 정확한 정보도 들어가게 마련이다. 그것이 겸손의 생태계이다.

```
┌─────────────────────────┐
│  ┌───────────────────┐  │
│  │                   │  │
│  │    차별과         │  │
│  │    배타성의 사회  │  │
│  │                   │  │
│  └───────────────────┘  │
└─────────────────────────┘
```

명사의 함정

"영식이가 사람을 죽였대."라는 말을 들으면 사람들은 대부분 "영식이가 왜? 무슨 일이 있었대?"라고 상황과 맥락을 궁금해한다. 그런데 같은 말이라도 조금 바꿔 보면 상황이 달라진다. 일단 동사를 명사로만 바꿔 보자. "영식이가 살인자래."

이 말을 듣는 즉시, 사람들의 머릿속엔 영식이가 처할 수밖에 없었던 수많은 상황과 가능성이 배제된다. 그저 '영식이=나쁜 놈'이라는 낙인이 찍혀 버리는 것이다. 나는 이것을 '명사의 함정'이라고 부른다. 명사는 분명하고 빠르다. 그만큼 신속한 판단을 도와주는 대신 고정된 편견으로 다양한 가능성을 가두어 버리는 효과가 있다.

'닻내림효과anchoring effect'라는 말이 있다. 한 번 닻을 내린 곳에 배가 머물듯 처음 제시된 기준에 영향을 받아 판단을 내리는 현상을 말한다. 사람에 대한 정보를 명사로 제시할 때, 듣는 이들은 머릿속에 닻을 내려 평가를 끝내곤 한다. 사실 이 과정에서 무수한 오류가 발생되지만 말이다.

특히 사람에 관한 서류엔 명사 정보가 대부분이다. 출신 지역, 출신 학교, 형제관계, 예전 직급이나 직함 등이다. 그런 범주들이 과연 그 사람에 대해 얼마나 많은 것을 설명해 줄 수 있을까? 김갑동 씨에 대해 다음과 같이 표현한 문장이 있다고 하자. '55세의 중년 남자, 서울 근교 신도시 거주, 대형 빌라 소유주, 대기업 임원' 명사 정보를 듣는 순간, 머릿속엔 전형적인 높은 직책의 중년 남성 이미지가 만들어진다. 그런데 막상 김갑동 씨를 만나면 상상과는 전혀 다른 사람일 수도 있다. 청바지와 운동화 차림에 자유분방한 헤어스타일을 하고 수준급의 피아노 실력을 가진 사람일 수도 있지 않은가. 한 인간의 성격이나 성향, 장단점을 판단하려면 다양한 장면에서 만날 기회가 주어져야 한다. 있는 그대로 사람을 묘사한다면 잘못된 판단은 일어나지 않을 것이다. '김갑동 씨는 상상력이 풍부하고 성격이 외향적이며 여러 가지 활동을 좋아하는 분이야.'라고 말이다.

타인을 표현할 만한 한마디의 명사를 찾는 것은 우리에게 익숙한 일이다. 재수생, 노숙자, 낙오자, 신입사원, 범죄자, 그리고 최근 뉴스에 자주 등장하는 확진자처럼 말이다. 인터넷 속에서는 더 많은 부류의 사람들이 명사형 정보로 정의되곤 한다. 지하철 ○○녀, ○○남, 맘충, 한남 등 무수한 명사들은 한 인간이 처하게 되는 수많은 상황과 가능성을 지워 버린다. 최근 불거지는 이런 용어들은 사회의 차별과 배타성을 확산시킨다. 특히나 팬데믹으로 인해 불안과 경계심이 고조된 상황에서 타인에 대한 차별과 배타성은 극대화된다. "또 중국인이야!" "저 사람 신천지 아냐?" 지난 몇 달 동안 타 지역 사람이나 특정 집단을 배척하는 말들이 일상 속에서 거리낌 없이 사용되었다.

배타성과 차별의 심리학

영국 심리학자 졸란다 지튼Joland Jetten과 네덜란드의 러셀 스피어스Russel Spears는 인간의 배타성이 어디에서 기인하는지에 대한 재미있는 결과를 발표했다.[17] 수많은 연구를 종합해 메타 분석한 결과를 간단히 설명하자면 다음과 같다. 문화 간 차이가

---

17   J. Jetten & R. Spears (2003). "The divisive potential of differences and similarities: The role of intergroup distinctiveness in intergroup differentiation". In W. Stroebe & M. Hewstone (Eds.), *European review of social psychology*, 14, pp. 203 – 241. Psychology Press/Taylor & Francis (UK).

적을 경우, 그 사람이 원래 속한 문화권의 전형적인 모습을 보일수록 차별할 가능성이 크다. 반면, 우리와 완전히 다른 문화에서 왔다면 오히려 자기 문화의 전형적 모습에서 벗어났을 때 더욱 배타적으로 대한다는 것이다. 좀 더 쉽게 예를 들어보겠다. 우리나라와 거리가 가깝고 상대적으로 비슷한 문화를 지닌 나라는 중국과 일본이다. 쉽게 상대 비교되는 대상이기도 하다. 한국에 온 중국이나 일본 사람들이 자신의 문화적 관습과 규칙을 철저하게 따를 때 우리나라 사람들은 "왜 우리나라에 와서 자기 방식대로 생활하는 거지?"라고 생각하며 불편해한다. 반면 서아시아나 아프리카처럼 거리도 멀고 문화적으로 이질적인 나라에서 온 외국인의 경우는 반대로 대한다. 그들이 자기 문화 양식 그대로 생활하면 존중하지만 기존 아이덴티티를 벗어난 행동을 하면 오히려 배척한다.

코로나 팬데믹을 경험하고 있는 같은 한국 사회 안에서는 어떨까? 한국사회는 그 어느 곳보다 동질성이 짙다. 나와 조금이라도 다른 행동을 했을 때 차별과 배타성이 강하게 작용하는 이유이기도 하다. 비교를 만들어 내는 강한 심리 중 하나는 불안이다. 그러다 보니 많은 분들이 거리에서 만나는 타인들의 사소한 행동도 미워진다고 한다. '나는 마스크를 코끝까지 올려 썼는데, 저 사람은 코가 거의 보이게 쓰네?' 실제로 차이를 느끼기 어려울 정도의 세밀한 위치 차이로도 불만의 감정이 나온다는 것이다. '저 사람과 나는 같은 사람이다'라는 생각이 우리 머릿속에 강력하게 자리 잡혀 있게 때문에 자연스럽게 발생하는 심리라는 생각이 든다. 벗어나기 위한 유일한 방법 중의 하나는 우리 각자가 모두 다른 사람이라는 것을 인정하는 것이 아닐까.

사람은 변화한다는 믿음

사람은 변하지 않는다는 생각은 불평등과 차별, 배타성의 기본이 된다. '거봐, 저 인간들 꼭 그렇다니까.' '저 나라 사람들 하는 게 뻔하지.' 등 기존의 고정관념을 확인하며 "역시 내 생각이 맞아."라고 확신하는 것이다. 특히 요즘엔 많은 분들이 사람은 변하지 않는다는 생각을 하고 있는 것 같다. 더욱 안타까운 건 근거로 내 얘기를 그렇게 한다는 것이다. "사람 고쳐 쓰는 거 아니래." 혹은 "검은 머리 짐승은 거두는 게 아니랬어." 등의 말을 할 때마다 "김경일 교수가 강의에서 그러더라."라고 덧붙인다고 한다. 이 자리를 빌려 억울함을 좀 토로하고자 한다. 방송이나 강연에서 변하지 않는다고 말씀 드렸던 것은 사람의 '기질'이다. 사람의 성격이나 아이큐는 쉽게 변하지 않는다. 그러나 한 사람을 그답게 만들어 주는 색깔은 인격이나 성품 같은 후천적인 요인으로 완성된다. 인격, 성품, 능력, 사고력 등은 어떤 삶을 사느냐에 따라 충분히 변할 수 있다.

사실 '사람 안 변한다'는 말은 해서는 안 된다. 특히 조직의 리더나 부모, 선생님이라면 최대한 조심해야 하는 말이다. 미국 텍사스 대학의 캐서린 밍커스Katherine Muenks 교수 연구진이 최근 발표한 연구에 따르면 이 말은 생각보다 훨씬 더 학생들과 조직원들에게 부정적인 영향을 끼쳤기 때문이다.[18] 리더가 습관적으로 '사람은 타고난다'거나 '변하지 않는다'라는 말을 해왔을 경우, 팔로워들은 쉽게 불안해하고 몰입도가 떨어지며 일과 공부에서 낮은 성취도를 보였다. 윗사람이 겁박하거나 다그치지도 않았는데 마치 마음을 다친 것처럼 상실감을 느낀 것이다. 내가 좋지 않은 모습을 보일 때 판단당할 것이며, 쉽게 용서받지 못할 거라는 믿음이 그들을 자포자기 상태로 만든 것으로 보인다.

더 재미있는 것은 이미 사람이 변하지 않는다고 강하게 믿어온 학생들은 자기 교수에게 비슷한 메시지를 들었을 때 강하게 호응했으며, 능력 있는 교수라고 평가했다는 것이다. 내가 "성

---

18   K. Muenks, E. A. Canning, J. LaCosse, D. J. Green, S. Zirkel, J. A. Garcia, & M. C. Murphy (2020). "Does my professor think my ability can change? Students' perceptions of their STEM professors' mindset beliefs predict their psychological vulnerability, engagement, and performance in class". *Journal of experimental psychology; General*, 149(11), pp. 2119 – 2144. https://doi.org/10.1037/xge0000763

격은 안 변한다."라고 말했을 때 "사람 절대 안 변한다잖아."라고 그 부분만 기꺼이 기억하는 것과 같다. 또한 일상적인 대화에서 "우리 교수님이 사람 고쳐 쓰는 거 아니래."라는 식의 말을 자주해 온 것 또한 관찰되었다.

연구진은 이런 학생들의 특징 또한 별도로 조사했다. 평균적인 성적은 높게 나왔으나 단순한 지필 고사에만 강했을 뿐 결석이 잦고 창의적인 활동에 대한 의지가 떨어지는 게 확인되었다고 한다. 즉, 기존 관습적인 일은 잘하지만 창조성은 떨어진다는 얘기다. '사람 변하지 않는다'라는 생각이 배타성의 기본이라고 가정할 때, 하나의 연결 고리가 만들어지는 것을 확인할 수 있다. 우리 사회가 창조적인 활동을 멀리하고 기존의 방식에 계속 매몰된다면 배타성과 차별의 문화 또한 막기 어렵다는 것을 알 수 있다. 이는 보수성이 강한 이들이 띄는 배타성의 메커니즘과도 연결된다.

한국사회는 현재 엄청난 과도기를 경험하고 있다. 나와 다른 부류, 다른 사회에 대한 인정과 이해도가 자연스럽게 자리 잡지 못한 상태에서 매순간 강한 충돌이 뒤따른다. 내 경우엔 강연 동영상 아래 달린 댓글만 봐도 그 강도를 확인할 수 있다. 우울이나 불안 등 일반적인 심리나 힐링에 대한 강연에는 비교적 우호적인 의견들이 달린다. 그러나 사회 불평등, 특히 남녀 차별에 대한 내용을 언급이라도 하면 악플이 벌떼처럼 달린다. 우리나라의 식자층이라고 불리는 대부분의 사람들이 급변하면서 공격성을 보이는 것을 확인할 수 있다. 이것이 바로 '사람 변하지 않는다'와 일맥상통하는 생각이다. 기존보다 더 낫고 정상적이라도 새로운 가치관의 등장을 싫어하게 마련인데, 이는 사회가 변화하는 데 어쩔 수 없이 겪어야 할 성장통이라고 본다. 지금 우리는 극대화된 삶에서 적정한 삶으로 이동하기 위해 강한 충돌을 겪어 내는 중이다.

새로운 형태의 졸업식

코로나 팬데믹 이후 많은 사람이 한자리에 모이는 것은 이제 불가능해졌다. 개인적인 친분을 위한 모임뿐 아니라 입학식이나 졸업식도 상당 수 취소되었다. 학생들에게는 살면서 몇 안되는 중요한 이벤트일 텐데 축하받고 격려받는 소중한 자리가 사라진 셈이다. 지켜보는 사람으로서 안타까움이 크다.

이런 사정은 가까운 이웃 나라 일본도 마찬가지인가 보다. 2020년 3월, 일본의 한 대학에서 아바타 로봇을 이용한 졸업식을 진행한다고 하여 화제가 된 적이 있었다. 일본의 BBT 대학은 일본 최초로 온라인 강의를 실시한 곳으로 한국으로 따지면 방송통신대학교와 비슷하다고 볼 수 있겠다. 아무래도 사이버

대학은 직접 대면할 일이 적다 보니 어쩌다 한 번 만나는 졸업식이나 수료식만큼은 어느 대학 못지않게 성대하게 치르는 전통이 있다. BBT 대학 졸업식도 일본의 로봇 기술력을 확인할 수 있는 전에 없던 행사가 될 것이라며 여러 매체에 기사화되었다. 과연 어떤 기술력을 보여 줄까, 얼마나 신선한 장면이 연출될까, 세간의 기대가 모아졌다. 나도 어느 새벽, 생각난 김에 인터넷을 켜고 해당 영상을 찾아보았다.

학사모를 쓴 총장님과 촬영기자, 식을 진행하는 직원들은 있었지만 졸업할 학생들은 보이지 않았다. 대신 학사모를 쓰고 졸업 가운을 입은 사람 키만 한 로봇 몇 대가 보였다. 로봇의 머리 부분엔 태블릿이 걸쳐져 있었는데 거기에 졸업생들의 얼굴이 커다랗게 보이는 게 아닌가. 졸업생들은 실시간으로 로봇에 설치된 카메라를 통해 졸업식을 시청한다고 했다. 로봇엔 팔이 없었기 때문에 졸업장을 둘 스탠드를 따로 설치했다고 한다. 구부정한 로봇이 바퀴를 스르륵 움직여 중앙에 졸업장을 걸치고 다시 자기 자리로 굴러가는 모습이란…. 너무 늦은 새벽에 봤기 때문일까. 참으로 기괴하다는 느낌을 버릴 수 없었다. BBT 대학엔 정말 미안하지만 〈센과 치히로의 행방불명〉에 나오는 요괴를 연상시켜서 솔직히 비명이 나올 뻔했다.

도대체 무엇이 문제였을까. 비대면의 효율성과 공학의 기술력이 만났고, 학생들이 참여할 수 있는 뜻 깊은 시도였다. 그런데 왜 낯설고 차갑고 어색하게 느껴지는 것일까.

사람 사이의 온도감은 어디에서 나올까? 나는 스스로에게 이 질문부터 던질 수밖에 없었다. 온도감은 눈으로 보거나 귀로 듣는 감각이 아니다. 피부와 피부가 닿을 때 느끼는 감촉에서 시작된다. 비대면 사회, 손과 손이 맞닿지 않는 사회는 어찌됐든 온도감을 느끼기 어려울 것이다. 아바타 로봇 졸업식은 그 감촉의 빈자리를 기술력으로 대체하려던 시도였다. 로봇의 카메라와 태블릿 화면을 통해 총장과 학생 간의 상호 소통도 가능하게 만들었다. 많은 분들이 알고 있듯이 쌍방향 소통은 인간관계의 기본 원칙이다. 그러나 그것만으로 따뜻함은 쉽게 느껴지지 않았다.

감정의 온도는 실존감이다

나는 오히려 다른 기사를 통해 비대면의 온도감을 찾았다. 아파트 현관에 놓인 주민들의 배려에 대한 내용이었다. 어느 아파트의 현관 입구에 작은 상자가 놓여 있고, 그 안에는 물티슈와 간식, 마스크가 들어 있었다. 상자 위에는 종이 한 장이 붙어 있었는데 어린아이가 꾹꾹 눌러쓴 듯한 손 글씨가 인상 깊었다.

'우체부님, 택배기사님. 감염병이 유행하는 지금도 항상 저희 집에 필요한 물건을 안전하게 배달해 주셔서 감사합니다.

손 소독제, 물티슈, 간식이 들어 있어요. 필요한 만큼 가져가시고 힘내세요.'

이게 뭐라고 마음이 몽글몽글해지는 것일까. 심지어 인간관계의 기본 원칙인 쌍방 소통조차 이루어지지 않았다. 아마 이 상자를 준비한 주민분과 택배기사님은 직접 만날 일이 없을 것이다. 그러나 택배기사님이 물티슈 하나를 들어서 주머니에 넣을 때, 귤 하나를 집어서 동료들과 까먹을 때 그의 손은 온도와 감촉을 기억할 것이다. 손을 잡을 때와는 전혀 다른 감촉이지만, 못지않은 따뜻함은 전달되었다. 온도감은 피부만이 느낄 수 있다. 그리고 만질 수 있는 실존 물질이 감각의 매개체가 되어 준다.

만질 수 있는 감각의 소중함에 대해 연구한 이들이 있다. 단언컨대 올해의 연구로 손꼽을 만한 심리학 실험이 있어 소개하고자 한다. 이스라엘 교도소 가석방 패턴 분석 연구로 유명한 미국 스탠퍼드 대학의 조나단 레바브Jonathan Levar 교수 팀의 연구이다.[19]

---

19   F. A. Shennib, R. Catapano & J. Levav (2019), "Preference Reversals Between Digital and Physical Goods", in NA - Advances in Consumer Research Volume 47, (Eds). Rajesh Bagchi, Lauren Block, & Leonard Lee, MN: *Association for Consumer Research*, pp. 342-346.

뉴욕타임즈는 미국의 저명한 일간지 중 하나다. 물론 시대의 흐름에 따라 디지털로도 유료 구독이 가능하다. 연구자들은 한 그룹의 사람들에게 다음과 같이 질문을 한다.

"매일 아침 종이 신문으로 뉴욕타임즈를 받아 보시겠습니까? 아니면 당신 태블릿에 디지털 신문으로 전송 받아 보시겠습니까?"

대부분의 사람들은 고민 없이 디지털 신문을 고른다. '참나, 요즘 때가 어느 땐데'라고 중얼거리면서 말이다. 연구자들은 비슷하면서도 조금 다른 두 번째 질문을 한다.

"특별 할인가로 뉴욕타임즈를 1년간 받아 볼 수 있는 절호의 기회가 생겼습니다. 종이 신문으로 받아 볼 때 얼마의 구독료를 지불할 의사가 있으십니까?"

또 다른 그룹에게도 묻는다.

"특별 할인가로 뉴욕타임즈를 1년간 받아 볼 수 있는 절호의 기회가 생겼습니다. 디지털 신문으로 전송받아 볼 때 얼마의 구독료를 지불할 의사가 있으십니까?"

거의 모든 사람들이 디지털 신문에 비해 종이 신문에 높은 값을 쳐 줬다. 자그마치 다섯 배 정도 지불할 용의가 있다고 하니, 종이에 인쇄하는 비용이나 배달 인건비를 감안해도 제법 큰 차이다.

참 이상한 일이다. 결국 디지털을 선택하지만 가치를 인정하는 것은 물질이다. 내가 만지고 넘기고 가장자리를 꼬깃꼬깃 접을 수 있는 종이에 마음을 주고 돈도 지불하겠다는 심리다. 비대면 시대에도 실존하는 물질에 우리의 감정은 쏠리게 마련이다. 이것을 기억하는 이는 미래 사회 커뮤니케이션의 승자가 될 것이다.

소통 방식은 변화한다

아바타 로봇 졸업식의 충격에서 아직 못 벗어나고 있을 때쯤, 나는 또 다른 형태의 비대면 졸업식을 만나게 되었다. 우리나라의 한 기업이 후원하는 소프트웨어 아카데미의 수료식이었다. 나 또한 이 수업의 자문교수여서 온라인으로 생중계되는 상황을 지켜보았다.

사회적 거리두기 때문에 상을 받는 십여 명의 학생만 실제로 수료식에 참가하고 다른 학생들은 화상으로만 참석할 수밖에 없었다. 식장에 설치된 커다란 화면에는 집에서 시청하는 180명의 얼굴이 실시간으로 보였다. 여기까지는 그저 평범한 온라인 행사와 다를 바 없었다. 그런데 식이 시작되자 상황이 달라졌다. 직접 참가한 학생들이 상과 꽃다발을 받고 돌아가는 순간이었다. 카메라 앵글이 청중석으로 전환되자 모두의 입에서 "아!" 하는 탄성이 나왔다.

썰렁할 줄 알았던 청중석이 꽉 차 있었다. 주최측이 이 자리에 오지 못한 학생들의 얼굴을 실제 크기로 인쇄해 판넬에 부착한 것이었다. 사회적 거리두기로 비어 있는 의자마다 활짝 웃는 180명의 학생들의 사진이 놓여 있었다. 마치 자리에 앉아 박수라도 쳐 주듯 말이다. 상을 받은 학생들은 자신이 착석할 자리를 찾는 데 주저함이 없었다. 같이 공부한 우리 조 친구가 이미 앉아 있으니 말이다. 내 친구의 옆자리가 바로 내 자리기 때문이다.

"야, 오늘은 일찍 왔다? 조 모임엔 맨날 늦더니?"

당연히 실제 친구가 아니라 인쇄물인 것을 안다. 하지만 참석한 학생들은 판넬에 대고 자연스럽게 농담도 하고 스킨십도 했다. 장난으로 툭툭 때리면 화면 속 아이들이 "머리 때리지 마라!"며 킥킥거렸다. 참으로 재미있는 광경이었다. 자기가 받은 꽃다발을 친구 사진 앞에 두고 셀카를 찍는 학생들. 사진 앞에서 "나만 수료식에 와서 미안해." 라며 흐느끼는 학생들. 온라인 화면 속 친구들도 "우리 진짜 고생했다."며 격려와 축하를 주고받았고 행사장엔 눈물과 웃음이 잔잔하게 번졌다. 바라보는 나도 코끝이 찡해졌다. 한 공간에 함께할 수 없었지만 심리적으로는 확실히 하나였다.

종이 판넬은 피부의 느낌과 전혀 다르지만 만질 수 있는 실존적 물질이다. 아이들은 판넬의 머리카락을 쓰다듬고 어깨에 기대면서 친구의 온기를 느꼈다. 전혀 다른 촉감으로도 정서가 환기되고 친근한 심리가 전해진 것이다.

이 아이디어는 행사를 주관하는 기획팀의 가장 나이 많은 부장님의 머리에서 나왔다고 한다. 그분이 학생들이 느낄 아쉬움이 염려되어 다른 분들을 설득해서 이 자리를 만들어 나간 것이었다. 작은 발상의 전환 덕분에 물리적 실존감이 주는 따뜻함과 비대면의 효율성을 동시에 확보한 것이다. 모두에게 정겹고 의미가 있음은 물론이다.

젊은 사람만이 젊은 생각을 하는 것은 아니다. 코로나 이후, 바뀐 환경에서 가장 인간적인 소통을 유지하는 것은 우리 모두의 숙제가 되었다. 이 소통의 방식을 이해하고 우리를 맞출 것인가, 아니면 힘들어 하며 한숨만 쉴 것인가. 지금이야말로 생각의 변화와 좋은 안목이 샘솟기 좋은 시점이 아닐까?

살아남은 이들의
윤리와 이타성

팬데믹 사회에서 생존은 고달프다. 마음은 불안하고 몸은 고립되어 있다. 건강과 경제, 정치 사회 등 모든 분야가 하루가 다르게 변화하며 예측하기조차 어렵다. 말 그대로 재난상황인 셈이다. 종전에 누렸던 당연한 것들까지 빼앗긴 상황에 한정된 자원을 나누기 위해 경쟁은 더 치열해질 것이다. 사람과 사람 간의 물리적 거리마저 떨어진 지금, 공동체는 해체 상태처럼 보인다.

그런데 이런 상황에서도 내가 아닌 남을 위한 행동을 서슴지 않는 사람들이 있다. 의료봉사를 위해 얇은 마스크에 목숨을 걸고 집단 감염 지역으로 가는 이들, 취약 계층을 위해 써 달라며 익명으로 현금을 기부하는 이들, 누가 시키지도 않았는데 어려운 상인들을 위해 임대료를 내리는 이들, 수익과 상관없이 상처받은 사람들의 여가를 위해 재능을 나누는 예술가들, 자가 격리

중인 이웃이나 온라인수업 환경이 갖춰지지 않은 학생, 홀로 계신 어르신들을 돕기 위해 솔선수범 나서는 사람들이 생각보다 참 많다. 이런 분들의 소식을 접할 때마다 인간을 강력한 생물학적 개체로 만들어 낸 진화의 전략이 '이타성'임을 다시 한 번 깨닫게 된다.

역량과 성장을 연구하는 인지심리학자가 윤리나 이타성을 강조하면 어울리지 않는다고 생각할지도 모르겠다. 하긴, 착한 사람이 상을 받고 나쁜 사람이 벌을 받는 것은 전래동화에서나 나오는 교훈 아니었던가. 사서 고생하는 일, 남 좋은 일 해 주는 게 뭐 그리 강한 전략이란 말인가.

세상에는 여전히 권력과 지위를 이용해 자신의 뜻을 관철시키고 법과 윤리를 자기 입맛에 맞게 이용하며 타인 위에 군림하는 자들이 잘 먹고 잘 살고 있다. 그들이 정글 같은 사회의 진정한 강자이며 윤리적이고 이타적인 행위는 자칫 약자의 특징인 것처럼 보인다. 그렇다. 적자생존, 약육강식이 우리의 상식이니까.

그러나 심리학자뿐 아니라 진화를 기반으로 과학을 연구하는 과학자들 역시 몇 백 년 전부터 인간의 이타성이 생존에 유리한 기술임을 확신하는 여러 주장과 근거들을 내어놓고 있다.

강한 자가 정말 살아남을까?

19세기 영국의 생물학자이며 철학가였던 토머스 헨리 헉슬리Thomas Henry Huxley는 육체적, 물리적으로 강한 개체가 생존에 유리하다는 우리의 상식을 흔들 만한 다양한 연구를 남겼는데 특히 《진화와 윤리》라는 저서를 통해 현대 심리학에서도 중요하게 적용되는 인상적인 대목을 남겼다. 바로 고대 로마의 검투사에 대한 이야기다.

고대 로마 원형 경기장의 풍경은 오늘을 사는 우리에게도 결코 낯설지 않다. 많은 영화와 드라마를 통해 여러 차례 생생하게 재연되었기 때문이다. 치열한 몸싸움이 벌어지는 검투 경기장에서 가장 힘세고 강한 자는 누구일까? 당연히 검투사다. 그렇다면 경기장을 가득 채운 수많은 사람 중에서 가장 먼저 죽은 자는 누구일까? 그 또한 검투사다.

실제 자료를 보아도 검투사들의 수명은 우리가 생각하는 것보다 훨씬 짧았다. 황제나 관객들이 엄지손가락을 아래로 내려 그의 목숨을 거두었기 때문은 아니다. 영화에서 보는 것과는 달리 실제 역사에서는 의외로 대부분이 엄지손가락을 위로 치켜들어 패배한 검투사가 살 수 있게 해 주었는데, 그들의 자비와는 상관없이 검투사들 대부분은 싸움의 후유증으로 생을 마감했다고 한다.

가장 오래 싸운 검투사의 경기 기록이 40번이었다고 했으니 대부분 몇 십 번의 경기조차 버티지 못했던 셈이다. 그들의 신체를 기록한 자료를 보면 마치 교통사고 당한 이의 몸 상태와 비슷했다고 한다.

그런데 이처럼 가장 강하지만 가장 일찍 죽는 검투사와는 전혀 다른 이들 또한 경기장에 존재한다. 좋은 옷을 입지도 않고, 힘도 세지 않으며, 외모도 목소리도 존재감 없던 관중석의 누군가를 떠올려보자. 약한 존재였던 그는 아마도 검투사보다 훨씬 오래 살아남아 자손을 번식했을 것이다.

아버지는 나에게 뼈대 있는 가문의 자손이라고 하셨다. 김해 김씨 금녕군파라고 듣긴 했는데 정말 나의 조상님이 왕족일지는 솔직히 의문이다. 아무리 역사책을 뒤져 봐도 왕족이 대대손손 이어가며 천수를 누린 경우는 드물기 때문이다.

세상이 혼란스러울 때 제일 먼저 죽는 게 왕족 아니던가. 민란이 일어나도 죽고, 권력 다툼이 일어나도 죽고, 도망가도 잡히고, 숨어도 끝까지 발각돼 죽는다. 원래 힘 있는 자들이 빨리 죽는다. 만에 하나 나의 조상님이 정말 왕족이셨더라도 그렇게까지 강한 편은 아니었을 것이다. 몇 세기를 지나 나와 같은 후손을 남겼다는 것이 그 증거니 말이다. 물리적 강함이 아닌 다른 특별한 이유로 인해 선조들과 나는 살아남았다.

많은 분들이 진화의 핵심을 강하고 우월한 유전자를 남기는 것으로 알고 있다. 사실 그렇지 않다. 본래 생물의 유전자란 녀석들은 남보다 우월한가 그렇지 않은가에 큰 관심이 없다. 얼마나 더 오랫동안 살아남아 더 많이 번식할 수 있는 있는가가 더욱 중요하니까. 그렇기에 생물계의 여러 종들은 수단과 방법을 가리지 않고 마지막까지 살아남기 위해 노력한다. 성공한다면 그것이 바로 그 개체의 역량이 된다.

흔히 하는 말 중에서 '강한 자가 살아남는 게 아니라 살아남는 자가 강한 자다'라는 말이 있다. 그게 바로 진화의 핵심이며 거대한 지구의 역사 속에서 인류가 살아남게 된 위대한 비밀은 따로 있었다.

인간 윤리, 후천적 결과물

그렇다면 우리 인간이라는 개체는 정말 이타적인가? 그리고 윤리적인가?

많은 이들이 고개를 저을 것이다. 이해한다. 나 또한 매일 저녁 뉴스를 볼 때마다 참혹함을 느끼기 때문이다. 세계 곳곳에 폭력과 전쟁, 범죄와 테러가 난무하고 정의나 평화 같은 가치는 갈수록 멀어지는 것처럼 느껴진다. 그러나 많은 학자들과 연구자들은 인간의 역사가 점점 이타적이고 윤리적인 방향을 향해 나아가고 있다고 확신한다.

캐나다의 심리학자 스티븐 핑커Steven Pinker는 대중들이 쉽게 접할 수 있는 과학서를 다수 집필해 한국인들에게도 많이 알려진 분이다. 그의 최근 저서 중 하나인《우리 본성의 선한 천사》에는 다음과 같은 문장이 나온다.

'아마도 우리는 지금 인류가 지구상에 출현한 이래 가장 평화로운 시대를 살고 있는지 모른다.'

흉악한 사건들이 터질 때마다 우리는 가장 위험하고 험악한 시대에 살고 있는 듯 가슴이 무거워지지만 사실 잔혹하고 흉악한 범죄는 예전이 훨씬 더 많았다. 숫자를 분석하면 세계가 옳은 방향으로 진보하고 있다는 확신이 들 것이다.

선사시대에는 인구의 15%가 다른 사람의 손에 의해 타살당했고, 중세 유럽에서는 인구 10만 중 50명에 이르는 수가 전쟁과 상관없이 살인으로 죽었다. 능지처참, 화형, 결투, 노예사냥 등 다양하고 잔혹한 방식의 폭력과 처형이 존재했다. 그러나 현재 우리나라 기준 인구 10만 명 당 타살율은 1명이 될까 말까다. 가장 위험하다고 하는 아프리카나 중남미에서도 10명을 넘지 않는다.

인간의 존엄성이 중요해진 만큼 폭력에 반응하는 민감도도 커졌으니 문제의식을 가진 뉴스를 자주 접하게 마련이다. 따라서 안전한 세상에 살고 있다는 것이 피부로 느껴지기 어렵다. 그러나 범죄의 발생 수치를 분석한다면 우리는 역사상 가장 안전한 시대를 살고 있는 것이 확실하다.

 그렇다면 인류는 무슨 이유로 폭력과 범죄로부터 멀어지게 되었을까? 혹시 인간이 점점 착해지고 있는 게 아닐까? 어림없는 소리다. 본성은 절대 쉽게 변하지 않는다. 게다가 신경학적으로 인간의 뇌는 30만 년 전이나 지금이나 큰 차이가 없다. 아니 그냥 똑같다. 떨어진 것 주워 먹다가 사냥감이 지나가면 따라가고, 해 떨어지면 잠이나 자던 원시 인류의 뇌, 그 자체라고 봐도 무방하다.

 그런데 참 재밌게도 불과 몇 백 년 전부터 인류의 뇌는 그간 해 보지 않은 독특한 짓을 하기 시작한다. 일을 하고 공부를 한다는 것. 그게 일상의 전부가 되었다는 것. 역사상 가장 특이한 뇌의 활동으로 손꼽히지 않을까?

 생각해 보면 인간이 사회 시스템 안에서 보편 교육을 받은 역사는 채 얼마 되지 않았다. 무엇을 배웠는지 생각해 보자. 교육의 내용은 동서고금을 막론하고 비슷비슷하다. 착하게 살라, 남을 해치지 말라, 어려운 사람을 도와라 등등. 대부분 기본적인 윤리와 도덕에 관련된 교육이다.

인간의 본성은 변하지 않는다. 그러나 도덕과 윤리를 교육받음으로서 인간의 폭력성은 현저히 줄어들었다고 평가된다. 그리고 많은 학자들은 달라진 환경과 상황에서 민주주의가 가능해졌다고 말한다. 민주주의의 본질은 '저 사람이 나와 다르다는 것을 인정하는 것'이기 때문이다.

민주주의가 최초로 출발한 시기를 거슬러 올라가 보자. 그곳엔 종교적 신념과 제왕적 정치가 있었다. 이에 반대하기 위한 움직임에서 시작된 것이 바로 민주주의다.

과거에는 인간이 동경해야 할 종교적 이상향이 정해져 있었으며 우리 모두는 그 상태로 가기 위해 노력하는 존재여야 했다. 거부하는 자들에게는 당연히 처벌과 응징이 뒤따랐다. 믿는 자와 믿지 않는 자, 찬성하는 자와 그렇지 않은 자. 이분법적인 잣대로 무한 폭력을 정당화했다. 그러나 현재의 민주주의는 다르다. 이데아적 신념보다 더 중요한 것은 각자의 다름을 인정하는 것이라고 가르친다. 다양함을 배우고 폭력을 거부한다. 그 가치를 교육받고 후대에 전수하면서 인류는 점차 이타적으로 바뀌었으며 결국 안전하고 평화로운 사회를 맞이하게 된 것이다. 기억하자. 이타성과 윤리성은 절대 인간의 본성이 아니다. 정교한 사회문화적 환경과 교육 시스템으로 설계된 후천적 학습의 결과다.

생존 자체가 불확실한 작금의 상황에서 살아남기 위한 가장 확실한 전략 중 하나는 이타적인 행동이라고 감히 말하고 싶다. 타인을 향한 배려, 선행, 진정성 있는 소통 등을 접하고 행하며 공동체의 문화로 발전시키는 것이다.

맹수들의
생존 윤리

이타적인 공동체가 이기적인 공동체보다 정말 더 강한 힘을 갖는가? 그리고 정말 더 오래 살아남을까? 수많은 연구에 따르면 그렇다. 그 근거를 지구의 역사를 통해 찾아볼 수 있다.

호모 사피엔스가 지구상에 처음 나타난 지도 30만 년이 흘렀다. 입이 떡 벌어질 정도의 긴 시간이지만 사실 지구의 나이인 46억 년에 비하면 0.0065% 정도밖에 되지 않는 시간이다. 인류의 역사는 지구에 비하면 가소로운 수준이며 다른 생물종에 비해서도 우스울 정도로 짧다. 실제로 동물원에 갇혀 있는 대부분의 동물들이 우리의 대선배님이라 보아도 무방하다.

지구의 환경은 변화무쌍하고 자연은 척박하며 자원은 늘 부족했다. 그럼에도 불구하고 오랫동안 멸종하지 않고 후손을 번식시킨 종이라면 그럴 만한 비결이 있었으리라. 적은 양의 먹이로도 에너지를 만들어 낸다거나 엄청난 수의 알을 번식시키는 등의 일 말이다. 그런데 환경 적응적 측면에서 살아남기 힘들어 보이는데 의외로 유구한 역사 안에서 생존을 이어간 생물 종들이 있다.

예를 들면 악어나 늑대가 그렇다. 악어는 중생대의 공룡과 함께 등장하여 지금도 현존하는 생물종이며 늑대는 빙하기에도 살았던 고대 생물이다. 싱싱한 날고기만 먹는 까다로운 섭식행동을 고집하는 데다가 딱히 다산을 하지도 않는 이런 동물들이 이토록 오래 살아남았다니 놀라운 일이다. 지구상의 수많은 생물종이 번영과 멸종을 거듭하는 동안 당당하고 꾸준하게 생존을 이어온 특별한 비결이 무엇인지 학자들은 연구를 거듭했다. 그리고 그 비밀을 이타성에서 찾았다.

몇몇 동물의 이타성은 원칙이며 규율이고 인간 윤리를 뛰어넘을 정도로 엄격하게 전승되고 있었다. 악어의 무리에서는 서열 다툼이 치열하게 이루어지지만 언제나 단기간에 끝난다. 일단 우두머리가 지정되고 나면 나머지 수컷들은 깨끗하게 굴복하기 때문이다. 우두머리 악어 또한 싸움에서 진 악어를 보복성으로 공격하거나 내쫓지 않는다. 심지어 패배한 수컷이 스스로 목덜미를 들이대더라도 앞다리만 살짝 깨물어 서열을 확인할 뿐이다.

사바나 개코원숭이 또한 권력 체계가 확실한 무리생활을 한다. 그러나 의외로 사납고 호전적인 원숭이는 암컷들에게 인기도 없고 무리에서 소외당한다. 조직을 장악하는 리더는 무리의 갈등을 조율할 줄 아는 존재여야 하기 때문이다.

많은 개체를 이끌어야 하는 늑대의 우두머리는 늘 내부 갈등을 마주해야 한다. 분쟁이 일어났을 때 어떻게 조율하느냐가 리더의 권위로 인정받는 것은 물론이다. 무리의 늑대들 사이에 싸움이 벌어져 당장이라도 서로를 물어뜯으려 할 때, 우두머리 늑대는 그들 사이에 다가가 장난을 치며 뒹군다. 서열 1위의 리더가 으르렁거리는 부하들의 몸을 비비고 벌러덩 누워 버리면 어찌할 도리가 없다. 우두머리를 무는 것은 무리에 대한 반역이니 맘먹고 싸우자면 응징이 뒤따른다. 고민하는 사이 감정은 수그러들고 싸울 맛도 안 나게 마련. 덕분에 공격성은 사라지고 무리의 결속은 유지된다.

제인 구달Jane Goodall에 의하면 침팬지 무리의 우두머리는 아무리 힘이 세더라도 다른 부하들의 먹이를 빼앗지 않는다고 한다. 스스로 노력하여 바나나 하나를 얻었을 때 그 공을 인정하고 지켜 주는 것이 무리의 질서를 유지하는 데 더 큰 도움이 되기 때문이다. 공들여 사냥을 해 왔는데 순식간에 권력자에게 빼앗긴다면 누구도 힘들여 사냥을 하려고 하지 않을 것이다. 각자의 것을 인정하는 것은 모두를 위한 생존인 셈이다.

침팬지 우두머리의 경우, 각자의 것을 인정하는 동시에 나눠 주는 것에도 인색하지 않았다. 사냥에 참여하지 않았더라도 고기의 작은 부위 한쪽 정도를 다른 수컷들에게 나누어 주는 모습이 여러 차례 관찰되었던 것이다. 동물행동학자들은 단순한 너그러움이 아닌 일종의 보험이라고 말한다. 권력의 위협이 될 수도 있는 이들에게 지지를 얻을 수 있을 뿐 아니라, 나중에 상대방이 고기를 가졌을 때 자신 또한 나누어 받을 정당성이 생기니 말이다.

인간 세계가 냉혹하다고 하지만 자연은 그보다 훨씬 더 잔혹하다. 동물의 세계는 인간들의 국제 정세 못지않은 변수들의 연속이다. 아무리 우수한 사냥 실력이 있어도 매번 사냥에 성공하는 것은 불가능하다. 언제 어디서 적이 나타나 현재의 안전을 위협할지 알 수 없다.

우리 팀에 아무리 좋은 인재들과 시스템이 있어도 늘 성공하지 못하는 것과 같다. 내 부서가 아니고 내 팀이 아니더라도, 혹여 나와 경쟁 관계에 있는 이라도 필요할 때 작은 고깃덩어리 하나 떼어 줄 수 있는 조직은 신뢰의 문화가 깔려 있는 곳이라고 볼 수 있다. 나 또한 언제든 도움을 받을 수 있다는 믿음이 있어야 가능한 행동이기 때문이다. 그리고 위기의 순간 그 조직은 새로운 힘을 발휘한다. 동물의 세계에서 볼 수 있듯이 이타성은 변수에 더 능동적이고 창조적으로 대응하게 만드는 협동의 근원이라고 할 수 있다.

그래서일까? 실제로 급변하는 환경에 놀랍게 적응하는 혁신기업들의 경우 놀라울 정도로 이타적인 조직문화를 자랑한다. 창조적인 기업, 성장하는 기업의 리더들은 나와 경쟁 관계에 있는 부서에도 인센티브를 나눠 주고 협동하는 중간 보스를 눈여겨본다. 그리고 그를 다음 기회에 더 높은 자리로 올린다. 보상은 눈에 보이는 성과를 기준으로 하지만, 승진은 자원의 분배를 기준으로 판단하는 것이다. 급변하는 정세 속에서 기술을 발전시키고 새로운 자원을 끊임없이 창조하는 것은 고통스러운 일이다. 발상을 조금만 전환하면 이미 가지고 있는 자원으로 훨씬더 다양하고 훌륭한 성과를 낼 수 있다.

구글의 사내 시스템 중에 재미있는 것이 있다. 자기네 부서의 고민거리를 타부서에 오픈한다. 그리고 이를 해결해 줄 만한 아이디어를 내놓는 타부서 직원에게 중간 관리자들이 감사 쿠폰을 지급하는 것이다. 많게는 수십만 원에 이르기까지 꽤 값어치가 있는 쿠폰이다. 누가 쿠폰을 받는지, 쿠폰을 어떻게 사용하는지 간부들이 눈여겨보는 것은 당연하다. 전혀 엉뚱한 사람들이 남의 부서의 고민을 해결해 주려고 끙끙대고 조직 전체가 그 행동을 부추기다니. 생각하기에 따라 참 오지랖 넓은 기업 문화 아닌가. 그러나 이런 오지랖이야말로 진화론적 생존 법칙이다. 무리 전체의 협동이 이루어질 때 위기에서 능동적으로 대처하는 적응력이 발생하기 때문이다.

상위 0.1%의 비밀

자원을 빼앗거나 독점하지 않고 공정하게 배분하며 내가 가진
것을 나누고, 상대의 어려움을 공감하고 도우려는 행동. 이타성
은 환경적 변수에 적응하는 힘이 되고 결국 조직의 생존과 발
전에 도움이 된다. 그런데 공동체에만 도움이 되는 것이 아니라
개인의 삶에도 어마어마한 혜택을 미친다.

몇 해 전 EBS 다큐 프로그램에 참여한 일이 있었다. 대한민
국 학력 상위 0.1%를 차지하는 학생들이 다른 평범한 아이들과
무엇이 다른지 알아보는 내용이었다. 0.1%는 대단한 수치다.
2010년도 당시 전국 고등학교 2학년 62만 5천 명 중 학력지수
가 800등 안에 들어가야 받을 수 있는 백분율이다. 8000등을

해도 입이 떡 벌어질 실력인데 무려 800등이라니, 대체 이 아이들은 얼마나 대단한 재능과 환경을 타고난 것일까? 방송국의 제작진들은 이들의 아이큐를 비교해 보고, 성격도 살펴보고, 부모 소득도 비교해 보는 등 다양한 기초 사고능력 변이와 인구통계학적 변이를 분석해 보았다. 그런데 의외로 별게 없었다. 여타의 평범한 아이들과 눈에 띄게 다른 지점을 찾기 어려웠던 것이다. 한 가지 엉뚱한 부분에서 공통적으로 높은 점수를 보이는 지점이 있었는데 놀랍게도 이타성이었다. 이 아이들이 참 착했다는 것이다. 아니, 공부 잘하는 것도 모자라 착하기까지, 많은 분들은 이렇게 생각할 것이다.

'우리 애도 착한데…….'

'나도 되게 착한데…….'

사실 안 착한 아이가 어디 있겠는가. 여기서의 성품은 그저 어른 말을 잘 듣거나 온순하다는 뜻과는 다르다. 상대의 상황을 이해하고 좋은 감정을 전달하는 능력을 말한다. 그것을 우리는 일상에서 편하게 '착하다'고 표현하곤 한다. 사실 어른들의 세계에서도 이런 지점은 비슷하게 드러난다. 상위 30% 내외의 어중간한 그룹은 성품이 각양각색이다. 솔직히 못된 사람들도 많다. 배타적이고 이기적이며 습관적으로 빈정거리거나 속임수를 쓰는 인간들이 허다하다. 그런데 실력이 상위로 올라갈수록 나이가 많든 적든 존경할 만한 성품을 보여 주지 않는가. 학력 수준도 마찬가지였다. 최상위권의 아이들은 교실 안에 수두룩하게 존재하는 어중간한 아이들에 비해 책임감과 자립심이 강하고 정직하며 존중심이 뛰어났다는 것이다. 도대체 왜 이런 현상이 반복적으로 관찰되는 것일까?

윤리적이고 이타적인 사람들의 특징을 살펴보면 그 답이 나온다. 그들은 참 따뜻하다. 나에게 도움이 안 되는 사람도 말을 걸게 해 준다. 자기에게 도움이 되는 사람하고만 소통하는 이기적인 사람들과는 확연하게 구별되는 특징이다.

그 덕에 이 0.1%의 아이들은 전교 2등 친구의 질문은 물론 전교 꼴등 친구가 간만에 공부하다가 막히는 게 있다고 찾아와도 개의치 않고 설명을 해 준다. 실제로 방송을 보면 친구들이 최상위권 아이를 부담 없이 찾아와 이것저것 많이도 물어본다. 그런데 왕년에 공부 좀 해 보신 분들은 바로 이해를 할 것이다. 남한테 뭘 가르친다는 게 얼마나 어려운 일인지. 게다가 비슷한 수준이 아니라 나보다 훨씬 낮은 수준의 사람을 이해시키는 것이 훨씬 난이도가 높다는 것도 말이다.

사실 전교 1등이 전교 2등을 가르치는 건 어렵지 않다. 한두 가지 포인트만 찔러 줘도 말하지 않은 부분도 알아차리니 말이다. 그러나 질문한 친구가 전교 꼴등이라면 얘기가 다르다. 단순히 문제 풀이 방법이나 공식을 설명해 주는 걸로는 한참 부족하다. 아는 게 하나도 없으니 아예 기초 개념부터 알려 줘야 하니 곤란하기 짝이 없다. 그런데 이타적인 아이들은 이런 과정에서 눈살 하나 찌푸리지 않더라는 것이었다.

실제로 방송에 나온 0.1%의 한 아이는 x^2을 가리키며 '엑스 옆에 2는 왜 이렇게 조그매?'라고 해맑게 묻는 친구의 질문을 절대 우습게 넘어가지 않았다. 알아보고 설명해 주겠다고 약속하더니 정말 집에 가서 인터넷을 뒤지는 것이었다. 수의 기원을 찾고 수학 기호의 발달사를 공부하더니 다음 날엔 관련 챕터를 인쇄해 와 설명을 해 주었다. 아이의 지혜로움에 모두가 탄복한 장면이었다.

설명할 수 있는 지식

왜 이타적이고 윤리적인 사람이 점점 더 지혜로워지고 통찰력을 갖게 되는가. 심리학자들은 오랜 시간 그 답을 찾기 위해 고군분투했다. 그 비밀은 바로 대화와 질문의 힘에 있었다. 이타적인 사람은 나와 격차가 많이 벌어진 이들의 말을 들어주고 어떤 질문도 할 수 있도록 문을 열어 준다. 그런데 그 질문이란 것이 참 신기하다. 대부분 처음 들어 보는 것들이다. 게다가 기원과 본질을 아무렇지도 않게 툭, 대놓고 물어보기 일쑤다. 살면서 그다지 궁금하지도 않았으며 몰라도 크게 상관없었던 기술과 지식의 본질과 기원. 대답을 위해서는 내가 안다고 생각했던 것들을 전혀 다른 시각으로 들여다보고 재구성을 해야만 한다.

인간이 가진 뛰어난 능력 중에 '메타인지 능력'이라는 게 있다. 자신이 아는 것과 모르는 것을 자각해 스스로 문제점을 찾아내고 해결할 줄 아는 인식이다. 메타는 무언가 상위에 있다는 개념. 내 인지를 보는 인지가 하나 더 존재한다. 지나간 드라마 대사 중에 '내 안에 너 있다'라는 말이 있었는데, 사실은 내 뇌 안에 뇌를 바라보는 또 다른 뇌가 있다고 봐도 될 것이다. 그런데 이 메타인지는 좀 허술한 것이 친숙한 것과 안다는 것을 헷갈려 한다. 그래서 어중간하게 친한 것들은 내가 아는 것인지 모르는 것인지 혼란스러울 때가 많다. "그, 그, 그, 그 사람 누구였지! 이름이 뭐였더라." 많이 본 외국 배우의 이름이 입 밖으로 튀어나오지 않고 혀끝에서 맴도는 설단 현상은 메타인지와 진짜 인지가 싸우는 대표적인 장면이다.

공부도 마찬가지. 실제로 내가 알고 있다는 느낌을 진짜 안다고 착각하는 경우가 많다. 참고서를 읽거나 학원 선생님의 설명을 들으면 마치 아는 것 같다. 하지만 그 지식과 친해져서 마치 아는 것처럼 느껴지는 것뿐이다. 그러니 시험 문제를 풀면 당당히 틀리게 마련이다.

이 느낌을 실제 인지로 확인시키기 위한 가장 좋은 방법은 다른 사람에게 설명하는 것이다. 설명을 통해 애매했던 부분을 스스로 확인하고 자신의 기억에도 오래 남긴다. 이타성이 높은 상위 0.1% 아이들은 친구의 질문에 대답하기 위해 고민하고, 쉽게 풀이하고, 여러 번 설명하는 행동을 반복적으로 보여 줬는데 이 행위의 최대 수혜자는 결국 그 자신이었다.

다시 방송 내용을 살펴보자. 상위 0.1% 아이들의 가르침은 학교에서만 끝나는 게 아니었다. 촬영을 위하여 아이들의 집에 가 본 제작진들은 재미있는 특징을 발견한다. 아이들의 집집마다 약속이라도 한 듯 칠판이 있더라는 것이다. 아니, 이 친구들, 자세히 보니 집에서도 그렇게 설명을 한다. 엄마, 아빠, 할머니, 이모, 동생 등등. 앉혀 놓고 가르치는 모습이 그렇게 자주 카메라에 잡힌다. 가족에게까지 공부를 가르치는 건 난이도 높은 훈련이다. 관련된 일을 하지도 않는 타인에게 전문적인 내용을 가르친다는 것은 보통의 지혜와 통찰력으로는 감히 도전하기 어려운 것이니까.

영역 일반적 보편 용어로 말하기

세계의 인지심리학자들은 뛰어난 전문가들이 평범한 전문가들과 어떤 지점에서 차이가 있는지를 연구해 왔다. 최고의 기관과 기업에서 일하는 이들은 어떤 행동적 습관이 있는가. 실리콘밸리, 월스트리트, 나사 등 다양한 곳에서 최고의 전문가들을 살펴보고 관찰했다. 예외 없이 모든 연구에서 발견되는 이들의 특징은 내 일에 대해 전혀 모르는 사람들에게도 자주 일 이야기를 해 준다는 것이다. 많은 최고 수준의 전문가들이 식사를 하거나 여가를 즐기는 중에도 친척이나 이웃, 심지어 어린아이들에게까지 내가 하고 있는 일에 대해 즐겨 이야기하곤 했다.

전문 분야의 일을 비전문가들에게 설명해 본 적이 있는가? 생각보다 난감하다. 동료들은 찰떡같이 알아듣는 전문용어와 약어를 단 한 순간도 사용할 수 없으니 말이다. 그들을 이해시키려면 어떻게든 누구나 알아들을 수 있는 쉬운 말로 풀어서 말해야 하는데 이게 생각보다 골치가 아프다.

심리학자들은 이 행위를 일컬어 '영역 특정적 전문용어를 영역 일반적 보편 용어로 바꾸는 행위'라고 말한다. 그리고 이 행위는 생각보다 중요하다. 인간의 지혜와 통찰력을 정점에 이르게 만들기 때문이다. 역사를 살펴보면 인류는 이 행위를 통해 이전과는 전혀 다른 위대한 창조물을 만들고 변화하며 발전해 왔다.

카메라 회사 코닥Kodak의 엔지니어 스티브 세슨Steve Sasson은 필름이라는 단어를 어린아이도 이해할 수 있는 말로 풀어

보고자 했다. 그리고 그는 '세상의 이미지를 담는 그릇'이라는 표현을 만들었다. 스티브 세손은 시를 썼어도 좋았을 것이다. 은유적이고 아름다운 동시에 누구나 이해할 수 있는 쉬운 표현이었으니 말이다.

그리고 그의 눈에 책상 위에 놓인 카세트테이프가 보인다. 자신이 설명한 용어로 풀어 보니 이는 '세상의 소리를 담는 그릇'이었다. 이미지는 필름이라는 그릇에, 소리는 테이프라는 그릇에 담겨진 셈이었다. '그렇다면 이미지를 다른 그릇에 담아도 되지 않을까?' 이 생각으로부터 자극을 받은 코닥의 엔지니어들이 개발한 것이 바로 디지털 카메라다. 카메라의 역사뿐 아니라 IT의 역사, 아니 세계사를 바꾼 발명품이 이렇게 탄생하게 된 것이다.

'영역 특정적 전문용어를 영역 일반적 보편 용어로 바꾸는 행위'의 힘을 적극적으로 활용하는 조직도 있다. 세계 최고의 인재들이 모인 실리콘밸리에는 특별한 프로그램이 있는데 IT의 전문가들이 인근 학교나 유치원을 방문하여 개발 중인 장비와 프로그램, 프로젝트에 대해 이야기하는 시간이다.

1분 1초가 아까운 비싼 몸값의 주인공들이 아이들을 상대로 소일거리를 하고 있는 셈이다. 한국에서는 이와 비슷한 프로그램을 일컬어 '재능 기부'라고 말하곤 한다. 그러나 이곳 사람들은 'talent partnership'이라고 부른다. 한쪽이 다른 한쪽에게 무조건 주는 게 아니라 양쪽 모두 엄연히 주고받는 게 있다는 것을 인정하는 용어.

여섯 살, 혹은 열다섯 살 아이에게 시간을 쪼개어 전문 지식을 나누는 것은 분명히 이타성에서 출발한 행동이다. 그러나 이 과정에서 전혀 다른 집단의 인간을 만나며 나의 언어는 바뀌고 바뀐 언어는 다시 생각을 바꾼다. 나의 지식을 전혀 다른 관점으로 보는 것은 지식을 지혜로 바꾸는 과정인데, 이는 결국 나 자신을 성장시킨다. 윤리적이고 이타적인 사람이 더 똑똑해지고 지혜로워지는 비밀은 여기에 있었다. 이타성은 분명한 역량이다.

인간의 역량과 기술에 대해 주로 강연을 하다 보니 기업의 리더들을 만날 기회도 많아졌다. 이 분들은 모두 조직 내에서 최고의 권력을 가진 분들이며 한때는 이타성과 윤리성을 기반으로 스스로 지혜로워지고 실력을 쌓아 나간 인재였을 것이다. 그러니 그 자리에 올랐을 테니 말이다.

그러나 사람이 권력을 갖게 되면 달콤한 유혹에 빠진다. 일의 효율을 위해 내 말을 잘 알아듣는 부하들만 곁에 두고 싶은 유혹이다. 말귀를 알아듣지 못하거나 기술과 전문성이 떨어지는 이들에겐 냉혹하고 야박하게 대해 권위와 체계를 다지는 게 어쩌면 당연한 수순처럼 여겨진다. 그러나 따뜻한 성품과 여유를 가진 리더들은 지위와 상관없이 모두의 대화에 문을 열어 둔다. 신입사원이나 인턴 직원들의 기초적인 질문에도 귀를 기울이며 심지어 솔직하게 본인의 고민을 나누는 경우도 있다. 바쁜 일과 중에 많은 성과를 내기에는 꽤나 답답해 보이는 행동 패턴일지도 모른다. 시간이 많이 흐른 후에 살펴보면 전자에 비해 후자 쪽이 훨씬 성장해 있는 것을 여러 차례 보아왔다. 실력과 성품은 깊은 상관관계가 있다는 것에 동의할 수밖에 없는 대목이다.

가만히 있다가는 있는 것마저 빼앗길 것만 같은 위기의 팬데믹 시대. 승자독식의 무한 경쟁 사회에서 나를 보호하고 조직의 적응력을 높일 뿐 아니라 풍요로운 성장의 삶으로 가는 의외의 비밀은 생각보다 순하고 착했다. 어린 시절 전래동화에서 만났던 보편의 가르침은 과학이고 사실이었다. 손해 보지 않을까, 무시당하지 않을까 걱정해 왔던 당신의 따뜻하고 정직한 성품을 이제 자랑스럽게 꺼내 보이시길. 앞으로 당신과 공동체가 이타성의 혜택을 맛보게 될 날이 분명히 올 것이다.

이타성의
전파

심리학 용어 중에 '체화된 인지Embodied Cognition'라는 말이 있
다. 몸으로 느끼고 경험한 감각이 인지의 일부분이 되는 것을
말하는 용어다. 심리가 몸이나 자연 환경의 상태에 따라 결정되
는 상황, 다들 경험해 본 적 있을 것이다.

전 세계 대부분의 언어에서 심리를 표현할 때 물질의 상태를
표현하는 말을 은유적으로 사용하곤 한다. 착하고 온화한 사람
을 보고 '저 친구는 가슴이 참 따뜻해'라고 하거나(체온이 일정 수
준보다 높다는 건 질병 증상이다) 이기적이거나 쌀쌀맞은 사람에게
'냉혈한이야'라고 표현한다(살아 있는 인간의 피가 차가워질 수 있는
방법은 없는데 말이다). '나랑 가까운 친구야'에서 가깝다는 건 물
리적 거리가 아니라 정신적 거리를 뜻하고, '입이 무거워'는 실
제 입의 무게를 말하는 게 아니다.

이런 언어생활은 온도, 거리, 무게와 같은 자연의 상태가 자연스럽게 마음의 상태와 동일시된다는 증거로 볼 수 있다. 언어만이 아니다. 이러한 동일시 현상은 우리가 인식하지 못하는 순간에 시종일관 드러난다.

따뜻한 물건을 손에 쥐고 있는 사람은 그러지 않을 때보다 더 다정한 말투로 대화하며, 면접실의 온도를 2도만 낮춰도 면접관이 지원자를 대하는 태도는 냉정해진다. 기온이 떨어질수록 로맨틱 영화의 시청률은 증가한다. 같은 사람의 지원 서류를 무거운 나무 폴더에 올려놓았을 때와 팔랑거리는 비닐 파일에 올려놓았을 때 그의 신중함에 대한 평가는 달라진다.

그 대단한 인간이라는 존재가 고작 이 정도다. 우리가 믿었던 이성과 논리, 합리적 판단 등은 상태 변화에 따라 쉬이 뒤집어지는 만만한 녀석이었다. 하지만 인간의 뇌가 이 따위로 만들어진 데는 다 이유가 있다. 환경 변화에 능동적으로 적응해야만 살아남을 수 있는 생존법칙 때문이다. 윤리성이나 이타성도 마찬가지다. 옳고 그름의 잣대와는 전혀 상관없는 일도 심리에 영향을 끼친다.

더러운 돈, 깨끗한 돈

컴퓨터실에 학생들을 모아놓고, 그들 손으로 비윤리적인 일을 하도록 한 적이 있었다.[20] "지금부터 여러분들이 아는 악플을 모두 적어 주시면 제 연구에 도움이 될 것입니다. 많이 남겨 주신 분들에게 소정의 사례금을 드리겠습니다."

이 경우 대부분의 학생들은 신이 나서 실험에 참가한다. 편한 방법으로 남에게 도움도 주고 돈도 받다니, 꿀 알바 아닌가. 머리로는 연구를 돕는다는 좋은 의도라는 것을 알지만 그들의 손은 일정 시간 동안 나쁜 행동을 반복한다.

물론 이 실험은 악플과는 아무 상관없었다. 일정 시간 동안 손으로 비윤리적인 행동을 한 사람이 실제로도 손을 더럽게 여기는지 관찰하기 위한 것이었으니까. 실험이 끝나고 학생들에게 화장실에서 손을 씻으라고 하자, 악플을 쓴 학생들은 일반 학생들에 비해, 물과 세정제를 5배 이상 사용했다. 마치 손이 더러운 것에 오염이라도 된 듯 말이다.

입도 마찬가지다. 마이크가 장착된 강의실에서 연구 목적으로 욕을 수집한다는 이유로 학생들에게 각종 욕설을 말하게 했다. 실험 후 학생들은 스스로 입이 더러워졌다고 느끼고 양치질

---

20   이 실험은 체화된 인지(embodied cognition) 연구 중 하나로 베이징 대학의 탕 홍홍(Honghong Tang) 박사 연구진의 실험과 유사한 형태를 아주대학교 학생들에게 직접 시연한 것이다.
H. Tang, X. Lu, R. Su, Z. Liang, X. Mai & C. Liu (2017). "Washing away your sins in the brain: physical cleaning and priming of cleaning recruit different brain networks after moral threat". *Social cognitive and affective neuroscience*, 12(7), pp. 1149–1158. https://doi.org/10.1093/scan/nsx036

을 할 때 다른 학생에 비해 더 오랜 시간, 더 많은 양의 치약을 사용하여 양치질을 했다.

착하고 깨끗한 것, 나쁘고 더러운 것을 나누는 것은 돈도 마찬가지다. 사실 소득의 윤리성과 소비의 경제성은 별 상관이 없는 내용 아닌가. 그러나 체화된 인지 능력은 그렇게 여기지 않는다. 우리 옛말에 '개같이 벌어서 정승같이 쓴다'는 말이 있는데, 부정적인 방법으로 번 돈을 윤리적으로 소비하는 것도 사실 쉬운 일이 아니다.

중국 중산대학의 시니우에 주Xinyue Zhou, 호주 멜버른 대학의 니콜 미아드Nicole Mead와 로이 바이마우스터Roy Baumeister 등의 교수진들은 2013년에 '더러운 돈'에 대한 다음과 같은 실험을 진행했다.[21] 사람들이 알고 있는 기업 중에는 정상적이고 윤리적인 방법으로 이익을 추구하는 회사도 있지만, 불법적인 방식으로 이윤을 꾀하는 회사도 있다. 상반된 이미지로 잘 알려진 두 군데의 회사에서 각각 현금 100만 원 가치에 해당하는 상품권을 백화점에 제공했다는 게 이 실험의 기본 설정이다. 연구자들은 백화점에서 쇼핑을 하는 고객을 대상으로 이벤트에

---

21   Qing Yang, Xiaochang Wu, Xinyue Zhou, Nicole L. Mead, Kathleen D. Vohs & Roy F. Baumeister (2013). "Diverging effects of clean versus dirty money on attitudes, values, and interpersonal behavior". *Journal of Personality and Social Psychology*, 104(3), pp. 473-489.

당첨되었으니 상품권을 받으러 오라고 알려 준다.

고객들은 뛸 듯이 기쁜 마음으로 상품권을 받아 포장을 열어 볼 것이다. 그들이 처음 보는 것은 상품권을 협찬한 회사의 로고일 것이다. 50%의 고객들은 비윤리적인 회사의 로고를 접하고, 나머지 고객들은 정상적인 회사의 로고를 보게 된다. 기분은 다르지만 상품권의 금전적인 가치는 같다. 그러나 소비 행태는 달라진다.

연구자들은 고객들이 그 100만 원을 어떻게 쓰는지를 관찰하였고 재미있는 공통점을 발견한다. 윤리적인 회사의 상품권을 받은 사람들은 당일에 100만 원을 다 써 버리지 않는다. 반절 정도만 소비를 하고 나머지 돈은 다음에 더 요긴하게 쓰기 위해 남겨 놓는다. 사는 품목도 꼭 필요한 생필품 종류를 고민하며 산다. 당연히 쇼핑하는 데 걸리는 시간도 그만큼 길었다.

그러나 문제가 있는 회사의 상품권을 받은 이들은 받은 즉시 해당 백화점에서 빠른 속도로 돈을 쓰는 모습이 관찰되었다. 말하자면 충동구매 현상이다.

"그 100만 원으로 무엇을 할 수 있을까요?"라는 질문에 대한 대답도 상반적이었다. 윤리적인 회사에서 제공한 상품권을 받은 사람들은 우유도 사고, 빵도 사고, 옷도 사고, 고기도 살 수 있다며 다양한 품목을 이야기했지만 비윤리적인 기업의 상품권을 받은 이들은 "이걸로 살 수 있는 게 뭐가 있겠어요?"라며 절반의 가치로만 추정하는 것이었다.

그들이 실제 100만 원 만큼의 가치를 느끼기 위해서는 두 배의 돈이 필요한 셈이다. 즉, 나쁘게 번 돈은 가치가 훨씬 낮게 느껴져 낭비하게 된다는 것이다.

이러다 보니 오늘날의 많은 기업들은 천문학적인 액수의 광고비를 제품을 홍보하는 것보다 기업의 이미지를 꾸미는 데 사용하고 있다. 이러한 광고들은 비단 소비자만을 대상으로 만드는 게 아니다. 그 회사에서 일하고 있는 수백 수천 명의 직원들에게도 긍정적인 영향을 준다. 윤리적이고 정상적인 회사에서 급여를 받는다고 생각한다면 그들 자신과 조직의 자원을 낭비하지 않는 효과로 이어지기 때문이다. 비윤리적으로 번 돈은 낭비하고 착하게 번 돈은 절약한다면 이타적인 사람은 소비마저 스마트하게 한다는 결론과도 연결된다.

이타성의 전염

이처럼 이타성은 개인과 조직의 생존에 유리하고, 역량을 높이며, 바른 판단과 소비에도 도움을 준다. 다행인 것은 불안이 전염되듯 이타성 또한 전염된다는 것이다. 지구상의 생명체들은 그것이 나의 생존에 이득이 될 것이라는 것을 알아차리면 기가 막히게 모방하기 때문이다.

상대의 행동의 결과를 보고 좋으면 그것을 따라하는 것이 모방기제다. 뇌 속에는 모방기제를 담당하는 거울뉴런이라는 특정 신경세포가 있는데 이것이 활동하게 되면 평생을 좌우할 수 있는 기억이 만들어진다. 이타적인 행동의 결과가 긍정적이라는 것을 어린이가 보면 평생을 따라하게 되고, 어른이 보더라도 인상 깊으면 강력한 학습의 효과로 연결된다.

심리학적 연구 결과를 일일이 열거하지 않더라도 사람은 무언가 이타적인 행동을 하면 기분이 좋아지며 자연스럽게 결과가 좋을 것이라는 믿음이 생긴다.

다른 사람을 도울 수 있는 기회를 제공하는 것만으로도 나에게 호감이 생기도록 만드는 심리학적 실험 또한 존재한다. 《설득의 심리학》으로 유명한 로버트 치알디니Robert Cialdini는 비즈니스 계약을 앞둔 시점, 상대방이 미팅 장소에 도착했을 때 "이것 좀 도와주시겠어요?"라며 작은 박스를 옮기도록 유도했을 때, 이후 계약 또한 순조롭게 이루어진다는 것을 발견했다.

나에게 이타적인 행동을 하면서 그의 머릿속엔 앞으로의 결과가 좋을 것이라는 심리가 생긴다. 상대에게 작은 도움을 청하는 것이 그를 완벽히 편안하게 만드는 것보다 훨씬 더 호감도를 높이는 데 도움이 된다는 것이다.

과연 잘 될까? 실패하지 않을까? 상대에게 무시당하거나 억울함을 겪지 않을까?

안 그래도 불안도가 높은 현대 사회다. 게다가 팬데믹은 가까운 미래의 예측 또한 불가능하게 만들었다. 불안이 클수록 사람들은 인색해진다. 사람을 조심하고 타인을 경계하며 더욱 불안해한다. 그러나 이럴 때일수록 서로가 서로에게 작은 도움을 나눠 주는 것에 절대 주저하지 말아야 한다.

또한, 우리 공동체 구성원들과 아이들에게 우리 주위에서 행해지는 이타적인 행동을 잘 전달하는 것 또한 필요하다. 세상에 필요한 정보를 사람들에게 전달하는 것이 언론의 역할이며, 조직에서 무엇을 강조할지 결정하는 것은 리더의 역할이다. 우리들 사이에서 벌어지는 다양한 형태의 이타적 행동들, 그것이 작고 소소한 것일지라도 놓치지 말고 바라보자. 그리고 알려야 한다. 우리 모두가 더욱 스마트하게 생각하고, 결정하고, 오래 생존하는 방법은 의외로 작고 강한 이타성의 힘을 발견하는 것이다.

불안의 시대에서
행복을 말하다

4장
_____

emotion _____

untact _____

community _____

happiness _____

변화, 호재이자 악재가 되다

한 세대가 동시에 경험한 크고 충격적인 사건은 그 시대를 살고 있는 사람들을 변화시킨다. 그 변화의 양식을 어디서 찾을 수 있을까? 이럴 때 가장 쉬운 방법은 과거를 돌아보는 것이다. 이번 코로나 사태는 1918년 스페인 독감과 400년 전의 흑사병 정도를 거울삼아 들여다 볼 수 있을 것이다.

특히 도시화와 근대화가 진행된 20세기 스페인 독감은 여러 양상에서 지금의 코로나 팬데믹과 닮아 있다. 1차 세계대전 종식 시점에 시작하여 1920년까지 퍼졌으며 16억 인구 중 5억 명이 감염되고 5천만 명의 목숨을 빼앗은 최악의 감염병으로 기록된다. 이후 경기 약화와 공산주의 사상의 대두, 제2차 세계

대전 발발 등 잇따른 역사적 사건과도 밀접한 관련이 있다고 평가되기도 한다. 이처럼 팬데믹의 사례는 충분하지 않지만 변화의 맥락은 찾는 것은 어렵지 않았다.

팬데믹은 분명히 변화를 촉진한다. 그러나 인류를 완전히 다른 방향으로 보내지는 않는다. 단, 그전까지 억눌려왔던 욕구를 제대로 분출시키는 확실한 도화선이 된다. 나는 여러 차례 이런 상황을 두고 '새로운 규칙을 만들기 좋은 시기'라고 말해 왔다. 기존의 욕구는 지니고 있으나 분출구를 못 찾고 있을 때, 전과 다른 규칙이 만들어진다.

회식이 싫어도 끊지 못하던 직장인들은 이번 기회에 회식을 없애는 규칙을 만들었다. 원격수업이나 원격근무도 마찬가지. 기술 기반이 갖춰졌음에도 못하고 미뤄 둔 것들이 이번 기회에 이루어졌다. 회사 가기 싫었고 학교 가기 싫었는데 덜 가는 규칙이 만들어진 셈이다. 이것은 단지 시작에 불과하다. 아마도 우리 일상생활에서 벼르고 있었던 일들이 속도감 있게 펼쳐질 것이다. 이런 현상은 호재이기도 하고 동시에 악재이기도 하다.

무엇이 호재인고 하니, 선하고 보편적인 다수가 벼르던 것을 실천하는 것이 호재이다. 그렇다면 무엇이 악재일까. 나쁜 사람들, 이상한 사람들이 벼르고 있던 것들 또한 실천하게 되니 말도 못하게 엄청난 위기인 것이다. 그래서일까, 각종 매체에서 가짜 뉴스가 활개를 치는 현상이 우려스러울 정도이다.

개소리에 대하여

대규모 감염병과 같은 혼란한 사회는 소위 '개소리'를 하기에
너무 좋은 환경이다. 너무 센 표현이라 흠칫 놀라는 독자 분들
이 있을지도 모르겠다. 그러나 대중을 현혹시키는 허튼 소리에
대해 이보다 더 정확하게 학술적으로 표현하기도 어렵다. 저명
한 도덕철학자 해리 G. 프랭크퍼트Harry G. Frankfurt 교수의 저
서《On Bullshit》또한《개소리에 대하여》라는 찰떡같은 제목
으로 번역되지 않았는가. 말 그대로 '개소리'는 요즘 심리학의
가장 뜨거운 관심사다.

  프랭크퍼트는 분명하게 말한다. 거짓말보다 더 위험한 것이
개소리라고. 거짓말쟁이는 자기가 거짓을 말하고 있음을 인지
한다. 의도를 가지고 사실과 반대로 말하기 때문이다. 그러나
개소리를 하는 사람은 그렇게 생각하지 않는다. 그들은 언제나
진심이다. 늘 온 마음으로 진정성 있게 당당하게 개소리를 생산
해 왔다. 트럼프가 거짓말쟁이라고 생각하는가? 일베가 거짓말
을 한 적이 있는가? 그렇지 않다. 성향과 상관없이 우리의 머릿
속을 스쳐 지나가는 극단적인 주장을 펼치는 많은 정치 유튜버
들 역시 마찬가지다. 개중에는 저렴한 개소리냐 심오한 개소리

냐 하는 정도의 차이는 있지만 말이다.

어쨌든 트럼프 덕에 한국뿐 아니라 전 세계적으로 심리학자들이 개소리를 연구하느라 바쁘다. 그 덕에 어떤 사람이 가짜 뉴스를 퍼뜨리는가, 어떤 사람이 개소리를 주로 만들어 내는가에 대한 결론은 나왔다. 간단하게 요약하자면 '있는 그대로의 사실을 믿기 싫은 이'다. 정부가 코로나 검사 결과를 조작하여 정치적인 목적으로 사용한다고 믿고 싶은 이가, 코로나는 간첩의 바이러스 테러라고 믿고 싶은 이가, 그 말을 만들어 퍼뜨리는 것이다.

반대로 어떤 이들이 가짜 뉴스에 영향을 잘 받는지에 대한 연구는 상대적으로 많지 않았다. 그런데 최근 2016년 캐나다 워털루대학의 고든 페니쿡Gordon Pennycook은 개소리 연구로 이그노벨상을 수상했으니 축하할 일이다. 독자분들도 심심하면 구글을 켜고 bullshitgenerator.com 사이트를 방문해 보시길. '이성은 하늘의 분출구다' '의식은 양자의 초지각입자로 구성되어 있다' '이면에 숨겨진 의미는 비할 데 없는 추상적인 아름다움을 변형시킨다' 등 클릭 한 번으로 그럴싸한 개소리들을 생성할 수 있다.

페니쿡의 연구팀은 도대체 어떤 사람들이 이런 개소리에 현혹되는지 실험을 했고 몇 가지 공통점을 뽑아냈다.

- 종교적 신념이 비뚤어지게 강한 자.
- 이상향에 대한 강박 관념이 강한 자.
- 부적절한 신념이 강한 자.
- 지적 수준이 낮은 자.
- 그리고 '그럼에도 불구하고 그저 열심히 살면 다 된다'고 믿는 자….

우리에게 행복이 필요한 이유

열심히 앞만 보고 살아온 한국인들의 어느 단면을 보는 것 같아 마음이 좋지 않다. 그리고 이런 특성을 지닌 집단은 1920년대 유럽에서도 있어 왔다. 코로나 팬데믹 이후의 악재를 걱정하는 것은 스페인 독감 이후 벌어진 역사의 비극이 떠오르기 때문이다.

히틀러나 무솔리니, 일본 군부 지도자들 역시 거짓말쟁이는 아니었다. 그들은 전형적인 개소리 생성자였다. 그리고 전쟁과 학살의 역사 또한 생성해 내고 말았다. 1차 대전 이후 민족적 이익에 집착하여 전 세계적으로 배타성을 띠고 있는 당시의 상황이 현재 지구상에서 벌어지는 여러 상황과 유사하지 않은가.

코로나 팬데믹 이후, 선하고 보편적인 다수의 욕구가 분출되어 실현될지, 소수의 부적절하고 비뚤어진 이상을 지닌 개소리가 가속화될지, 그래서 누가 역사의 승리자가 될지에 따라 인류의 미래는 전혀 다르게 펼쳐질 것이다. 또 다른 양상의 제2차 세계대전이 발발할지 더 선하고 나은 세상이 될지 알 수 없다. 그렇기 때문에 많은 학자들이 현재를 '역사의 변곡점'이라고 감히 명명하는 것이다.

이쯤 되면 많은 사람들이 궁금할 것이다. 어떻게 해야 개소리하는 이들에게 휘둘리지 않을지, 특별한 방법이 있는지 말이다. 여기에는 굉장히 명확한 답이 있다. 행복이다. 정확히 말하면 행복한 사람은 절대 개소리에 당하지 않는다. 행복한 이들의 중요한 특징 중 하나는 파괴보다는 공존을 선택한다는 것이다. 행복해 본 사람은 그게 얼마나 좋은지 안다. 그리고 자신의 행복을 이어 나가고자 하는 강한 욕구가 있다. 이들은 절대 파괴를 선택하지 않는다.

작고 소박해도 확실한 행복을 경험하는 것이 개소리에 대항하는 강력한 무기가 된다. 세계 1차 대전 이후 척박하고 암울한 세대에는 그 행복을 누릴 만한 여건이 없었다. 그러나 지금은 어떠한가.

코로나로 인한 극도의 불안과 상실, 분노와 혐오 등 부정적 감정의 소용돌이 속에서도 작고 반짝이는 일상을 찾고자 애쓰는 이들이 있다. 이런 우리가 앞으로 추구해야 하는 행복의 가치와 중요성, 나아가기 위한 지혜의 방법들까지. 혼돈에 빠진 세상 속에서 많은 이들이 절실하게 궁금해한 심리학의 과제들이 있었다. 무수한 질문에 대답하기 위해 연구하고 고민하다 보니 어느덧 작은 길이 보이는 것 같은 기분이다. 지금부터 독자 여러분과 함께 그 길을 조심스럽게 찾아보고자 한다.

하버드
그랜트 스터디

가장 오래된 연구

행복이란 무엇일까? 시인은 한 줄의 시적인 문장으로 행복의
의미를 정리할 것이고, 화가는 아름다운 색으로 그 감정을 이미
지화 할 것이다. 심리학자들은 어떨까? 그들은 연구를 한다. 그
것도 인간을 대상으로 아주 길고 집요하게 말이다.

　가장 유명한 행복 연구로 알려진 하버드 그랜트 스터디Havard
Grant Study를 살펴보면 행복이란 주제를 향해 달려온 심리학
자들의 고집스러운 열정을 엿볼 수 있다. 하버드의 행복 연구.
단언컨대 심리학 역사상 이보다 더 긴 시간 동안, 많은 연구자
들에 의해, 오랜 시간 회자되어 온 임팩트 있는 연구는 없었으
리라.

이 연구는 하버드 대학교에서 1938년도부터 시작되었다. 무려 80여 년간 지속되어 온 연구로 단일 주제로서는 세계 최장 연구에 해당한다. 이 프로젝트를 처음 시작한 연구진들은 당연히 세월을 버티지 못하고 모두 사망하였으며 현재는 네 번째 연구 책임자인 로버트 월딩거Robert Waldinger 박사가 이 프로젝트를 이끌고 있다. 이분 역시 백발이 성성한 노인인지라 모르긴 몰라도 이 자리를 탐내는 이들도 적지 않을 것이다.

연구 기간의 장대함뿐 아니라 연구 대상에 포함된 이들의 이름만 들어도 이름이 떡 벌어질 정도다. 워터게이트 사건을 세상에 알린 언론인 벤 브래들리Ban Bradlee, 미국의 35대 대통령 존F 케네디John F Kennedy 등이 이 연구의 대상자로 참여하였다. 이들 말고도 역사에 이름을 남긴 기라성 같은 인물들이 다수 포함되었다.

연구 방식은 생각보다 단순하다. 연구 대상자의 생애를 추적 조사하는 것이다. 대상자들은 크게 두 분류로 나뉘었다. 1938년에 하버드 대학교에 입학한 유복한 가정의 엘리트 집단 380명, 그리고 보스턴 시 빈민가의 결함 있는 가정환경에서 자란 청년 집단 380명. 요즘 말로 금수저 한 그룹, 흙수저 한 그룹인 셈이다.

이렇게 총 760명의 집에 해마다 하버드의 연구자들이 찾아

간다. 그리고 그들의 삶 전반적인 상황을 인터뷰 및 설문을 통해 조사하였다. 건강 상태, 배우자와의 관계, 친구 관계에 대한 설문지 작성도 하고 심층 인터뷰도 한다. 뇌 사진도 찍고 재산 상태도 알아본다. 1938년에 스무 살이었던 청년 대상자들은 시간에 따라 자연스럽게 세상을 떠났고(살아 있다면 100세가 넘었을 것이다.) 그들의 후손들 또한 조사 대상이 되어 현재도 진행되고 있다.

행복의 다섯 가지 공식

하버드 그랜트 스터디는 심리학에서 행복을 다룰 때 꼭 한 번쯤은 등장하는 퍼마 Perma 공식의 주춧돌을 마련하였다. 퍼마는 사실 어려운 용어가 아니다. 행복을 결정하는 다섯 가지 주요 요인을 일컫는 영단어의 앞 글자를 따서 조합한 용어니까. 이 글을 읽는 독자들은 아마 깜짝 놀랐을지도 모른다. 뭐? 다섯 가지로 행복의 조건이 정리된다고? 그 다섯 개만 갖고 있다면 누구나 행복해질 수 있다는 말인가? 궁금증으로 목구멍이 간질간질한 분들을 위해 지금부터 다섯 글자의 비밀을 공개하고자 한다.

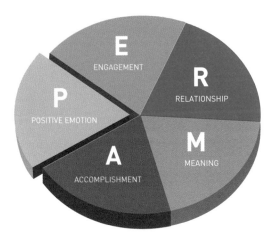

the perma model

1 P Positive emotion

긍정적 정서를 말한다. 기쁨, 따뜻함, 신나고 포근하고, 짜릿한, 나도
모르게 입꼬리가 슬며시 올라가는 바로 그 기분이다.

2 E Engagement

흔히 소속, 혹은 몰입감이라는 말로 해석한다. 나에게 해야 할 일이
있고, 그 일에 시간 가는 줄 모르고 빠져드는 상황이다. 누가 시켜서
가 아니라 나 스스로 일에 헌신해 본 경험이 있는 사람이라면 쉽게
이해할 것이다.

❸ R Relationship

관계를 말한다. 내가 좋아하는 사람들과 친밀한 시간을 갖고 우정 어린 대화를 자주 하는 것이 행복의 주요한 요소라는 뜻이다.

❹ M Meaning

의미 있는 삶이다. 즉, 돈과 쾌락만을 좇는 것이 아니라 보람 있고 값진 일을 하는 것이 행복한 삶과 깊은 관련이 있다고 한다.

❺ A Accomplishment

성취를 뜻한다. 노력을 통해 원하는 것을 쟁취했을 때 우리는 행복하다. 단, 여기서 말하는 성취는 타인과의 경쟁에서 이기는 개념이 아닌 나 자신의 목표를 달성한 상태를 뜻한다.

즉, 좋은 감정을 자주 느끼고, 해야 할 일에 집중하며, 좋은 사람들과 친밀한 관계를 유지하고, 의미를 추구하며 일정한 성취를 이뤘다면 누구나 행복해질 수 있다는 말이다. 이건 뭐, 삼척동자도 다 아는 상식 아닌가? 그렇다. 예상대로 기대한 것보다 대단한 비밀은 딱히 없었다. 현재를 사는 우리들에겐 귀에 딱지가 앉을 정도로 들어 온 시시한 결론일지도 모른다. 하지만 이 연구가 시작될 당시에는 나름 신선한 충격이었다. 행복을 위해 부와 권력을 축적하던 많은 이들이 어쩌면 뒤통수를 맞은 기분을 느꼈을지도. "정말? 돈이나 명예가 행복과 관련이 없다고?" 우리는 눈치채지 못하고 있지만 사실 인류는 시대의 흐름에 따라 아주 천천히 긍정적인 방향으로 걸어가고 있는 중이다.

하버드 연구진이 간과한 것

이 연구에 따르면 우리는 행복하기 위해 절대로 이혼을 하면 안 된다. 혼자 살면 무조건 불행하다. 결혼의 실패나 배우자의 부재만으로도 Engagement(소속, 몰입), Relationship(관계), Meaning(의미) 등의 요소가 균형을 잃기 때문이다.

실제로 1980~90년대까지만 해도 공동체와 많은 접촉면을 가지는 것을 행복의 척도로 삼았다. 즉, 혼자 사는 것보다는 가족과 함께, 그것도 많은 자식과 친척들과 함께 지내는 것이 더 행복하다고 강조했다. 그러나 얼마 후, 하버드의 연구진은 그들이 아주 중요한 사실을 놓치고 있었다는 것을 스스로 깨닫게 된다.

자, 다시 누적 연구비만 2000만 달러, 연구 기간 80년 이상 지속된 이 위대한 연구가 누구를 대상으로 진행되었는지 다시 확인해 보자. 앞서 나는 380명의 하버드 엘리트와 380명의 빈민 청년이 조사 대상이 되었다고 했다. 그런데 미처 이야기하지 못한 한 가지 중요한 사실이 있었다. 연구에 참여한 760명의 대상자들은 모두 남성이었다는 것이다. 즉, 지구의 절반을 차지하는 여성의 이야기가 이 연구에 조금도 포함되지 않았다는 사실이다.

이 말인 즉, 하버드 그랜트 스터디뿐 아니라 이 연구 결과를 기반으로 행해진 다른 심리학 연구 모두 남성 위주의 결과를 낳았다고 해석해도 무방하다. 만약 여성의 관점에서 연구가 진행되었다면 그동안 우리가 놓치고 있던 것, 간과하고 있던 무언가를 발견할 수 있지 않았을까?

혼자라는 슬픔과
고독의 달콤함

앞서 말한 하버드의 연구 결과로만 놓고 본다면, 우리는 참 행복하기 어려운 시대를 살고 있다. 많은 가족 구성원과의 접촉면이 많을수록 행복 또한 증진된다고 했는데 우리나라의 1인 가구 비중은 가히 폭발적으로 증가하고 있지 않은가.

아예 결혼 생각이 없는 청년들이 많을 뿐 아니라 어르신들 역시 이혼이나 사별 후 재혼하는 것보다 혼자 사는 것을 선택하는 추세다. 통계청 자료에 따르면 2045년도의 1인 가구 비중은 45%를 예상하며 그중 대부분이 65세 이상일 것이라고 한다. 이 글을 읽는 독자들 중에서도 2045년에 65세가 되는 분들도 있을 것이다. 죄송하지만 절반의 확률로 혼자 살고 있을 가능성이 크다. (물론 여유 있게 이 글을 쓰는 나에게도 해당되는 이야기다.) 이처럼 1인 가구의 증가는 피할 수 없는 시대의 흐름이다. 그럼 우리는 정말 갈수록 불행해져야 하는 것일까?

그뿐인가. 코로나 사태 이후로 우리의 관계는 급속도로 단절되었다. 가족과 친구를 만나 손을 맞잡고 어깨를 두드리며 친밀감을 표현했던 행동, 맛있는 요리를 나눠 먹고 비말을 튀기며 나누었던 대화들 모두 옛일이 되었다. 바이러스가 지나간 뒤에도 지금과 같은 언택트 문화가 지속된다고 하니, 이대로라면 앞으로 우리는 최악의 불행을 경험하는 것이 불 보듯 뻔하다.

이 비통한 예견에 대해 누군가는 고개를 끄덕일 것이고, 누군가는 갸웃할 것이다.

지금 홀로 사람들과 떨어져 있다면 스스로에게 질문해 보자. 정말 혼자 있는 것이 외롭고 슬프기만 할까?

〈고독한 미식가〉라는 작품이 있다. 원작 만화를 바탕으로 제작된 일본의 드라마로 사실 일본에서보다 한국에서 더 인기가 있다고 한다. 스토리는 무척 심플하다. 고로라는 한 남성이 출장차 떠난 여러 지역의 식당에서 혼자 식사를 하고 돌아오는 내용이다.

대단히 호화스러운 음식이 등장하는 것도 아니고, 어마어마한 먹방이 펼쳐지는 것도 아니다. 일상에 복잡하고 골치 아픈 순간이 닥칠 때마다 고로는 그저 '배가 고프다'고 외치고 소박하게 끼니를 해결한다. 묵묵하게 식사에 집중한 후 '우마이(맛있다)'라고 말하며 다시 일상으로 돌아간다. 고로의 식사 시간에 친구나 가족이 함께하지는 않지만 그렇다고 그의 모습이 처량하거나 불행해 보이지는 않는다.

코로나 이후 어쩔 수 없이 고독하게 혼밥을 하는 사람들이 늘어났다. 그런데 생각보다 나쁘지 않다는 평이다. 청승맞아 보이지는 않을까, 남들이 이상하게 생각하지 않을까 하는 우려와 달리 혼자 맛있는 것을 천천히 먹는 경험도 꽤나 해볼 만했던 것이다. 타인의 먹는 속도를 살피고 대화를 이어갈 화제를 고민할 필요도 없다. 입 안에서 씹히는 음식의 질감과 맛에 집중하고 내가 원하는 양만큼 충분히 음미하며 먹을 수 있으니, 그것만으로도 힐링이다.

참 재미있는 현상이다. 외로움을 불행하다고 여겨 왔던 인간들이 고독이 주는 편안함의 매력을 알아채 버리다니. 그러나 사실 아주 이것은 완전히 새로운 현상도 아니다. 이미 오래 전부터 인구의 절반쯤은 고독을 즐길 줄 알았으니까. 그렇다. 여성들이다.

물론 일반화하는 것은 위험하다. 그러나 지금부터 소개할 남성과 여성에 대한 의미 있는 연구 자료는 행복에 대한 심리학의 편견을 흔들어 주기 충분했다.

앞서 말했듯이 1인 가구의 증가는 어쩔 수 없는 시대의 흐름이
다. 게다가 노년층 1인 가구 또한 늘어나고 있다. 그래프는 연

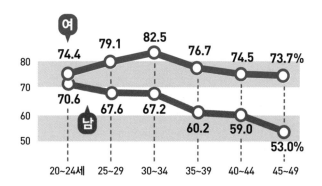

KB금융경영연구소

1인 가구 연령대별 삶 만족도
연소득 1,200만원 이상. 20~40대 1인 가구 1,500명 대상 조사

소득 1200만 원 이상인 남녀를 대상으로 1인 가구의 삶에 대한 만족도를 조사한 것으로 그 결과는 연령대 별로 표시되어 있다. 젊은 층의 남성들은 그나마 50% 이상이 혼자 사는 것에 만족한다고 답했지만 30대 후반부터는 만족도는 급격히 떨어진다. 그런데 재밌게도 여성의 경우는 웬만해선 이 만족도가 떨어지지 않는다. 아무리 나이가 들어도 연소득 1200만 원만 넘으면 혼자 사는 삶이 만족스럽다니, 대체 여성들은 어떤 종류의 인간이란 말인가.

이와 비슷한 다른 연구는 어렵지 않게 찾을 수 있다. 대체로 비슷한 결과를 보여 주며 심지어 여성의 그래프가 우 상향되는 결과도 많다. 즉, 1인 가구 여성의 삶의 만족도가 나이 들수록 높아진다는 뜻이다. 특히 우리와 가까운 일본에서 이런 현상이 두드러진다.

일본의 경우, 1980년대부터 이와 비슷한 연구를 지속해 왔다. 내가 아는 한 일본의 학자가 80년대부터 2000년대까지 혼자 사는 일본인의 삶과 행복에 대해 여러 연구가 정리된 서적을 소개해 준 적이 있었다. 지금 떠올려도 뒷골이 당길 정도로 그 내용은 가히 충격적이었다.

50대 부부 중에 아내가 먼저 사망하여 남편이 홀로 남은 경우, 남성은 3년 이상 생을 버티는 경우가 드물었다. 대체로 슬픔과 비통함, 외로움, 쓸쓸함을 견디지 못하고 일찍 삶을 마감하는 경우가 많았다. 그만큼 아내를 사랑했을 수도 있고, 사람에 따라서는 아니었을 수도 있다. 어쨌든 홀로 남은 나이 든 남성의 삶이란 고통 그 자체였다.

반대의 경우는 어떨까? 50대 이상의 부부 중 남편이 먼저 죽었다면? 남은 아내 역시 슬픔을 버티지 못하고 지옥 같은 삶을 살아갈까? 과장을 보태지 않고 원문 그대로 써 보겠다. '여성은 대략 몇 달간의 애도 기간이 끝나면 건강이 좋아지고, 맥박이 정상으로 돌아오며, 다른 모든 신체지수 역시 긍정적으로 변화된다.' 여기서 끝이 아니다. 1년 후에는 친구가 더 많아지고 이전보다 행복한 삶을 꾸려 간다는 것이다.

그 책의 제목을 본 순간, 남성이자 학자인 나는 눈물과 웃음이 동시에 나는 신기한 경험을 하게 되었다. 처참하도록 '웃픈' 이 책의 제목은《여성의 활로, 남성의 말로》[22]였다.

어쩔할 정도로 충격을 받은 건 나뿐이 아닐 것이다. 이 책을 읽는 남성 독자들이여. 심장이 덜컥 내려앉는 기분이 들지 않는가. 일단 살아 있는 동안 아내에게 최선을 다해 잘해 주자. 그리

22　袖井 孝子,《女の活路男の末路 老いの時代を生き抜くチカラ》, 中央法規出版, 2008.

고 진정된 마음으로 이 연구에 숨어 있는 진짜 속뜻을 곰곰이 생각해 봐야 한다.

남녀의 생물학적 차이를 논하는 연구가 절대 아니다. 여성 중에도 고독을 힘들어하는 사람도 있고, 남성 역시 늘그막까지 혼자 사는 것을 즐기는 사람도 많다. 도대체 왜 그들은 관계성이 줄어들수록 행복감을 느끼게 되었을까? 퍼마 공식의 Relationship에서 학자들이 놓친 것은 무엇이었을까? 비대면의 시대를 사는 당신, 혼밥을 즐기고 명절에 넷플릭스를 정주행하며, 코로나를 핑계로 귀찮은 모임을 웃으며 취소했던 당신이라면 어쩌면 이 놀라운 심리학적 비밀을 눈치챘을지도 모른다.

좋은 관계를 많이 맺는 것은 중요하다. 그러나 그만큼 나쁜 관계에서 해방되는 것도 중요하다는 것. 그 저명한 하버드 연구진들이 간과해 버린 행복의 열쇠가 바로 이것이었다.

우리를 둘러싼 관계의 종류는 다양하고 복잡하다. 기쁨과 에너지를 주는 관계도 있지만, 긴장과 박탈감만 안겨 주는 부정적인 관계도 있다. 때로는 동일한 인물이 긍정적인 감정과 부정적인 감정을 동시에 안겨 주기도 한다. 남성에 비해 인간관계를 중요하게 여겨 온 여성들의 경우, 관계의 수를 줄이는 것만으로도 적잖은 해방감을 느낄 수 있었던 것이다. 1인 가구 여성의 활로는 너무도 당연한 결과였다.

다시 생각해 보자. 지금까지 나의 행복을 방해하는 걸림돌은 무엇이었을까? 나의 노력 부족? 잘못된 국가 정책? 아니면 내가 컨트롤할 수 없는 돌발 상황? 부수적인 가지들을 쳐내고 본질을 깊숙이 바라보면 명쾌한 답이 나올 것이다. 불행의 원인은 나를 힘들게 하는 나쁜 관계를 끊어 내지 못했기 때문이다.

이제 심리학자들은 관계의 '수'가 아닌 '질'을 논한다. 인간에게 필요한 것은 많은 관계가 아닌 '좋은 관계'라는 것이 학계의 일반적인 정설이 되었다. 그러나 지금 이 순간에도 우리는 나쁜 관계에 얽힌 스트레스와 부조리, 지속적인 상처 속에 노출되어 있다. 어쩔 수 없이 관성대로 유지하고 있는 이 관계들은 나의 행복에 전혀 도움이 되지 않는다. 전 세계가 거리두기를 권하고 있다. 이번 기회에 용기를 내어 나의 행복을 방해하는 관계부터 제거해 보자. 아마 여생의 삶의 질이 달라질 것이다.

목적 없는
대화의 힘

별로 친하지 않은 사람에게 전화를 걸어 무언가를 부탁해 본 적 있는가? 안 그래도 어색한 사이에 다짜고짜 용건부터 꺼내는 것만큼 민망한 일도 없다. 그럴 때 우리는 괜스레 안부를 묻게 된다.

"애는 잘 커?" "요즘 잘 지내지?" "하시는 일은 잘 되고?"

물론 영혼이라고는 찾아보기 어려운 질문들이다. 정말 궁금해서 묻는 게 아니니까. 이렇게 빙빙 돌려 근황에 대해 물은 후에야 본격적으로 용건으로 들어가는 게 바로 어른의 대화 스킬 아니던가. 그렇다. 우리는 안부와 용건을 패키지로 묶을 줄 아는 성숙한 어른들이다.

물론 우리 뇌는 이 패턴을 기억하고 있다. 그러다 보니 안 친한 친구가 불쑥 전화해서 안부를 물으면 슬슬 불안해지곤 한다.

언제 강력한 용건이 튀어나와 나를 곤란하게 할지도 모르니 말이다. 안부를 길게 물으면 물을수록 뒤에 나올 용건도 어려울 것만 같다.

그런데 안부와 용건을 패키지로 묶는 스킬이 필요 없는 사이도 있다. 정말 친한 친구들이다. 아무 때나 불쑥 전화해서 용건만 툭 던져도 상관없다.

"용식이냐? 야, 집에 캠핑 의자 있다고 했던가? 너 안 쓰면 나 좀 빌려줘."

진짜 친한 친구라면 당연히 "어, 알았어." 하거나 "야, 그거 지금 없어."라고 대답할 것이다. 불쑥 용건부터 주고받는 게 하나도 어색하지 않다. 군이 잘 지내는지, 아픈 데는 없는지, 아이가 학교생활을 잘 하고 있는지 길고 긴 안부를 물어본다면 오히려 당황스럽지 않겠는가.

진짜 친구를 구별하는 또 한 가지 방법이 있다. 용건이 없이도 전화하는 사이가 진짜 친한 사이다. "뭐 하냐? 지나가다 심심해서 전화했어. 어~, 나중에 보자."

이렇게 딱히 할 말이 없어도 연락하는 게 이상하지 않은 사이. 그게 바로 진짜 친구 사이다. 그러다 보니 진짜 친한 친구들이 모여 있는 메신저 단톡방을 들여다보면 참 실없다. 하는 얘기라곤 전부 쓰잘머리 없는 내용인 데다가 메시지의 90%가

'ㅋㅋㅋㅋ' 아니면 'ㅎㅎㅎ', 아니면 '헐~'뿐이니 말이다.

남성과 여성에 대해서 많은 사람들이 오해하는 것들이 있다. 소위 여자가 말이 더 많고 남자들이 과묵하다고 한다. 물론 이 통념이 진실인지 연구하는 학자들이 존재한다.

텍사스 대학의 제이미 페니베이커Jamie Pennebaker 교수 팀은 사람이 평소에 사용하는 어마어마한 단어들을 싹 다 모아 전수 조사를 했다.[23] 정말 여성이 남성보다 하루 동안 더 많은 어휘를 발화하는지 단어 사용량을 분석해 보니, 그다지 눈에 띄는 차이는 없었다고 한다. 오히려 남성이 근소한 차이로 말을 더 많이 하는 것으로 밝혀졌다.

그런데 왜 사람들은 여자가 더 말이 많다고 생각하는 걸까? 연구진은 남녀가 사용하는 단어의 내용을 분석하여 그 비밀을 풀어 보았다.

남성은 주로 뚜렷한 목표가 있을 때 상대방과 대화를 시도하는 성향이 두드러졌다. 물건을 사야 할 때, 계약을 체결해야 할 때, 누군가와 친해져야 할 때, 그들은 시간과 에너지를 들여 길고 많은 대화를 한다. 목적을 달성하기 위해 자기 내면의 수다

---

23   M. R. Mehl, S. Vazire, N. Ramírez-Esparza, R. B. Slatcher & J. W. Pennebaker (2007). "Are women really more talkative than men?". *Science* (New York, N. Y.), 317(5834), p. 82. https://doi.org/10.1126/science.1139940

쟁이를 깨우는 셈이다.

여성의 언어 사용 방식은 달랐다. '확장적인 언어행동'을 구사하는 그들은 특별한 주제와 목적 없이도 상대방과 자연스럽게 대화를 나누는 것으로 분석되었다. 그러다 보니 남자 입장에서는 여자들이 불필요한 얘기를 많이 하는 것처럼 비춰지는 것이다.

그렇다면 남성과 여성의 대화 방식 중 무엇이 더 인간의 생존에 유리할까? 언뜻 보면 쓸데없는 말을 하는 것보다 꼭 필요한 이야기만 걸러서 하는 것이 더 좋아 보인다. 안전하고 효율적이며 나에게 도움이 되는 것 같다. 그러나 인간의 뇌는 그렇게 단순하게 설계되지 않았다. 인간의 생각과 행동은 언제나 쌍방 소통이기 때문이다. 목적이 없는 대화를 나눈 사람에게 더 많은 호감과 친밀감이 생겨난다. 용건과 안부를 패키지로 묶지 않는 친구와의 대화가 나를 기분 좋게 만들어 주는 것처럼 말이다.

비효율적인 대화는 나에게 우호적인 사람을 만들어 주는 강력한 힘이 된다. 일상의 소소한 대화를 나누는 친구는 내가 어려울 때 도움을 주는 친구이며 행복의 빈도를 높여 주는 관계다. 그러니 여성적 언어활동이 진화론적 관점에서 훨씬 더 생존력이 강하다고 볼 수 있지 않을까?

앞서 우리 주변에 숨어 있는 소시오패스에 대해 이야기했다.

양심 있는 일반인들은 소시오패스가 어디 숨어 있는지 찾기조차 힘들 것이다. 그러나 쉽게 알아낼 수 있는 방법이 있다. 그들의 중요한 특징 중 하나가 자신의 이익과 관계없는 인간관계를 꺼리는 것이다. 용무가 있거나 이용해야 할 때는 정겨운 얼굴을 하지만 별일 없이 순수하게 안부를 묻는 연락은 귀찮아하게 마련이다. 쓸모없는 사람에게 내용 없는 연락이 오면 상대에게 모멸감을 줄 가능성도 상당하다.

만약 내가 용건 없이 누군가에게 순수하게 말을 걸었는데 모멸감 섞인 대답으로 돌아온다면? 그 사람을 꼭 소시오패스라고 단정할 수는 없지만 스스로를 보호하기 위해 최대한 거리를 두라고 조언하고 싶다. 그는 나를 필요할 때는 이용하고 가치가 떨어지면 버리는 도구로 생각할지도 모르니까.

나는 강연에서 만나는 많은 분들에게 이런 부류의 인간을 만나면 스마트폰 연락처에서 주저 말고 삭제하라고 말씀드린다. 언젠가 나의 쓸모를 찾아 다시 연락이 왔을 때 매번 "누구세요?"로 응답하라는 것이다. 아마 상대는 머리가 복잡해질 것이고 몇 차례 반복되면 이용하기 어렵다는 것을 판단할 것이다. 그들은 아마 내 존재를 지우고 다른 먹잇감을 찾아 떠날 것이다.

목적을 위한 수단으로서의 대화만을 강조하는 사회, 현대 사회는 분명 소시오패스적인 사회이지만, 여전히 우리 곁엔 순수하게 안부를 물어봐 주는 착한 보통 사람들이 존재한다.

목적 없는 대화를 생각할 때면 문득 떠오르는 친구가 있다. 내가 일하는 아주대학교는 수원에 있는데 친구 중 한 녀석은 지방 출장에서 돌아오는 길에 수원 톨게이트가 보이면 내 생각이 난다고 한다. 그럴 땐 뜬금없이 전화를 건다. 전화를 받으면 특유의 경상도 사투리로 "겡일아~." 하는 목소리가 들린다. 나는 반사적으로 "어어, ○○야, 왜?" 하고 용건부터 묻는다. 이럴 때 돌아오는 대답은 "그냥."이다.

"아아, 그냥 했어? 그런데 웬일이야?"

또 한 번 용건을 재촉하는 못난 나에게 친구는 말한다.

"어, 보고 싶어서. 잘 지내나."

이 한마디면 나는 스르륵 무장해제 되어 버린다. "나야 잘 지내지. 너도 별일 없지?" 친구는 어김없이 무덤덤한 사투리로 인사를 전한다.

"궁금해서 전화했는데 잘 지낸다니 됐다. 나중에 밥이나 함 묵자."

몇 마디 나누지도 않았지만 녀석과의 전화는 늘 코끝을 시큰하게 한다. 내가 인생을 아주 잘못 살지는 않았구나. 나름대로 가치 있는 삶을 살았구나. 엉뚱하게도 내 생애가 자랑스럽게 느껴지기까지 한다. 사람의 존재 가치를 무엇으로 잴 수 있을까? 연봉이나 재산, 사회적 지위일까? 솔직히 잘 모르겠다. 그러나 나에겐 용무가 없어도 안부를 물어봐 주는 친구가 있다. 그것만으로도 충분하다. 나라는 사람, 이 정도면 괜찮다고 느껴지는 것이다.

한편, 녀석은 매번 나를 부끄럽게 만든다. 나는 다른 소중한 사람들에게 얼마나 자주 용건 없는 연락을 했나. 그냥 안부만 물으면 되는 그 간단한 일을 바쁘다는 핑계로 너무 미뤄오지 않았던가. 사회적 거리두기가 길어지면서 오랫동안 만나지 못한 사람들이 있다. 늘 생각하면 고맙고 소중한 사람들. 지금 떠오르는 누군가가 있다면 전화를 들어 그냥 툭 연락해 보면 어떨까. 용건 없이 물어봐 주는 싱거운 안부가 얼어 있는 마음을 녹여 줄 것이다.

행복과 돈의
상관관계

인간의 착각과 관점의 지배를 받는 돈

어른들의 대화에는 돈 얘기가 빠지지 않는다. 우리가 나누는 말 중에 대부분은 돈과 관련된 얘기일 것이다. 심지어는 사람들은 돈과 관련 없는 것들까지 금전적 가치로 환산하기도 한다. 삶과 죽음, 행복처럼 인생에서 가장 중요한 것들마저 '얼마짜리'로 요약되는 것이다.

누구나 돈 때문에 힘들다고 한다. 절대적으로 부족할 때도 있고 상대적으로 여유로울 때도 있다. 그러나 만족스러울 정도로 충분한 적은 없을 것이다. 말 그대로 없어도 아쉽고 있어도 아쉽다. 사실 돈은 그 자체의 물질적 효용보다는 인간의 착각과 관점에 철저한 지배를 받는 존재인데 말이다.

누군가 나에게 10만 원을 준다고 생각해 보자. 어떤 생각이 드는가? '10만 원이면 뭐, 근사한 데서 밥 한 끼 먹을 수 있겠네. 갖고 싶던 것도 사고.' 이것저것 할 수 있는 좋은 일들이 떠오를 것이다. 반대로 10만 원을 잃어버렸다고 가정해 보자. '아니, 10만 원이면 양말이 몇 켤레고, 술이 몇 잔이야, 설렁탕을 먹어도 몇 그릇을 먹고 A4용지를 사도 몇 묶음을 샀겠네!' 조금 전에 생각한 것보다 두 배 가량 많은 일들이 순간적으로 떠오른다. 똑같은 금액인데도 훨씬 더 큰 가치가 되어 버리는 셈이다.

프린스턴 대학의 인지심리학자이자 경제학자인 다니엘 카네만Daniel Kahneman은 이와 같은 내용의 연구로 2002년 노벨 경제학상을 수상했다. '사람은 이익보다는 손실에 민감하게 반응하며 똑같은 정도의 이익을 얻는 기쁨보다 손실을 두 배 정도 더 크게 느낀다'라는 '손실회피 이론'[24]이 바로 그것이다. 이처럼 돈은 그 액수보다 나의 상황과 관점에 가치가 쉽게 좌우된다.

신사임당이 그려진 5만 원 짜리 한 장은 우리나라에서 통용되는 지폐 중에서 가장 값나가는 것이다. 그런데 이 돈을 아마존 원시 부족에게 선물하면 어떻게 될까? 감사하기는커녕 황당

---

24 다니엘 카네만 지음, 이창신 옮김, 《생각에 관한 생각》, 김영사, 2018; 2부에 어림짐작과 편향에 자세히 기술되어 있다.

해 할 것이다. 그들에게 이 돈은 먹을 수도 없는 종잇조각에 불과하니 말이다. 이렇다 보니 '인류 역사상 가장 위대한 사기극은 돈'이라는 유발 하라리의 말에 강하게 끄덕일 수밖에 없다. 어떻게 종잇조각에 불과한 물건에 전 세계 사람들이 인생을 걸고 달려가고 있는지 새삼 신기할 때도 있다.

사실 인류에게 돈이라는 물건이 절대적 가치로 스며드는 데엔 제법 오랜 시간이 필요했다. 과거 지도자들이 풀어내기에 가장 어려웠던 숙제 중 하나가 화폐개혁이라고 하질 않는가. 어느 역사를 보더라도 새로운 화폐의 기준을 제시하고 통일시키는 데는 다수의 반발을 견뎌 내야 했다. 물물교환 시대에는 필요한 물건이 확실하게 내 눈에 보였으니 의심할 것도 고민할 것도 없었을 것이다. 그러나 얼마 지나지 않아 인간의 욕구는 가장 확실한 직거래를 용감하게 깨 버렸고, 지금과 같은 세상을 만들어 냈다.

더 멀리 있는 사람과 교환하고 싶다는 필요, 더 많은 것을 나누고 이득을 취하고 싶다는 욕망. 그것을 이루기 위해서는 이전과 다른 수단이 필요했던 것이다. 이것이 돈이라는 사기극을 체제로 안정화시켰다는 게 인류학자들의 공통된 의견이다. 그러나 여전히 돈의 가치는 변화무쌍하고 믿기 어려우며, 여기저기에서 문제가 발생한다. 돈만큼 인간의 착각과 관점이 지배하는 존재도 없기 때문일 것이다.

부자가 치러야 할 형벌

돈이 많으면 행복할까? 라는 질문을 하면 다들 뭘 그런 걸 굳이 묻느냐는 얼굴로 쳐다본다. 돈이란 당연히 없는 것보단 있는 게 좋다. 아니, 사실은 많으면 많을수록 좋다. 오죽하면 "여러분, 부자 되세요!"라는 광고 카피에 대한민국이 들썩거렸겠는가. 부자가 되고 싶은 간절한 소망 속엔 부자가 되면 행복해질 거라는 강한 믿음이 숨어 있다. 그러나 현대 심리학 연구로는 부자가 일반인에 비해 더 행복하다는 실질적 근거를 찾기 어렵다. 오히려 학자들은 부자가 치를 수밖에 없는 형벌이 존재한다고 말한다.

부모는 아이에게 많은 가치관을 가르친다. "착하게 살아라." "부지런해라." "감사하며 살아라." 일부러 부정적인 생각을 주입시키는 부모는 없을 것이다. 그러나 실제로 많은 부자들은 자녀들에게 "남을 믿지 말라"고 가르친다. 다른 사람을 쉽게 믿은 탓에 무언가를 잃게 되면 그 피해가 너무 크기 때문이다. 가진 것이 많을수록 잃을 것도 많다. 부자들의 교육을 탓하기만은 어렵다. 누구나 이 상황이 되면 마찬가지 입장이 되기 때문이다.

평범한 사람들이 갑작스럽게 큰 부를 얻는 방법 중 하나가 복권이다. 하루아침에 일확천금을 얻은 복권 당첨자들이 제일 먼저 바꾸는 것이 무엇일까? 절대 다수가 배우자부터 바꾼다고 한다. 가장 나와 가까이에 있는 사람부터 의심의 씨앗이 퍼지기 때문이다. 그 다음엔 형제, 자매, 부모 등 다른 가족들과 결별한다. 이윽고 친했던 친구들과도 서서히 멀어진다.

영국의 마이클 캐롤Michael Carroll이라는 백만장자의 삶을 통해 그 사실을 확인할 수 있다. 2002년, 열아홉 살이라는 어린 나이에 복권에 당첨된 마이클 캐롤. 우리 돈으로 약 145억 원에 해당하는 970만 파운드를 한순간에 거머쥔 행운의 주인공으로 유명하다. 그러나 그가 가족, 친구 등 가깝게 지냈던 지인들과 모두 인연을 끊는 데는 채 6개월도 걸리지 않았다. 혼자 남은 그의 옆자리를 차지한 것은 사기꾼들이었다. 마이클 캐롤은 새로 만난 사람들과 함께 마약, 음주, 도박, 매춘 등 갖가지 기행과 호화 생활을 일삼는다. 새로 산 고급 저택에 카레이싱 트랙을 설치하고 전 세계에서 내로라하는 비싼 차들을 파괴하는 경기를 즐기는 등, 상식을 넘는 수준의 행각이 이어졌다. 결국 8년 만에 완전히 파산하였고 지금은 영국의 청소부로 전락했다고 한다.

그는 행복한 사람이었을까? 단언컨대 결코 그렇지 않다. 큰 돈을 얻은 대신 사람을 잃었다. 마음을 주고받던 주변 사람들을 의심하면서 행복감을 느낄 사람이 어디 있겠는가? 의심과 불신은 그 자체가 고통스럽다. 살아 있는 지옥이며 형벌인 셈이다.

여기서 우리는 돈과 행복의 상관관계에 대한 중요한 힌트를 발견하게 된다. 돈은 아예 없을 때보다 있는 것이 좋다. 그러나 돈의 양이 늘수록 행복의 증가율이 동일하게 높아지지 않는다는 것이다.

소득과 행복의 그래프

소득과 삶의 만족도를 표시한 아래 그래프를 보자. 미국 돈으로 7만 달러 정도에 이르러서는 그 기울기가 원만하게 바뀌는 것을 확인할 수 있다.

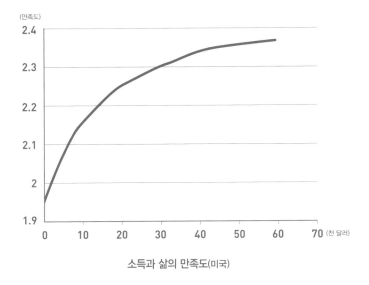

소득과 삶의 만족도(미국)

이런 연구를 기반으로 심리학자들은 돈으로 살 수 있는 행복의 양은 약 7천만 원 정도가 상한선이라고 말하기도 한다. 이 이야기는 8만 달러, 9만 달러를 벌어도 조금도 행복해 질 수 없다는 말이 아니다. 그 이상을 가져도 행복할 수도 있고 불행할 수도 있다. 다만 돈이 아닌 다른 요인이 행복과 불행을 결정한다는 뜻이다.

같은 주제의 연구를 한국에서 진행한 결과다. 재밌는 건 그래프의 양상이 전혀 딴판이라는 것이다.

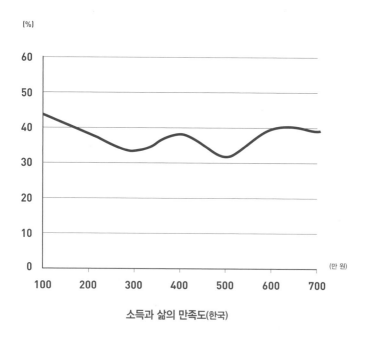

소득과 삶의 만족도(한국)

일단 행복의 양이 크게 오르지 않고 적정 수준을 유지하는 게 특이하다. 또 올랐다 내렸다를 반복하는 것도 신기하다. 돈이 많으나 적으나 행복엔 별 차이가 없어 보이기까지 한다. 이 그래프를 증명이라도 하듯 한국인들은 본인이 가난해도 부자를 쉽게 존경하지 않는다. 누가 돈이 많다고 해도 "지가 뭔데? 별것도 아니면서!"라는 태도가 기본적으로 장착되어 있다.

우리 한국인들, 제아무리 뉴스에 나오는 최고의 재벌이라 해도 깔보는 여유가 있지 않은가. 굳이 존경까지는 아니더라도, 엄청난 부를 축적한 이들을 기본적으로 우러러 보는 다른 국가와는 상반된 모습이다. 그렇기 때문에 우리는 어쩌면 더더욱 행복을 결정하는 요소를 돈이 아닌 다른 것에서 쉽게 찾을 수 있을지 모른다.

심리학자 다니엘 카네만Daniel Kahneman은 그의 '전망(조망)이론'을 뒷받침하기 위해 재미있는 그래프를 하나 소개했다. 바로 손실과 획득의 곡선이다.

아무것도 없는 사람이 100만 원을 받으면 심리적 기쁨이 상승한다. 그 다음에 다시 100만 원을 받아 200만 원이 되었다고 치자. 역시 기쁨이 상승하나 처음과는 다르게 살짝 기울기가 완만해진다. 금액이 커질수록 곡선은 점차 완화된다. 손실도 마찬가지. 단, 손실의 심리적 슬픔은 획득에 비해 기울기가 급격하

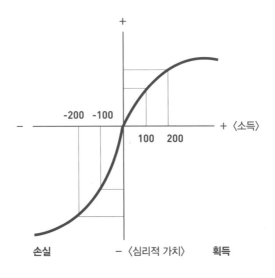

손실과 획득의 곡선

고 가파르다. 100만 원 획득의 기쁨보다 100만 원 손실의 슬픔이 훨씬 더 크다는 얘기다.

그렇다면 누군가에게 200만 원을 줄 때, 한 번에 주는 게 나을까? 두 번에 쪼개 주는 게 나을까? 이 그래프에 의하면 한꺼번에 주는 것보다 100만 원씩 두 번 나누어 주는 게 더 심리적으로 만족스럽다고 한다. 이는 심리적 착각을 일으키는 제목 효과의 일종이다. 인간은 큰 혜택을 한 번에 얻는 것보다 작은 혜택을 여러 번 느끼는 것을 더 좋아하게 마련이다.

그렇다고 200만 원을 1원씩 200번에 걸쳐 나눠 주겠다는 생각은 버리자. 너무 잘게 쪼개면 부작용이 생긴다. 심리학 용어로 '부킹 프라이스booking price'라는 말이 있다. 내 마음의 장부에 기입할 수 있는 최소 가격이란 뜻이다. 즉, 내가 받았다고 인정하고 만족하는 최저 금액이다. 세배를 하자 삼촌이 500원을 주셨는데 그걸 세뱃돈으로 인정하지 않는 것과 같은 이치다. 금액이 상대의 부킹 프라이스보다 적다면 받는 이가 짜증을 낼 수 있으니, 반드시 최소 금액을 뛰어넘을 수 있도록 주의해야 할 것이다.

꽤 많은 유럽 국가들은 주급제를 선택한다. 우리로 치자면 월급을 일주일에 한 번씩 4분의 1로 나눠서 주는 것이다. 코딱지만 한 월급을 그냥 주는 것도 모자라 쪼개서 주다니, 생각만 해도 짜증이 치민다. 그러나 북유럽 사람들은 작은 걸로도 꽤 높은 만족감을 얻으며 사는 것 같다. 일주일에 한 번 주급을 받아서 필요한 것을 사고, 하고 싶었던 일을 하는 삶도 나쁘지 않은 모양이다. 우리가 한 달에 단 하루, 월급날 기분이 좋아진다면, 이 사람들은 한 달에 최소 네 번은 웃을 일이 생긴단 얘기다. 북유럽의 행복지수가 높은 이유는 여러 가지가 있지만 작은 행복의 만족도도 한몫하지 않을까? 낮은 부킹 프라이스는 행복에 제법 도움이 된다. 행복하고 싶다면 크든 작든, 내가 확실하게 좋아하는 행복의 리스트를 찾아보는 것도 좋을 것이다. 이것을 나만의 위시리스트라고 불러도 좋겠다. 위시리스트의 목록이 작고 소소하다면 그만큼 부킹 프라이스도 낮은 법이다. 길거리에서 파는 오천 원짜리 음식 중에 위시리스트에 속한 것이 있다면 단돈 오천 원을 벌어도 기뻐하며 마음 속 장부에 기입할 것이다. 그 음식을 떠올리는 것만으로도 만족과 행복의 빈도가 높아지기 때문이다.

기억하자. 행복은 강도가 아니라 빈도라는 사실을.

나의 위시리스트는 무엇인가

전 세계에서 제일 아이큐가 높고 부지런한 한국인이다. 외국인 학자들은 나만 보면 한국인들이 정말 대단하다고 칭찬하곤 한다. 그런데 이 질문 하나면 그 부지런하고 지혜로운 한국인들을 한순간에 바보로 만들 수 있다고 한다.

"뭐 좋아하세요?"

우리나라 사람들에겐 이만큼 어려운 질문이 없다. 듣는 순간 내가 정말 뭘 좋아하지? 하며 머릿속이 복잡해진다. 많은 경우에 웃으며 "아무거나요"라고 답하곤 한다. 아무거나 먹어도 되고, 아무 데나 가도 된단다. 세계적으로 유래 없는 어리석은 답변이다.

내가 무엇을 좋아하는지 모르는 것뿐 아니라 가까운 사람들이 뭘 좋아하는지도 잘 모른다. 친구가 무엇을 좋아하는지, 부모님이 무엇을 좋아하시는지, 질문을 받으면 머리가 하얘진다. 오히려 무엇을 싫어하는지는 기가 막히게 한다.

"길동이? 걔는 맵지 않은 거 좋아해."

"우리 부모님은 시끄럽지 않은 걸 좋아하셔."

우리는 종종 싫지 않은 것을 좋아한다고 말한다. 그러나 싫어하지 않는 것과 좋아하는 건 엄연히 다르다. 무엇을 좋아하는지 모르는 건 단순히 웃고 넘길 일만은 아니다. 심각한 사회문제와도 연결되어 있기 때문이다.

한국은 OECD 국가 중 노인 자살률 1위라는 불명예스러운 기록을 갖고 있다. 노인 자살의 가장 큰 원인은 절망 때문이라고들 말한다. 그러나 심리학자들의 견해는 조금 다르다. 그들의 죽음은 '절망'이 아닌 '무망' 때문이다.

절망은 희망이 꺾였을 때 오는 좌절감이다. 무망은 어떤 희망도 없는 상태를 말한다. 희망이 꺾이면 다른 희망으로 일어설 수 있지만 아무런 희망조차 없는 상태에서 상실감을 느끼면 결국 인생을 놓아 버리게 된다. 나는 강의에서 만나는 많은 분들에게 사람이 50이 넘으면 스스로가 무엇을 좋아하는지 많이 알고 있어야 한다고 강조하곤 한다. 그것이 인간 장수의 비결이고 행복의 비결이기 때문이다.

텍사스 유학 시절 나의 지도교수였던 아트 마크먼 Art Markman 은 유대인답게 자녀에게 특별한 경제 교육을 하고 있었다. 그 모습을 가까이에서 지켜보며 감탄하지 않을 수 없었다. 아이가 다섯 살일 때 아트는 이런 질문을 건넸다.

"루카스야, 오늘 1000달러가 생기면 뭘 할 거니?"

루카스는 1000달러가 얼마나 큰돈인지도 모르는 아이였는데 말이다. 1달러가 1000개나 있는 거라고 하나하나 설명을 해 주니 깜짝 놀라는 눈치였다. 다섯 살 인생의 최고 금액이었던 것이다. 루카스는 아빠가 시키는 대로 이 1000달러를 어떻게 사용할지 이틀에 거쳐 글짓기를 해 왔다.

'마이클에게 사탕을 나눠 주고, 엄마에게 쿠키 여섯 개를 사 준다. 로봇 장난감을 아빠에게 선물하고 데이빗에게 젤리 한 통을 사 준다…' 끝없는 위시리스트가 이어졌다. 다섯 살의 루카스가 무엇을 좋아하는지 한눈에 볼 수 있는 자료였다.

한 해가 지나고 여섯 살이 된 루카스에게 아빠는 같은 질문을 던졌다.

"루카스야, 오늘 5000달러가 생기면 무엇을 하고 싶니?"

"히익! 100달러가 50개나 있다는 거예요?"

루카스는 어김없이 계획을 적어 나갔다. 그리고 이 질문과 기록은 해마다 반복되었다. 루카스는 이제 스무 살이 넘은 청년이 되었다. 아트는 여전히 아들에게 매년 같은 질문을 던진다고 한다. 이제 아이의 위시리스트를 기록한 종이는 수십 페이지에 달할 것이다. 루카스는 내일 당장 복권에 당첨돼도 결코 파산하지 않을 것이다. 그의 머릿속엔 얼마만큼의 돈을 어떻게 써야 내가 행복할 수 있을지 이미 그림이 그려져 있기 때문이다. 위시리스트란 돈에 제목을 붙이는 일이다. 제목 하나하나가 모두 나에게 의미 있는 것일 때 인생의 계획도 같이 단단하게 만들어진다. 이 글을 읽는 독자들도 작은 리스트를 적어 보면 어떨까? 큰돈에 대한 맹목적인 욕망이 아니라 하고 싶은 일에 지혜롭게 쓸 때 가장 중요한 인생의 방향이 잡힐 것이다.

인생에서 가장
중요한 숫자

세계 제일의 한국인

한국인은 여러 분야에서 세계 제일의 기록을 보유하고 있다. 일단, 세계에서 지능지수가 가장 높다. 머리 좋기로 유명한 유대인들도 한국인의 높은 IQ에는 두손 번쩍 들었다고 한다. 우리나라 사람들이 우습게 생각하는 120 정도의 지능지수는 전 세계 기준으로 보면 상당히 높은 수준에 속한다.

둘째, 전 세계에서 아난다마이드Anandamide 수치가 가장 낮은 민족이다. 아난다마이드란 '행복의 분자'라고도 불리는 특정 신경전달물질인데, 뇌에서 분비되면 기분이 고조되고, 통증이 완화되며 만족감이 높아진다. 그런데 어떤 이유에서인지 우리 한국인은 세포 단위 면적당 아난다마이드 발생 수치가 전 세계

꼴찌다. 참고로 1등의 영예를 차지한 나라는 아프리카 나이지리아라고 한다. 안타깝게도 대한민국 사람들은 하드웨어 자체가 쉽게 행복해지지 않도록 태어났다는 얘기다. 세계에서 제일 낙천적인 나이지리아인들이 약간의 물질만 소유해도 큰 만족을 느낀다면, 그에 비해 한국인은 엄청난 부를 소유해도 만족이 쉽지 않을 것이다.

만족을 모르는 우리나라 사람들을 두고 외국 심리학자들은 우스갯소리로 '다니엘 카네만의 전망이론을 뒤집어 놓는 민족'이라고까지 부른다. 다니엘 카네만Daniel Kahneman은 2002년 노벨 경제학상을 수상한 경제학자로 이득과 손해에 대한 인간의 의사 결정 방식에 대한 심리 연구를 한 것으로 유명하다.

게임 A는 참여하기만 해도 100% 확률로 100만 원을 준다고 한다. 게임 B는 100만 원을 딸 확률은 89%, 500만 원을 딸 확률은 10%, 그리고 1% 확률로 꽝이 섞여 있다.

누군가 두 개의 게임 중에 하나를 고르라고 한다면 당신은 무엇을 선택하겠는가? 대부분의 나라에서는 참가자 중 90%가 A를 고른다. 위험을 싫어하고 확실한 것을 선호하는 게 일반적인 인간심리이기 때문이다. 게다가 돈의 액수를 높일수록 고민은 줄어든다. 100% 받을 수 있는 돈이 100만 원이 아니라 1억 원이라면 어떨까? 아니, 차라리 통 크게 1조 원을 준다고 치자.

게임에 참여만 해도 무조건 1조 원이 생기는데 누가 이를 마다하고 모험을 고르겠는가.

그런데 웬걸, 한국인들에게 같은 실험을 하면 너도 나도 B를 고른다. 판돈을 올려도 마찬가지다. 중학생 아이들조차 1조 원 따위는 만족을 못하겠다는 듯 코웃음을 친다. 아니, 1조 원이면 연이율 2%만 적용해도 이자가 1년에 200억이다. 이 말인즉슨 1년 365일을 하루도 빠짐없이 근면하고 성실하게 매일 5500만 원씩 탕진해야 재산이 늘어나는 것을 간신히 막을 수 있다는 얘기다. 그런 상상하기 어려운 돈마저 만족하지 못하는 우리들이 아닌가.

이처럼 전 세계에서 낙천성이 가장 떨어지는 한국인들이 나이지리아인만큼 행복해지려면 끊임없이 무언가를 소유해야 할 것이다. 우리나라의 많은 사람들이 행복을 위해 더 열심히, 더 부지런히 긴 시간을 일하는 건 어쩌면 당연한 현상일지도 모른다.

그래서일까. 한국인의 자랑스러운 세계 기록 중에는 근면성 1위라는 것도 있다. 대한민국 사람들, 압도적으로 성실하다. 너도나도 성실한 우리끼리 모여 있으니 눈치채지 못했을 뿐, 학회에서 만나는 외국 연구자들은 나만 보면 한국인들 너무 부지런하다며 고개를 젓는다. 워낙 이런 얘길 많이 듣다 보니 조금은 민망해서 반박할 때도 있었다.

"한국인들 부지런하긴 하지. 그런데 일본, 대만, 중국도 마찬가지 아냐? 일할 때 보면 그분들도 굉장히 부지런해."

하지만 그들은 정색하며 대답했다.

"너희 한국인은 일 안 할 때도 부지런하잖아."

맞는 소리라서 감히 반박할 수가 없었다. 우리나라 사람들 정말 놀 때도 유난스럽게 부지런하니까. 가족들과 여유로운 시간을 즐기기 위해 찾아간 놀이공원에서도 엄마들은 아이를 나무란다. "이 시간 되도록 이거밖에 못 놀았어? 자유이용권인데 얼른 더 타!"

유럽 심리학자들은 아예 날 붙잡고 하소연을 한다. 너희 한국인들은 유럽에 놀러오면 복장만 관광객, 행동은 근로자라는 거다. 왜 남의 나라에 쉬러 와서는 새벽 4시 반부터 일어나 돌아다니냐고 따지는데 뭐라고 대답해야 할지 난들 아는가. 심지어 유럽 렌터카 업체 직원들은 비슷비슷하게 생긴 동양인 고객이 한국인인지 아닌지 알아맞히는 방법을 알고 있단다. 1주일 정도 차를 대여하고 반납할 때, 운전한 킬로수를 확인하면 바로 파악이 된다나. 멀고 먼 타국 땅에서도 시간을 쪼개 가며 더 열심히, 더 성실하게 놀았을 한국인의 모습이 눈에 선하게 그려지는 것 같았다.

잠이 오냐, 지금?

정리하자면, 전 세계에서 가장 좋은 머리로, 가장 부지런하게, 낙천성 없이 살아가는 민족이 바로 한국인이라는 사실. 전쟁이 끝난 지 70여 년 만에 지금과 같은 눈부신 발전을 이룩한 것은 결코 우연이 아니다. 그러다 보니 전 세계에서 가장 잠을 죄악시하는 나라이기도 하다. 우리나라 사람들은 '10시간 잔다'라고 말하지 않는다. 대신 '10시간 쳐 잔다'고 표현한다.

"너 잠이 오냐, 지금?"

우리나라 사람들이 종종 쓰는 말이다. 비난이고 힐난이며 가끔은 무지막지한 욕처럼 들린다. 그런데 이 뉘앙스를 어떻게 번역할지도 참 난감하다.

미국 유학 시절, 미국인 후배들이 너무 공부를 안 하고 빈둥거리기에 앉혀 놓고 야단을 친 적이 있었다. 엄한 목소리로 '너 잠이 오냐, 지금?'을 영어로 바꿔 말해 보았다.

"Tom, Can you sleep well?"

그러자 상대는 자신 있다는 듯 활짝 웃으며 대답했다.

"Yes, I can!"

우리나라에서는 홀대를 받고 있지만 인간의 수면은 함부로 무시할 만한 것이 아니다. 우리 몸의 상태는 심리적 안정감과

거의 직결되어 있기 때문이다. 요즘에도 볼 수 있는지 모르겠는데, 나 때만 해도 동네 학교마다 커다란 돌덩이에 이런 표어 하나쯤은 멋지게 새겨져 있었다.

'건강한 체력에 건강한 정신.'

아니 뭐 이런 구닥다리 같은 말이 있나 싶지만 나는 심리학 연구를 거듭할수록 이 말보다 인간의 몸과 정신의 관계를 완벽하게 설명한 문장을 찾지 못했다.

가끔 국가대표 축구 경기를 볼 때, "우리 선수들, 이제 체력은 바닥났으니 정신력으로 뛰어야 합니다."라는 중계 멘트를 종종 듣는다. 안타깝지만 과학적으로 불가능한 말이다. 심리학자들의 연구에 따르면 인간의 정신력과 체력은 같은 동력원을 사용하기 때문이다. 심리적 정신적으로 꺼내어 쓸 힘이 필요하다면 내가 제일 먼저 해야 할 일은 몸을 돌보는 것이다. 잘 먹고, 잘 웃고, 잘 운동해야 한다. 그리고 무엇보다 중요한 것은 잘 자는 것이다.

잠을 제대로 못 잔 다음날, 어떤 현상이 일어날까? 혹시 머리가 안 돌아가거나 판단력이 흐려지지 않을까? 시험 전날 밤을 샌 탓에 정작 시험 날엔 수학 풀이를 망친다거나 영어 단어가 기억이 안 나는 것처럼 말이다. 사실, 전두엽에 해당하는 논리 연산 능력은 잠을 조금 못 자도 크게 손상되지 않는다. 심리학자들은 잠이 부족해서 벌어질 수 있는 위험한 상황은 정작 따로 있다고 강조한다. 바로 나쁜 습관을 제어하는 능력이 떨어진다는 것. 잠을 제대로 못 자면 그 다음날 자신의 나쁜 습관을 세상 사람들 앞에 보여 주는 상태에 처하게 되는데, 사회생활을 하는 사람들에겐 이것만큼 위험한 것도 없다.

시험을 예로 들어보자. 잠을 못 잔 다음날, 머리가 안 돌아가서 수학문제를 못 푸는 게 아니라, 문제 풀이에 대한 나쁜 습관을 통제하기 어려워진다. 대충 계산하거나, 깊이 생각하지 않거나, 맞은 답을 이상하게 고치는 습관들 말이다. 아무리 열심히 공부하고 이해했어도 위험한 습관들이 고삐가 풀려 버리니 시험을 망칠 수밖에.

나의 수면 적정 시간

미국 유학 시절, 지도교수님을 처음 뵙는 자리에서 나는 한 번도 들어 보지 못한 질문을 받게 된다.

"자네는 몇 시간 자는 사람인가?"

늘 잠을 줄이고, 시간을 아끼라는 말만 들어왔기에 이런 질문은 황당하기까지 했다. 내가 무척 의아해하자 교수님은 한 번 더 차근차근 물으셨다.

"몇 시간을 잤을 때, 다음날 가장 지혜롭고 행복해지는가를 묻는 걸세."

머리를 망치로 맞은 것 같은 충격이었다. 왜 그 숫자에 대해 한 번도 고민해 보지 않았을까? 나를 표현할 수 있는 많은 숫자 중에서 어쩌면 가장 중요한 숫자일지도 모르는데 말이다.

실제로 사람은 롱슬리퍼Long sleeper와 숏슬리퍼Short sleeper 로 나뉜다. 롱슬리퍼의 대표적인 인물이 우리가 잘 아는 아인슈타인이다. 그는 10시간도 넘게 자는 대단한 롱슬리퍼였지만 한국 어린이들이 읽는 아인슈타인 전기에는 그런 내용을 찾아보기 어렵다. 반면, 유명한 숏슬리퍼인 에디슨이 하루에 3시간만 잤다는 내용은 거의 모든 책에서 찾아볼 수 있다.

나는 몇 시간을 자는 사람일까? 나의 행복과 성장을 위해 나의 적정 수면 시간을 알아내는 것은 무척 중요하다.

추천하는 방법은 수면 일기를 쓰는 것이다. 매일 그날을 정리하는 시간에 나의 기분과 행동이 어떠했는지를 기록해 본다. 점수로 표시해도 좋다. 그리고 그 옆에 숫자 하나를 더 쓰면 좋겠다. 그 전날 나의 수면 시간 말이다. 나라는 사람의 적정 수면 시간을 아는 것은 내 인생에서 가장 중요한 숫자를 알게 되는 것이다.

불안과 무기력, 부정적인 심리가 지배하는 시대, 안정적인 상태로 좋은 결정을 하고 싶다면 방법은 간단하다. 몸부터 챙기

자. 나의 육체적 컨디션을 최적의 상태로 만드는 것, 위기의 순간 중요하고 올바른 판단을 할 수 있는 해답은 건강한 체력에 있다.

얼마 전, 온라인으로 진행한 강의에서 한 시민 분께 다음과 같은 질문을 받았다.

'저는 몇 년째 일용직 택배 기사로 일하며 취업을 준비하고 있습니다. 영어 실력도 좋지 못하고 스펙도 별로입니다. 면접을 여러 군데 많이 봤는데 계속 떨어지네요. 막막하기만 합니다. 이런 제가 회사에 내세울 만한 장점을 찾을 수 있을까요?'

취업을 앞둔 많은 청년들의 비슷한 고민이 아닐까. 어느 조직에서든 제 몫을 충분히 할 수 있는 반짝이는 젊은이들이 힘없이 고개 숙이는 모습이 안타깝게 느껴질 때가 많다. 그러나 다행히 스펙이나 학벌만으로 지원자를 뽑는 시대는 지났다. 그렇다면 앞으로의 기업은 어떤 인재를 원할까? 결론부터 말씀드리면 자기만의 색깔이 있는 사람과 좋은 습관을 가지고 있는 사람이다. 최근 괄목할 만한 성장을 보여 주는 회사들은 '색깔'과 '습관', 이 두 가지를 확실하게 느끼게 해 주는 사람을 함께 일할 직원으로 선택하곤 한다.

최근 배달의 민족 김봉진 대표에게서도 이와 관련된 재미있는 이야기를 들었다. 새 직원을 뽑는 면접 자리에서 김 대표는 한 지원자와 이런저런 이야기를 나누었다. 이야기 도중 우연히 "다른 회사 면접도 많이 보셨겠네요?"라고 묻게 되었다. 그는 다른 곳에 많이 지원했지만 결과가 좋지 않았고, 최근에는 유명 포털의 마지막 면접까지 갔다가 떨어졌던 이야기를 솔직하게 들려주었다. 무척 가고 싶은 회사였을 텐데 파이널 단계에서 미끄러졌으니 참 속상했을 것이다. "그래요? 그럼 불합격 소식 듣고 난 다음에 뭘 하셨어요?"라는 김 대표의 질문에 지원자는 씩씩하게 대답했다. "힘내려고 맛있는 거 먹으러 갔어요." 떨어질 때마다 늘 그러냐고 묻자 그는 당당하게 말했다. "네. 제 습관입니다."

그 말을 들은 김 대표는 바로 합격을 결정했다는 것이다. 함께 일해 줄 직원이 가져야 할 좋은 습관을 그에게서 발견했기 때문이다. 누구에게나 피하고 싶은 나쁜 일이 생긴다. 사람이라면 그럴 때마다 우울하고 비참한 기분에 빠지기 십상이다. 그런데 그런 기분을 덮어 버릴 만한 긍정적 에너지를 스스로 만들어 내다니, 그보다 좋은 습관이 어디 있겠는가? 이런 구성원이 회사에 있다고 생각해 보자. 그 조직은 이따금 위기에 처하거나 실의에 빠지더라도 계속 이겨 낼 힘을 만들어 나갈 것이다.

위대한 사람들의 비밀은 따지고 보면 한결같다. 사소하지만 좋은 습관을 갖고 있었다. 그 습관이 행하는 작고 좋은 일로 큰 업적을 만들었던 것이다. 굳이 위인들을 들먹일 필요도 없다. 솔직히 습관이 지닌 힘을 모르는 사람이 어디 있겠는가. 문제는 그 좋은 습관을 몸에 들이기가 어렵다는 것이다. 《설득의 심리학》의 저자 로버트 치알디니Robert Cialdini를 비롯한 수많은 심리학자들은 그간 여러 차례 '좋은 습관 만들기'에 대한 연구를 했고 그 비법 또한 제안했다. 여기서 나온 게 'if/then-when' 전략이다. 습관을 만들고 싶을 땐 if(만약) then(그러면) when(언제) 세 가지 요소를 갖춰야 한다는 것이다. 한 중년 남성이 머리가 자꾸 빠지기에 탈모 방지약을 구입했다. 하루에 한 번은 잊지 않고 먹어야 하는데 자꾸 깜빡깜빡한다. '내일은 까먹지 말고 꼭 먹어야지'라고 다짐하지만 놓치는 경우가 비일비재하다. 이럴 때 if/then-when 전략을 쓴다. '아침 8시(when)에 양치질을 마친 상태라면(if), (then)약을 먹는다.'로 구체성을 띠면 습관을 들이기가 수월하다는 얘기다.

김봉진 대표의 마음에 쏙 든 지원자도 마찬가지다. 그는 어느 순간 스스로 '면접에 떨어지면(if) 그날 저녁엔(when), (then)맛

있는 걸 먹는다.'라는 공식을 세웠다. 사람 잘 보는 김봉진 대표가 그의 빛나는 습관을 놓치지 않고 발견한 것이다.

취업을 앞두고 고민하는 청년 분들에게 드리고 싶은 이야기도 이와 크게 다르지 않다. 일상 속에서 이런 에피소드를 많이 만들라고 조언하고 싶다. 나의 습관, 나의 태도, 나의 이야기가 곧 자신의 색깔이 된다. 낙관성과 희망을 품고 사는 사람의 색깔은 분명하고도 아름답다. 그 색깔을 지켜 낼 수 있다면 언젠가 알아봐 줄 사람은 분명히 나타나게 마련이다.

낙천적인 사람은 타고나지만 낙관성은 후천적으로 만들어진다. 삶을 살아가는 마음가짐과 태도이기 때문이다. 물론 낙관적 사고도 중요하지만 현실을 직시하는 것 또한 중요하다. 세계적인 과학 저널리스트 울리히 슈나벨Ulrich Schnabel은 이 둘이 결부된 상태를 '확신'이라고 부른다.

확신은 곧 '우리의 미래가 점점 더 나아질 것이다'라는 강한 믿음이다. 이 믿음은 긍정적인 생각을 불러일으키고 현실을 헤쳐 나가는 행동 에너지를 만들어 낸다. 이러한 선순환 구조를 만들어 낸 사람들이 있다. 바로 우리가 말하는 위대한 사람들이다. 루게릭 병을 앓으면서도 절망하지 않았던 스티븐 호킹Stephen Hawking은 세계 최고의 물리학자가 되었고, 아우슈비츠에서도 살아남은 심리학자 빅터 프랭클Viktor Frankl은 우리에게 극복이 무엇인지 보여 주었다. 그들은 비참한 현실 속에서도 미래에 대한 확신으로 작지만 좋은 행동을 반복했고 결국 큰 변화를 만들 수 있었다. 매일 힘든 일상이 반복되더라도 하루하루를 긍정적으로 만드는 사람, 미래에 일어날 좋은 일을 상상하고, 확신하며, 그 순간을 대비하는 사람. 그런 사람이야말로 좋은 색깔을 지닌 우리 곁의 영웅이 아닐까?

한번은 박명수 씨가 진행하는 라디오에서 흐뭇한 사연 하나를 듣게 되었다. 사연을 쓴 사람은 젊은 남자 분이었는데 자기 여동생이 이상하다며 고자질하는 내용이었다.

그의 여동생은 준비성이 뛰어나다 못해, 일어나지도 않을 일들마저 너무 성급하게 대비를 한다는 것이다. 지난 연말엔 TV 시상식 프로그램을 눈도 못 떼고 집중해서 보더란다. 좋아하는 연예인이 나오는 것도 아닌데 그렇게까지 몰입해서 보냐고 오빠가 한마디 했다. 그러자 돌아오는 여동생의 대답이 가관이었다.

"다음 주에 우리 회사에서 송년회 하잖아. 나 우수사원으로 뽑히면 어떡해. 수상소감 잘 봐뒀다가 상 타면 얘기해야지."

참고로 그녀는 입사한 지 한 달밖에 안 된 신입이라고 했다. 너무 확신에 차 있어서 처음엔 그런가 보다 했는데 상 받을 가능성은 제로에 가깝다고 오빠는 안타까워했다.

아무튼 그 여동생은 매번 이런 식이란다. 늘 행복한 꿈을 꾸고 철저하게 준비한다. 한번은 남자친구도 없는데 인터넷으로 커플티를 검색하더란다. 이런 걸 왜 보냐고 물어보면 예의 그 밝고 진지한 말투로 "다음 주에 소개팅 잡혔거든. 남친 생길 수도 있으니까 미리 좀 봐 두는 거지."라고 답하는 식이다.

이 여동생이야말로 우리 주변에서 만날 수 있는 스티븐 호킹이고 빅터 프랭클이 아닐까? 낙관과 대비를 결합시켜 확신을 만들어 냈으니 말이다. 비록 우수사원 상을 받지 못했어도 멋진 소감을 말하는 법을 익힐 수 있었고, 소개팅에서 남자친구를 만들지 못해도 커플 아이템에 대한 트렌드를 배웠으니 지혜로운 낙관의 결과다.

자, 이쯤 되면 우리가 해야 할 일이 분명해진다. 그저 '잘 될 거야'라고 넋을 놓고 있는 게 아니라 긍정적 미래에 대비하는 것이다. 여기서 말하는 대비는 곧 행동이다. 낙관적 예측과 예측에 대비하는 행동을 계속 하는 것. 이 둘이 합쳐지면 무엇보다 강한 힘을 발휘한다. 다행히 이 세상에는 작지만 강한 확신을 가진 사람들이 꽤 많이 존재한다. 이들을 만나면 존경과 응원을 아끼지 말자. 지금 모습이 보잘 것 없어 보이더라도 언젠가는 찬란하게 빛날 것이기 때문이다.

감사의
힘

2015년 4월, 그해 봄날은 쉽게 잊히지 않는다. 네팔 대지진이라는 대참사가 온 세계를 떠들썩하게 만든 해이기 때문이다. 8천 명이 넘는 네팔 사람들이 목숨을 잃었고 2만 명이 훨씬 넘는 사람들이 부상을 당했다. 물론 거리적으로 떨어져 있는 나라였지만 워낙 끔찍한 재앙이었기에 그들의 아픔이 고스란히 전해지는 것 같았다. 특별히 내가 일하는 아주대학교에 가깝게 지내는 네팔 유학생이 있어서 좀 더 마음이 안 좋았는지도 모르겠다. 보진드라Bojindra라는 이름의 네팔 청년은 우리 학교에서 경영학과 박사 과정을 밟고 있었다. 물론 비보를 듣자마자 황급히 고국으로 돌아갔다고 전해 들었다.

보진드라가 떠나고 얼마간은 나 또한 정신없이 지내느라 그의 존재를 잠시 잊고 살았다. 그런데 어느 날, 연구실 책상 위에 자료가 하나 올라와 있는 게 아닌가. 자세히 살펴보니 한국에 돌아온 보진드라가 자신의 지도교수인 조영호 교수님을 통해 건넨 연구 데이터였다.[25] 꼼꼼하게 자료를 살펴보는 내내 감탄하지 않을 수 없었다. 이 친구도 어쩔 수 없는 연구자인가 보다. 대재앙 이후 다시 일상으로 회복하고자 하는 고국의 사람들을 대상으로 아주 의미 있는 심리학 연구를 진행한 것이었다. 그리고 그 결과는 우리를 놀라게 하기에 충분했다.

감사와 회복 탄력성

네팔에 도착한 직후, 보진드라는 세 군데의 호텔을 섭외했다. 각 호텔에서 60명씩 실험에 참가할 직원을 선발하고 그들에게 2주간 다른 요청을 했다고 한다. 첫 번째 호텔 직원들에겐 매일 업무가 끝난 후 일기를 쓰게 했다. 그날 있었던 일 중 특별히 감사할 만한 것들을 기억하여 쓰도록 하였다. 말하자면 '감사 일기'인 셈이다. 두 번째 호텔 직원들은 평범한 업무 일지를 쓰도록 요청했다. 세 번째 호텔 직원들에겐 아무런 요청을 하지 않았다.

---

25   Kyungil Kim & Bojindra Tulachan & Yung-Ho Cho & Tae Kim (2020). "Gratitude Enhances Work Engagement through Reduced Perception of Damage: A Case Study in Nepals' Earthquake Disaster". *The Open Psychology Journal*, 13, pp. 206-212. 10.2174/1874350102013010206.

이후, 그는 직원들의 업무 역량이나 몰입도, 재앙을 이겨 내는 태도 등에 변화가 있는지 등을 지속적으로 관찰하고 분석했다. 결과는 무척 놀라웠다. 감사 일기를 쓴 호텔의 직원들의 일에 대한 몰입도가 이전에 비해 두 배 가까운 수준으로 상승한 것이다. 이는 다른 호텔 직원들에게서는 좀처럼 찾아볼 수 없는 결과였다. 다른 환경적 요인은 변함이 없었다. 오히려 이전보다 더욱 어려워졌음에도 이들은 힘을 낸 것이다. 도대체 어떻게 이런 변화가 가능했을까?

함께 조사한 그의 다른 실험을 통해 그 원인 또한 분석할 수 있었다. 감사 일기를 쓴 직원들은 전과 다른 시선을 갖게 되었다고 한다. 지진으로 인해 입을 수밖에 없었던 물리적 신체적 피해를 이전보다 더 작게 느꼈다. 그러다 보니 자신에게 닥친 시련을 극복 가능한 것으로 여겼고, 그에 맞는 힘을 낼 수 있었다. 피해를 보는 시각의 차이와 업무의 몰입도는 거의 일치했으며 그 효과는 생각보다 더 오래 지속되었다. 감사 일기 작성을 멈춘 후에도 한 달 가까이 이어진 것이다.

많은 자기계발서나 명사들의 글에서 '감사의 힘'에 대해 강조하는 것을 많이 들어왔다. 이제 너무 익숙해져서 당연하고 뻔한 잔소리처럼 느껴질 때도 있다. 그런데 과학적 연구로 증명된 감사의 힘은 실로 대단한 것이었다. 환경이나 상황에 따라 우리를 괴롭히는 다양한 요인들이 존재한다. 그것들은 사람에게 심리적 고통을 주게 마련인데 감사는 그 고통의 양을 감소시키는 효과가 있기 때문이다. 이는 적극적인 회복 탄력성과도 깊은 연관이 있다. 그래서 심리학자들은 감사를 가장 강력한 자기 보호 기능 중 하나로 여기곤 한다.

물론 다르게 생각하는 분들도 있을 것이다. 어려운 상황에서도 감사하는 마음을 갖는다는 것을 자기 위안 정도로 여길 수도 있다. 현실을 분명히 직시하지 않는 데서 오는 일종의 마취 효과라고 보는 것이다. 그러나 비슷해 보이는 심리에도 엄연한 차이가 존재한다. 분명한 것은 마취된 사람들은 적극적으로 움직이지 않는다는 것이다. 안락함에 취해 있는 것과 움직이는 것은 완전히 다르다. 똑같은 고통 속에서도 강력한 회복 동기를 느끼고 자기 일에 집중했다는 것은 나쁜 여건 속에서도 '희망'을 발견했다는 뜻이다.

감사와 정직

감사의 또 다른 기능을 분석한 다른 연구도 있어 소개하려 한다. 미국 노스이스턴 대학의 심리학자 데이빗 데스테노David

Desteno 교수 연구진이 최근 발표한 내용이다.[26] 이들은 온라인을 통해 모집한 참가자들을 세 그룹으로 나누었다. 그리고 각각 다른 주제의 글쓰기를 시켰다. 첫 번째 그룹의 참가자들에겐 '살면서 고맙고 감사했던 일'들을 떠올려 적도록 했다. 두 번째 그룹에겐 '행복했던 추억'을 쓰게 하였다. 마지막 그룹은 '전형적인 하루의 평범한 일상'을 적었다.

글쓰기가 끝난 후 참가자들은 온라인 동전 던지기 게임에 참가했다. 앞서 쓴 글과는 전혀 관계가 없는 엉뚱한 게임이었다. 참가자들은 무려 45분 동안 수백 차례 동전 던지기를 해야만 했다. 그런데 이 실험에는 작은 속임수가 숨어 있었다. 초반에 두 번까지는 무조건 뒷면이 나오도록 설계하고 그 뒤부터는 무작위로 결과가 나오게 한 것이다. 아무래도 참가자들 입장에선 뒷면이 조금 더 많이 나온 것처럼 느꼈을 것이다.

연구자들은 결과에 따라 사례금을 걸었다. "게임이 끝난 후, 앞면이 더 많이 나왔다고 생각하시면 저희에게 더 많은 사례금을 요구하십시오. 그러나 뒷면이 더 많이 나왔다고 생각하시면 제시한 사례금보다 덜 받으셔야 합니다. 물론 저희는 여러분이 실제로 앞면이 많이 나왔는지, 뒷면이 많이 나왔는지 전혀 모릅니다."

---

26   D. DeSteno, F. Duong, D. Lim, S. Kates (2019). "The grateful don't cheat: Gratitude as a fount of virtue". *Psychological Science*, 30(7), pp. 979-988.

말은 이렇게 했지만 연구자들은 몰래 모든 참가자들의 결과를 기록하고 있었다. 그들이 거짓말을 하는지 진실을 말하는지 알아보는 몰래카메라인 셈이다.

참 짓궂은 속임수가 아닌가. 뒷면이 많이 나왔다는 느낌을 갖도록 설정해 놓고 정직하게 대답하는지를 지켜보고 있으니 말이다. 재밌게도 결과는 글쓰기를 시킨 그룹에 따라 확연하게 나뉘었다.

일상적인 하루를 적은 그룹의 참가자 중 53%가 앞면이 많이 나왔다며 돈을 요구했다. 행복한 추억을 기록한 그룹에선 45%가 같은 이유로 사례금을 더 달라고 요구했다고 한다. 그런데 감사할 일을 작성한 그룹에서는 고작 26%만 돈을 요구했다. 즉, 감사의 마음을 느낀 사람들이 그렇지 않은 사람들에 비해 1/2 수준으로만 거짓말을 한 것이다. 그렇다면 감사함을 많이 느낀 사람들이 더 공정하고 정직하다는 얘기일 텐데, 대체 왜 이런 결과가 발생하는 것일까.

연구자들은 이 결과를 더욱 면밀히 분석하여 다음과 같은 결론을 내렸다. 감사는 타인에 대한 의무감을 증가시킨다. 감사할 일을 떠올리는 것만으로도 다른 사람에게 진 빚을 갚고 싶은 마음이 든다. 또 불필요한 빚을 더 이상 지고 싶지 않아 하는데 이런 생각들은 작은 이익 때문에 누군가를 속이는 일을 막아 준다. 그러니 더 공정하고 정직해질 수밖에 없지 않겠는가.

배려와 감사의 사회

그렇다면 결론은 단순해진다. 인위적으로 떠올린 감사함에도 시련을 극복할 힘과 정직한 태도가 생겨났다. 그러니 실제로 서로에게 고마워한다면 그 효과는 어떻겠는가. 자주 감사를 느끼고 그것을 표현하는 것만으로도 우리 공동체가 더 건강해질 거라는 것은 누구나 예상할 수 있는 일이다.

  이는 내가 강조하고자 하는 '적정한 삶'과도 깊은 관련이 있다. 적정한 삶의 반대말을 굳이 정의하자면 '극대화된 삶'이 아닐까. 극대화된 사회는 인간의 욕망을 극대화된 곳으로 끌고 간다. 백억 원이 있으면 천억 원을 소유하고자 하고, 천억 원보다 일조 원을 욕망하게 한다. 그 욕망이 곧 성장의 에너지가 되기 때문이다. 이런 극대화된 사회, 성장을 중요하게 여기는 사회에서 사람들이 빠지게 되는 심리적 착각이 있다. 바로 '닥치고 자기 할 일만 열심히 하는 것'이다. 각 사람이 맡은 바 임무에 충실해야 한다는 생각이 필요 이상으로 강조된다. 좋은 예 중 하나가 남성과 여성의 일이 엄격하게 구분되어 있는 것이다. 얼핏 보면 한 가정 안에서 남녀가 여러 일을 섞어서 하는 것보다 훨씬 효율적으로 느껴진다. '사람은 타고난 대로 살아야 한다'라는 생각은 역할 분담이 확실한 사회에서 무의식적 통념으로 자연스럽게 자리 잡히게 마련이다. 그러나 적정한 삶을 추구하는 사회에서는 그 통념을 불편하게 여긴다.

 이쯤 되면 의문을 제기하는 독자 분들도 있을 것이다. 역할이 나뉘어 있는 사회가 무조건 나쁘다는 것일까? 자신에게 주어진 역할을 열심히 하고 다른 사람들과 상호 보완적인 관계를 갖는다면 그 또한 충분히 긍정적이지 않을까?

 훌륭한 지적이다. 그런데 상호 보완적인 사회와 타고난 대로 살 것을 강요하는 사회는 비슷해 보이지만 결정적인 차이가 존재한다. 바로 '감사하는 마음'이다. 나는 상대에게 감사하는 마음이 있는가, 그렇지 않은가로 사회의 질이 나뉜다고 보고 있다.

 성 역할과 관련하여 극단적인 갈등이 존재하는 사회를 예로 들어 보자. 이곳 구성원들에게선 서로에 대한 감사함을 찾기 어렵다. 사람들은 흔히 '감사하지'가 아니라 '당연하지'라고 말한다. "여자로 태어났으니 아이를 낳는 게 당연하지." "남자로 태어났으니 군대 가는 게 당연하지." 이와 같은 말들은 한국 사회에서 아주 오랫동안 들어 온 이야기 아니었던가. 역할을 나누었으니 감사할 필요가 없다는 생각, 그 확실한 사회 분위기와 고정관념이 시간이 흐른 오늘 날에 와서 혼란과 문제점을 야기했다고 본다.

고백하건대 사실 나는 가사에 밝은 남편이 아니다. 바쁠 땐 주방을 신경 쓸 짬도 만들어 내지 못한다. 그러다 보니 그 흔한 요리 하나 제대로 할 줄 아는 게 없다. 아내와 나의 역할은 분리되어 있고, 하는 일도 완전히 다르다. 하지만 나는 아내가 해내는 모든 일을 결코 당연하게 여기지 않는다. 진심으로 고맙다. 아내가 아니었으면 먹고 자고 씻고 입는 평범한 일상 자체가 불가능했을 테니까. 따뜻한 밥상과 깨끗하게 세탁한 옷을 받을 때마다 감사를 표현한다. 그러다 보니 당신 아니었으면 식물인간 됐을 거라는 말을 입에 달고 살게 되었다. 물론 아내 또한 쉴 틈 없이 일하는 나에게 고맙다고 말해 준다. 평등한 가정으로 가는 첫 번째 방법은 당연히 역할의 경계를 허무는 것이다. 그것이 불가능할 때는 상호 보완적인 관계를 만들어야 한다. 이때 꼭 필요한 것은 상대에 대한 감사가 아닐까.

바쁘고 자극적인 일상과 거리를 둔 지금, 소중한 주위 사람들에게 더 많이 감사할 수 있는 기회가 되었으면 좋겠다. 소소하고 따뜻한 대화는 우리가 생각하는 것 이상으로 큰 힘을 가지고 있다. 그저 기분을 좋게 해 주는 것 이상으로 우리 삶을 지혜로운 만족의 상태로 안내할 것이다. 평범하고 착한 당신이 느낄 일상의 작은 감사가 고통을 맞닥뜨린 순간 이겨 낼 힘이 되고, 건강하고 옳은 판단을 할 수 있는 힘이 되어 주길 기대해 본다.

지혜로운
만족감의 시대

나의 만족감을 아는 것

2020년 팬데믹 초기. 중국 우한에서 낯선 바이러스가 시작되었다는 소식이 들려오던 무렵을 떠올려 본다. 한국 사회는 불안과 혐오 등 부정적인 감정으로 커다란 혼란에 휩싸였다. 우리 학교만 해도 해외에서 온 학생들을 예전과 다르게 노려보는 시선들이 눈에 띄곤 했으니 말이다. 특정 지역이나 특정 국가에 대한 미움, 경멸, 혐오는 사람들 사이에서 바이러스처럼 자연스럽게 번져 나갔다. 무척 우려가 되었지만 심리학자로서 이런 감정들을 하나하나 탓하기 어려웠다. 위험을 싫어하고 피하고자 하는 마음은 본능보다 더 강력한 신체적 반응이기 때문이다. 아무리 사랑하는 사람이라도 어두운 밤길에 턱 하고 나타나면 무서워하는 게 당연하다. 인간이 동물인 이상 신체 기관의 반사적인 반응에 충실할 수밖에 없다. 문제는 결국 동물적 감정을 인간의 이성이 통제해야 하는데 그 시점이 언제인가다.

그래도 다행히 사회는 성숙했고 시민들의 수준은 생각보다 높았다. 내가 이렇게 생각한 까닭은 배타와 혐오의 감정이 그리 길게 지속되지 않았기 때문이다. 타민족에 대한 반감은 있었지만 국가 정책으로 반영되거나 사회적 가치로 자리 잡지 않았다. 국민들은 어느 시점이 지나자 지나친 미움이 불필요하다고 생각이라도 한 듯 일상에 집중했다. 자신의 자리에서 방역수칙을 철저하게 지키며 동시에 타인과 공존하는 방법을 찾아낸 것처럼 보였다.

차별, 혐오, 멸시. 타인과 다른 문화에 대한 반감을 인간 사회에서 갑작스럽게 지워 버릴 수는 없다. 인류는 새로운 위기를 맞이할 때마다 필연적으로 한계에 부딪힐 것이다. 이러한 이유로 나는 이런 감정들 또한 정말 소중한 존재들과 공존하기 위해 한 번쯤 거쳐야 하는 열병이라고 생각한다. 우리 몸도 외부 물질이 들어오면 위험 요소로 인식하고 반응하지 않는가. 피부에 두드러기가 나기도 하고 고열에 시달리기도 한다. 한 차례 통증이 진정된 이후 단단한 면역 체계가 성장한다. 더 효율적이고 건강한 상태로 거듭나는 것이다. 사회도 그럴 것이다. 경험을 통해 생존에 유리한 방향을 찾아 나간다. 쓸데없는 미움에 불필요하게 소모한 에너지가 아깝다는 것을 깨닫게 되면 더 나은 변화의 방식을 찾아낼 것이다. 지난 몇 달 동안 우리 사회가 보여 준 심리적 성장과 태도의 발전은 놀랄 만한 것이었다. 이전보다 훨씬 빠르게 깨달았고, 너나 할 것 없이 좋은 변화를 만들었다. 인류가 수천 년 동안 시행착오를 통해 얻어 낸 지혜를 아주 짧은 시간 안에 역동적으로 보여 준 셈이다.

코로나 팬데믹을 통해 우리가 얻은 깨달음은 적지 않다. 무한 개발과 착취, 미국 중심의 경제로 대표되는 야수 자본주의에 한계가 있음을 배웠다. 이는 실제로 우리 사회를 대표하는 석학들이 이전부터 한목소리로 경고해 온 부분이었다. 인류가 사용할 수 있는 자원에는 한계가 있으며, 생태를 고려하지 않은 무절제한 개발은 파국을 맞을 것이라고. 이제 무한한 경쟁이 아니라 공존의 삶으로 가야 한다고 말이다. 물론 그동안 이런 이야기들이 모두에게 크게 와닿지는 않았을 것이다. 그러나 이번 사태는 세계 곳곳의 문제를 극대화시켰고 덕분에 변화의 필요성은 확실해졌다. 더 나은 삶을 고민하는 많은 분들이 이번 코로나 팬데믹을 깨달음의 기회로 삼았을 것이다.

봉쇄, 은폐, 차별과 증오를 부추기는 문화를 강조하는 국가들이 방역에 크게 실패하는 모습 또한 뉴스를 통해 확인했다. 정확한 정보 공개와 모두의 안전을 위하는 방향으로 에너지를 집중한 한국의 시스템이 모범이 된 사례 또한 생각해 볼 필요가 있다. 과학자들은 진화적 관점으로 보았을 때 경쟁보다 공존이 훨씬 더 우수하고 뛰어난 능력이라고 말한다. 코로나 19라는 전 지구적 위기는 우리들의 지혜를 명료하게 만들어 주었다. 인류는 이 사태를 기점으로 더욱 효율적이고 스마트한 삶을 추구하게 될 것이라고 감히 기대해 본다.

나는 여러 차례 우리 사회가 '만족감이 지혜로워지는' 방향으로 나아갈 것이라고 말하곤 했다. 앞으로의 삶을 행복하게 이어가려면 나의 만족감에 대해 반드시 이해할 필요가 있다.

안타깝게도 현대인들에게 만족감이라는 심리기제는 그다지 정교하게 발달하지 못했다. 끊임없이 일하며 돈을 버는 사람들이 주위에 허다하다. 얼마나 벌어야 만족할지 모르는 경우가 대부분이다. 실제로 뇌하수체의 '포만중추'라는 부분에 물리적 손상을 입은 사람들은 배부름을 느끼지 못한다. 이들은 위장에 무리가 갈 때까지 음식을 섭취하고 비만을 비롯한 각종 질병에 노출된다. 배가 부르면 그만 먹어야 한다. 그래야 건강하게 살 수 있다. 만족감이란 질주하는 인간을 멈출 수 있는 가장 기본적인 안전장치인 셈이다. 물론 너무 쉽게 만족해 버리는 것도 문제지만 선진국이라 불리는 대다수의 나라에서 둔감한 만족감으로 살고 있는 것이 더 큰 문제가 아닐까. 40평대 집을 사면

50평대를 원하고, 비싼 차를 샀지만 더 좋은 신형 수입차에 눈이 간다. 현대 자본주의는 무한대로 욕망을 추구하라고 부추겼고 많은 질병을 낳았다. 나의 만족감을 똑똑하게 알아차리는 능력은 삶을 꾸려 나가는 데 꼭 필요한 기술인데 말이다. 바로 지금이 우리가 정밀하고 똑똑한 만족감을 배워 가는 과정이라고 생각한다. 낙관적인 주장이 아닌 준엄한 선언이다. 만족감이 지혜롭지 않다면 불만족이 지속되고 불행도 계속된다. 만족의 기준은 나 자신이다. 다른 사람의 인정이 아닌 나 스스로의 보람만이 나의 만족을 만들어 낼 수 있다.

행복의 척도가 바뀐다

포스트 코로나 시대, 우리 사회의 행복의 척도는 바뀔 것이고 바뀌어야만 한다. '척도'라는 용어는 학자들 사이에서 두 가지 측면에서 쓰인다.

하나는 우리가 흔히 쓰는 '기준'이라는 뜻의 척도다. 이 책에 앞부분에서도 행복을 느끼는 기준이 want에서 like로 바뀔 것이라고 강조했다. want와 like는 비슷해 보이지만 엄연히 다르다. want가 사회적으로 추구하도록 자극받아 온 것이라면 like는 내가 진짜 좋아하는 것이니까. 타인의 시선에서 벗어나 혼자 남게 된 순간에도 당당하게 좋아하고 원하는 것이 있다면 그것이 바로 like다. 비대면 사회에서 우리는 덜컥 고독을 만나 버렸고 타인의 시선과 멀어진 상태에서 비로소 나의 진짜 like 를 찾는 계기가 되었다.

그동안 남의 감탄에 목매던 삶을 살았지만 감탄의 주체를 나로 바꾼다. 나의 like와 나의 만족을 확실하게 알고 있다면 '나 스스로 감탄을 자아내게 하는 삶'이 다가온다. 꽃을 좋아하는 사람은 꽃의 색이 미묘하게만 바뀌어도 그걸 알아차리고 감탄한다. 음식을 좋아하는 사람은 맛과 향의 작은 변화에도 크게 감탄을 한다. 나의 경험, 나의 보람이 나 자신이 된다.

척도의 또 다른 뜻은 '측정의 단위'다. 심리학자들이나 사회학자들에겐 '리커트 척도'라는 개념이 익숙하다. 심리테스트에서도 '매우 그렇다, 그렇다, 보통이다, 그렇지 않다, 매우 그렇지 않다.'의 5단계로 사용하는 척도를 많이 보셨을 것이다. 7점 척도는 당연히 5점 척도보다 세밀하다. 제시된 문장에 대해 얼마만큼 동의하는지 답변하려면 그 사안에 대해 깊이 알아야 함은 물론이다.

사람들이 자기가 좋아하는 것. like에 민감해지면 그 대상에 전문가가 된다. 3점 척도나 5점 척도를 넘어서 7점 척도까지 체크하는 것이 가능해진다는 말이다. 대상에 대한 사람들의 만족도는 그만큼 눈금이 좁아지고 구체적으로 변할 것이다. 소비하고 싶은 상품 또한 원하는 것이 분명하고 구체화 될 것이다. 이미 많은 기업들이 이를 눈치채고 있다. 한 가지 상품이 대량으로 판매되는 대박 신화는 사라지고 다종소량 제품이 완판이 성공의 새로운 모델이 되고 있다. 이러한 트렌드를 대비하느냐 그렇지 않으냐로 기업의 성패도 나뉘지 않겠는가. 이제 남이 가진 것을 나도 가져야 한다고 부추기던 자본주의 사회의 경제 또한 각자의 개성을 존중하는 방향으로 바뀌고 있다. 한 사람 한 사람의 개성을 찾아 주고 그것을 북돋아 주는 교육 환경은 생각보다 많은 것을 바꿀 수 있다. 대량 생산 대량 소비로 끊임없이 자연을 파괴해 온 자본주의로부터 우리의 후세를 구해 내고, 같은 자원도 좀 더 효율적으로 배분하는 지혜를 만들어 낸다. 개성을 살리는 것은 아주 중요하고 지혜로운 메커니즘인 셈이다.

이제 우리는 같은 자원을 가지고도 만족감과 행복감을 극대화할 수 있는 방법을 배워 나가야 한다. 최대로 부유한 삶이 아니라 '적정한 삶'이 우리가 가야할 방향이다.

인간의 수명은 길어졌다. 만족감을 느끼지 못하고 하나의 목표를 위하여 달려가기만 하면 안 되는 세상이다. 짧은 생애에 결론을 내려야 했던 시대에는 만족감을 못 느낄수록 생존에 유리했을지도 모른다. 그러나 수명과 삶은 눈에 띄게 달라지고 있다. 적정한 만족감과 적정한 멈춤이 없으면 길 잃은 인생을 살게 된다. 새로운 자아의 발견이 삶의 변화에 도움이 될 것이다.

과학 기술 중에서도 최고로 발달된 하이테크가 아닌 적정 기술이 인류에게 가장 필요한 기술이라고 말한다. 적정한 삶을 누릴 수 있는 문명과 국가, 개인만이 다른 문명 또는 다른 문화와 공존할 수 있다. 그 '적정함'의 위치가 어디인지 찾아가는 계기를 이번 사태를 통해 배웠다고 믿는다. 코로나 19는 그 계기를 앞당긴 촉매제의 역할을 하였다.

우리를 계속 나아가게 하는 힘

우리 역사를 대표하는 독립운동가에 대해 이야기하면 백범 김구 선생, 도산 안창호 선생 등의 이름이 떠오른다. 사회와 민중이 혼란에 빠졌을 때 큰 가치와 위대한 신념을 지니신 큰 별과 같은 분들이시다.

그들에 비해 덜 알려져 있지만 일제 강점기 시대 교육자이며 언론인, 독립운동가로 활동하신 월남 이상재 선생이란 분이 계시다. 당대에 활동했던 많은 젊은 독립운동가들에게 적지 않은 영향력을 끼친 분으로, 실제로 많은 이들이 이상재 선생으로부터 이 일을 계속할 힘을 얻었다고 고백하기도 했다. 이상재 선생은 대체 어떤 분이셨을까? 선생과 관련된 에피소드를 찾아보니 웃음이라는 키워드가 공통적으로 등장했다. 이상재 선생은 유머가 넘치는 밝은 성격의 소유자로 '만년청년'이란 별명으로 불리던 어른이었다. 본인의 임종을 지키러 온 후배들과 제자들에게도 "이놈 새끼들, 나 뒤졌나 보러 왔지? 아직 안 죽었다, 이놈들아."라고 말해 웃음을 자아내게 했을 정도다.

왜 많은 사람들이 그로부터 힘든 독립운동을 해 나갈 수 있는 힘을 얻었다고 말했는지 이해가 간다. 자기 자신과 소중한 이들의 목숨까지 걸어야 했던 길이었다. 그러나 누군가 환하게 웃으며 간 길이라면 나도 할 수 있다는 믿음이 생기지 않았을까? 웃음이 우리에게 알려 주는 교훈은 이토록 단순하고 진실되다.

옳은 일, 가치 있는 일을 지치지 않고 계속하는 힘은 어디에서 나올까? 원대한 가치나 흔들리지 않는 신념도 중요하지만 전부는 아니다. 세계를 놀라게 할 만한 대단한 결과물도 결국은 무수한 일상들이 쌓아올린 결과다. 심리학자들은 한결같이 말한다. 어떤 일을 한 방향으로 나아가게 하는 힘은 신념과 가치지만, 하루하루를 계속 이어가게 만드는 힘은 웃음에서 나온다고.

독립운동까지는 아니지만 우리는 각자의 자리에서 투쟁하고 있다. 우울과 불안과 같은 나의 부정적인 정서와도 싸워 이겨내고, 나태하고 게을러지고 싶은 나 자신과도 투쟁한다. 양심을 버리라고 속삭이는 수많은 상황과 다투고, 타인과 공동체에게 이타적인 영향력을 끼치고 인간의 존엄을 지키기 위해 마음을 다잡는다. 밖에서 보면 그저 내세울 것 없는 평범하고 지루한 삶이지만 나 자신에겐 매일이 전투처럼 느껴진다. 매일 밤 패잔병처럼 녹초가 되어 자리에 눕지만 새로운 하루가 시작되면 나의 동료에게, 친구에게, 아이에게, 가족에게 다시 최선을 다하는 삶. 이 외롭고 긴 싸움에는 그만한 체력이 필요하다. 그리고 웃음이 심리적 근육을 만들어 줄 것이다.

그렇다고 억지로 입꼬리를 당기거나 '하하하' 소리를 낼 필요는 없다. 그저 나도 모르게 입가에 미소가 지어지는 순간을 떠올려 보면 좋겠다. 내가 정말 좋아하는 음식을 먹을 때, 진짜 좋아하는 3분 정도의 노래를 끝까지 들었을 때, 내가 좋아하는 촉감의 옷을 입었을 때, 자연스럽게 웃음이 만들어지지 않는가. 그 순간을 많이 만들어 내고 얼마나 만족스러운지 되새기고, 좋아하는 사람들과 실컷 좋은 이야기를 나누자. 행복과 웃음을 강조하는 이유는 그 원초적 감정 자체가 좋기 때문만은 아니다. 행복이라는 동력으로 더 나은 삶과 원대한 신념을 향해 달려갈 수 있어서다.

우울과 분노가 익숙한 시대다. 포기와 절망이 자연스러운 지금 이때, 인지심리학자인 나는 변화에서 희망을 본다. 지혜로운 만족감을 찾은 독자 분들이라면 풍요롭고 적정한 삶을 일구어

나갈 것이다.

　부디 많이 웃으시길. 나에게 웃음을 주는 소중한 사람들과 재미있고 뜻 깊은 이야기를 나누고, 충만한 만족에서 흘러나오는 작고 진정성 있는 미소를 머금으시길. 그리고 당신 삶이 뜻밖의 난관에 부딪혔을 때 놀라운 힘으로 뛰어넘어시길 기도하는 마음으로 희망해 본다. 세계는 나아질 것이고 인류는 이전보다 더 좋은 삶을 만날 것으로 믿는다.

Appropriate life